Gareth Lewis
Hogyn o'r Felin

Gareth Lewis

Hogyn o'r Felin

Gomer

Cyhoeddwyd yn 2016 gan
Wasg Gomer, Llandysul, Ceredigion SA44 4JL
www.gomer.co.uk

ISBN 978-1-84851-887-2
ISBN 978-1-78562-194-9 (Epub)
ISBN 978-1-78562-195-6 (Kindle)

Diolch i staff BBC Cymru Wales, BAFTA Cymru a Media Wales,
a holl ddeiliaid yr hawlfreintiau am eu cymorth parod â'r lluniau.

Dymuna'r cyhoeddwyr gydnabod cymorth
Cyngor Llyfrau Cymru.

Argraffwyd a rhwymwyd yng Nghymru gan
Wasg Gomer, Llandysul, Ceredigion.

Er cof am Mam a Nhad,
Rosina a Peleg Emrys Lewis,

ac i ddiolch i fy nheulu am bopeth

Cynnwys

Cyn dechrau

MI DDAETH FY NGYRFA ACTIO i ben yn gynnar ym mis Chwefror 2015 ar ôl bron i ddeugain mlynedd yn *Pobol y Cwm*, tair blynedd o fod yn actor llawn amser cyn hynny a rhyw ddeuddeng mlynedd o fod yn actor rhan amser cyn *hynny* – gyrfa o ryw bumdeg pump o flynyddoedd i gyd! Beth sbardunodd y penderfyniad, medda chitha, pan nad ydi actorion, fel arfer, yn ystyried ymddeol ac yn para mlaen tan eu bod nhw un ai'n mynd yn rhy anghofus (er nad ydi hynny'n rhwystr i ambell un) neu'n rhy fusgrell, neu yn syrthio'n farw wrth eu gwaith (fel y gwnaeth un actor mewn drama deledu fyw ar BBC Cymru yn y 1950au)? A pham penderfynu ymddeol *yn llwyr* o fyd y bues i'n rhan ohono er pan o'n i'n 13 oed yn 1959 – byd yr oeddwn i bob amser yn hynod falch o gael bod yn rhan ohono fo?

Yn f'achos i, cyfuniad o bethau a arweiniodd at wneud penderfyniad o'r fath: lleoliad newydd y gyfres lawr ym Mae Caerdydd, y newid yn yr amodau gwaith a phenderfyniad S4C i ddiddymu'r omnibws ar y Sul (fyddai'n golygu toriad sylweddol iawn yn fy nghyflog, heb sôn am amddifadu gwylwyr di-Gymraeg cyson o'r cyfle i ddilyn y gyfres), ac, yn fwy na dim byd arall, y diffyg cynyddol yn fy ngolwg ac yn fy ngallu i gadw fy nghydbwysedd (fy malans).

Roedd y ddau aflwydd diwethaf wedi bod yn fy mhoeni ers blynyddoedd lawer, yn enwedig fy ngolwg. Roedd yn rhaid i mi fod yn hynod ofalus wrth gerdded i mewn i'r stiwdio lle'r oedd cebls ar hyd y llawr ym mhob man (er bod y rheolwyr llawr a'r staff goleuo, sain a chamerâu yn ymwybodol iawn o hyn ac yn ofalus dros ben ohona i, chwarae teg iddyn nhw). Felly hefyd y cynhyrchydd, staff y swyddfa a'm cyd-actorion, a edrychodd ar f'ôl i'n ddigwyno gydol yr amser. Ond fedrwn i ddim peidio â theimlo fy mod i'n mynd yn fwy a mwy dibynnol ar eu parodrwydd i gadw golwg arna i, ac ar eu hewyllys da i fedru parhau efo'r gwaith.

Roedd hyd yn oed tasg syml fel arllwys gwydraid o win coch o botel yn dechrau mynd yn drech na fi, a dwn i ddim sawl gwaith y bu'n rhaid i mi ofyn yn dawel i Nia Caron (oedd yn chwarae rhan Anita, gwraig Meic) gymryd y dyletswyddau hynny oddi arna i. Mi wnaeth hi heb yr un gair o rwgnach erioed, ac rydw i'n ddiolchgar tu hwnt iddi hi a sawl un arall o'r 'teulu' (fel tae) am eu caredigrwydd di-ben-draw.

Oedd, wrth gwrs fod symud i'r Bae yn syniad da iawn er lles y gyfres – roedd pawb yn gynhyrfus dros ben ar y diwrnod cyntaf yr aethom ni yno fel cast i gael gweld yr adeilad a'r adnoddau newydd. Penderfynwyd cyfarfod am frecwast mewn caffi gerllaw (a chawsom ni fawr o groeso yno chwaith, fel mae'n digwydd – wel, mi *oedd* cael dros ugain o bobl, i gyd eisiau brecwast neu de neu goffi ar yr un pryd yn gofyn llawer), ac yna cydgerdded i Borth y Rhath yn un criw hapus a llon. Yr un teimlad, fwy neu lai, â Dorothy, y Llew, y Dyn Tun a'r Bwgan Brain yn mentro ar hyd yr Yellow Brick Road i ymweld â'r Dewin. (Yn addas ddigon, galwyd y coridor hir, diddiwedd y tu cefn i'r dderbynfa ym Mhorth y Rhath yn Yellow Brick Road!)

Ond wrth i ni gerdded o amgylch y gwahanol setiau yn y stiwdios ac ar y *lot* y tu allan, daethom i sylweddoli nad oedd pethau'n mynd i fod yn fêl i gyd. Mis Tachwedd oedd hi, ac er nad oedd hi'n rhy aeafol, mi sylweddolodd llawer ohonon ni fod yr adeilad yn lle hynod oer ac oeraidd ei naws. Doedd dim digon o wresogwyr yn yr adeilad, dim digon o lampau i oleuo'r sets a doedd problemau technegol ddim wedi eu datrys. Doedd y lle ddim yn barod i ni, mewn gwirionedd, ond roedd yn rhaid gwneud y gorau o bethau, yn ôl y penaethiaid.

Am yr wythnosau cyntaf, bu'n rhaid i ni saethu golygfeydd mewn tywyllwch, bron, a dim ond dwy neu dair lamp yn gweithio (ac roedd yn rhaid symud y rhain o set i set), ac yn wir, bu'n rhaid ailsaethu sawl un am resymau technegol. Mi gymerodd fisoedd i bethau ddechrau dod i drefn, a'r rheiny'n fisoedd oer y gaeaf. Bu hynny'n dreth arna i, yn enwedig gan fod llawer o 'ngolygfeydd i'n digwydd ar set allanol y caffi. Gosodwyd dau wresogydd ffan trydan swnllyd yno, a byddai'n rhaid eu diffodd cyn recordio dim. Roedd yn rhaid symud camerâu ac offer sain i mewn ac allan drwy'r drws ffrynt ac, o ganlyniad, byddai unrhyw wres yn dianc allan o fewn dim. Fe benderfynodd ambell gyfarwyddwr saethu i mewn drwy'r ffenest agored, hyd yn oed, a hyn i gyd tra oedden ni, yr actorion yn llewys ein crysau, yn cymryd arnom ein bod ni'n syrfio bwyd mewn caffi cynnes a chlyd. Yn aml, gallech weld y stêm yn dod allan o'n cegau wrth i ni siarad, ac i ychwanegu at y broblem, roedden ni'n recordio'r rhan fwyaf o'r golygfeydd yma ben bore fel arfer. Er gwaethaf ymdrechion glew y penaethiaid, mi gymerodd ddau aeaf cyfan cyn i unrhyw beth effeithiol gael ei wneud am y mater, er i'r actorion fygwth peidio â gweithio dan amgylchiadau o'r fath, ac erbyn hynny ro'n i wedi hen laru.

Ar ben pob dim, mi ddaeth un aflwydd arall i 'mhoeni ac i wneud y penderfyniad i ymddeol yn haws, aflwydd wnaeth fy atgoffa i o salwch hir fy mam a pha mor fregus ydi bywyd mewn difrif. Cewch glywed beth oedd o'n nes ymlaen.

Bues yn trafod y posibilrwydd o ymddeol efo Ann, fy

ngwraig, am rai misoedd, ond perswadiodd hi fi i aros ymlaen ychydig yn rhagor, a dyna wnes i. Ond gan 'mod i'n un hynod benderfynol (yn ôl pob golwg!), yn gynnar yn 2014 mi es i at Ynyr Williams, y cynhyrchydd ar y pryd, a chrybwyll 'mod i eisiau gadael tua dechrau 2015, gan y byddwn wedi bod yn gysylltiedig â'r gyfres ers yn agos i 40 mlynedd bryd hynny; ac felly y bu. Ar 28 Ionawr 2015, mi recordiais i fy mhennod olaf o *Pobol y Cwm* ym Maes Awyr Caerdydd gyda Nia Caron, Victoria Plucknett ac Elizabeth Fernandez dan gyfarwyddyd deheuig Delwyn Siôn ac, ar wahân i recordio pwt bychan iawn, iawn, o ddeialog sain rhyw wythnos yn ddiweddarach, dyna oedd diwedd fy ngyrfa.

'Hwrê 'wan!' oedd un o ddywediadau cyson Meic Pierce wrth adael y tŷ neu'r caffi (wn i ddim sut nac ymhle y dois i ar ei draws, ond fi ddaru'i gyflwyno fo i'r gyfres yn gynnar iawn) ac mi roeddwn i eisiau i'r rheiny fod y geiriau olaf fyddai o'n eu hynganu wrth adael Cwmderi am byth hefyd; i mi, roedd o'n atalnod llawn perffaith. Cynigais hynny i Delwyn ac mi gytunodd yr Adran Sgriptio i'r newid ac felly gyda 'Hwrê 'wan!' digon dagreuol a chwifiad o'i law y gadawodd Meic Gymru ac Anita am y tro olaf.

Ydw i'n colli'r gwaith? Nac ydw, yn rhyfedd iawn, ddim o gwbl; a dweud y gwir, yr hyn wnes i ei deimlo ar fy niwrnod olaf oedd rhyddhad. Colli ffrindiau? Ydw, i ryw raddau, yn enwedig y ffrindiau agosaf, ond y gwir ydi na fues i erioed yn greadur cymdeithasol iawn, yn un oedd yn medru cymysgu'n hawdd. Fues i erioed yn un da am fân sgwrsio – roedd hi'n llawer iawn haws gen i wrando na siarad bob amser. A ph'run bynnag, mae'r rhan fwyaf o'r cast yn ffrindiau Facebook i mi, ac mae'n hawdd cadw mewn cysylltiad felly.

Mae 'na un peth yr ydw i'n eithaf balch ohono – mi lwyddais i sicrhau gyrfa i mi fy hun heb fod yn fab i weinidog, heb fod yn perthyn i neb yn y cyfryngau a heb radd. Dyna'r tri pheth fyddai pobl yn ei ddweud oedd eu hangen arnoch os oeddech chi eisiau gyrfa yn y cyfryngau pan ddechreuis i; os na wnes i ddim byd arall, mi brofais i nad oedd hynny'n wir. Hogyn cyffredin o'r Felinheli yn Sir Gaernarfon oeddwn i, a dyna ydw i'n dal i fod.

Mi ydw i, wrth reswm, yn hynod ddiolchgar i'r BBC (ac i HTV ac ambell gwmni annibynnol) am yr holl waith ar hyd y blynyddoedd. Mi fues i'n lwcus iawn, nid yn unig i gael y cyfle i fod yn actor, ond hefyd i wneud gwaith trosleisio (*Sam Tân*, er enghraifft), gwaith cyfieithu cartwnau, darllen y newyddion, golygu sgriptiau a chynhyrchu cyfres ddychan, yn ogystal ag ysgrifennu i *Pobol y Cwm* a chyfresi fel *Rhagor o Wynt* a *Rownd a Rownd*. Profiadau gwych a buddiol, bob un ohonynt. Ces gyfle hefyd i gydweithio a dod yn ffrindiau mawr efo nifer o bobl hynod dalentog ar hyd y daith – fedrwn i ddim dymuno gwell bywyd proffesiynol, na fedrwn ar fy ngwir.

Wedi dweud hynny, dw i ddim mor siŵr pa mor lwcus fydd y to diweddaraf o actorion Cymraeg. Rydw i wedi gweld newidiadau enfawr yn y cyfleoedd oedd ar gael i fod yn actor proffesiynol yn ystod fy ngyrfa – o'r dyddiau cynnar pan nad oedd mwy na rhyw ddwsin o actorion cwbl llawn amser a Chymraeg eu hiaith (pobl fel Meredith Edwards a Siân Phillips, er enghraifft) i uchafbwynt o dros 450 ychydig flynyddoedd wedi sefydlu S4C – ond erbyn hyn daeth tro arall ar fyd, lle na all y gyfundrefn honno gynnig gwaith a chynnal chwarter y nifer sydd ar gael ac sy'n dod allan o'n colegau. Mae'n fater dyrys, yn enwedig yn wyneb toriadau sylweddol yng nghyllid S4C. Mi wn fod Equity yn brwydro am gyllid digonol i gynnal gwasanaeth teilwng ar y sianel, ac efallai y dylai'r cyhoedd fod yn mynnu'r un peth hefyd. Heb arian, all S4C, na neb arall, gynnal safonau derbyniol a brwydro yn erbyn y don o raglenni poblogaidd Saesneg a Seisnig yr un pryd.

Mi dries i dalu 'nôl rhyw fymryn i'r busnes drwy ymgymryd cymaint ag y gallwn i â gwaith Equity a'r Writers' Guild yma yng Nghymru. Ychydig o bobl sy'n gwybod am gyfraniad pwysig y ddau sefydliad hwnnw i'n bywyd celfyddydol ni, ac yn ei werthfawrogi. Nid fod pob actor yn gwerthfawrogi 'nghyfraniad inna chwaith – mentrodd un neu ddau awgrymu (ond nid i fy wyneb) mai er mwyn sicrhau gwaith i mi fy hun y gwnes i o, ac mai sbei i'r BBC oeddwn i. Does dim yn bellach o'r gwir, wrth gwrs; os rhywbeth, fues i'n ddim ond poen ym mhen-ôl y BBC gydol fy ngyrfa, ond rhywsut fe ddaru nhw sylweddoli ei bod yn ddigon defnyddiol i gael adroddiadau gonest ac agored am sut roedd y cast yn teimlo ar unrhyw fater, a thrwy hynny, ches i ddim byd ond parch o du'r cyflogwr.

Dwi'n hynod falch o'r ffaith fod Equity wedi fy anrhydeddu'n gymharol ddiweddar drwy fy ngwneud yn Aelod Anrhydeddus am Oes – rhywbeth yr ystyries i yn deyrnged nid yn gymaint i mi yn bersonol, ond i weithgarwch Pwyllgor Cenedlaethol Cymru ar hyd y blynyddoedd. Ie, cyfundrefn Brydeinig yw Equity, a'i phencadlys yn Llundain, ond mae pwyllgor Cymru bob amser wedi ceisio sefyll ar ei draed ei hun dan ofal Chris Ryde a Simon Curtis, a dwi'n falch o hynny hefyd.

Wedi dweud hynna i gyd, mae 'na ddau beth sy'n rhaid i mi eu gwneud yn glir o'r dechrau'n deg. Yn gyntaf, er mai Prydeiniwr ydw i yn ôl fy mhasbort, does gen i ddim i'w ddweud wrth Brydeindod na'i hanes gormesol a threisgar – Cymro ydw i, ac yng Nghymru rydw i wastad wedi bod eisiau byw ac unman arall. Cyfyng fy ngorwelion? Bosib iawn, ond wna i fyth ddifaru. Ychydig iawn o waith a wnes i dros y ffin a dydi hynny'n poeni dim arna i. Oedd gen i ddigon o dalent i wneud fy marc yn Lloegr? Nag oedd, falle wir, ond 'sdim ots gen i – mi wnes ryw fath o farc yma yng Nghymru a dyna'r cwbl sy'n cyfri i mi.

Yn ail, rhaid cyfaddef mai Cymro ychydig yn anghonfensiynol ydw i. Ydw, dwi'n eithaf hyddysg yn fy Meibl, yn hoff o gerdd dant, o'r Eisteddfod, o farddoniaeth a chanu cynulleidfaol Cymraeg ac o'r 'pethe', a dwi'n falch o'u bodolaeth ac yn llwyr gefnogol i'w llwyddiant, ond nid dyna fy niléit i mewn bywyd, fel y cewch weld wrth ddarllen.

Roedd Nhad yn cefnogi Plaid Cymru yn y dyddiau pan y'i gelwid yn 'Blaid Bach' a wnes innau erioed bleidleisio i'r un blaid arall chwaith, er na fedrwn fod yn rhy gyhoeddus am y peth gan fy mod i dan gytundeb i'r BBC. Daeth yr Alban yn agos iawn at ennill annibyniaeth yn ddiweddar (a phwy a ŵyr beth ddaw o hynny), a phrysured y dydd pan fydd gan Gymru ddigon o ruddin i sefyll ar ei thraed ei hun yn wlad weriniaethol rydd. Rywsut, dwi ddim yn meddwl y gwireddir y freuddwyd honno tra bydda i byw, mwya'r piti.

Er iddi chwarae rhan bwysig iawn yn fy mywyd, o barch at ei phreifatrwydd ac am ddim rheswm arall, mi benderfynais beidio ag enwi fy ngwraig gyntaf yn y gyfrol hon. Y rheswm yr ysgrifennais i'r llith hwn yn y lle cyntaf oedd er mwyn i fy mhlant gael gwybod o ble maen nhw wedi dod a beth ydi eu cefndir nhw, ond rhywsut mi dyfodd yr holl beth yn gyfrol eithaf swmpus. Dwi'n mawr obeithio y byddwch yn mwynhau'r darllen.

Fy rhieni

ROEDD FY NHAD, PELEG EMRYS LEWIS (Peleg i bawb yn y gwaith, Em i fy mam, ac Emrys i weddill y teulu) yn 56 oed pan ges i fy ngeni (fe'i ganwyd yn 1890, ar 19 Mawrth dwi'n meddwl), ac felly fel dyn cymharol hen rydw i'n ei gofio. Roedd yn ddyn bychan ei gorff, ychydig dros ei bum troedfedd, yn un swil a thawel, yn hir ei amynedd (ond â thymer fel matsien pan gâi ei gorddi), ac yn anarferol o beniog er gwaethaf ei ddiffyg addysg.

Er mai yn Neiniolen, Arfon, y cafodd Nhad ei eni, roedd gwreiddiau'r teulu yn ddwfn yn Sir Fôn. Un o Gaergybi oedd ei dad o, Henry Lewis – teiliwr, mae'n debyg. Erbyn tua 1880, roedd Henry'n berchen ar siop ym mhentref Deiniolen, roedd ganddo ddau fab, Dafydd ac Owen, ac roedd yn ŵr gweddw. Cyn bo hir, daeth Dafydd â chariad adre efo fo (Hannah Hughes o'r Helfa, Llanddaniel-fab, Môn) gan feddwl ei phriodi. Yn hytrach, priodi'r tad, oedd ugain mlynedd yn hŷn na hi, wnaeth Hannah a chael saith o blant – Mary Jane (Polly), William, Richard, Joseph, Hugh, Emrys (Nhad) ac Annie. Wn i ddim faint o helynt achosodd y fath ddigwyddiad, a does gen i ddim gwybodaeth am hanner brodyr fy nhad, yn anffodus.

Mae'n rhyfeddol meddwl bod fy nhaid wedi'i eni mor bell yn ôl â 1831, ydi o ddim? Roedd o'n agos at 60 yn cael fy nhad, a Nhad yn 56 yn fy nghael i. Ac erbyn meddwl, roeddwn innau'n hanner cant yn cael fy mhlentyn olaf i hefyd. Beth ydi o yn ein teulu ni, dudwch, am gael plant mor hwyr mewn bywyd?

Gallai Nhad droi ei law at ddwsinau o dasgau. Gallai drwsio ceir (bu'n berchen ar Arvon Garage ym mhentref y Felinheli ar Ffordd Caernarfon, yn edrych allan dros y Fenai) a thrwsio clociau a watsus ei gyd-weithwyr ar y Crosville yng Nghaernarfon. Roedd yn deiliwr rhagorol; roedd yn gallu adeiladu setiau radio ac fe ddysgodd ei hun i ddarllen cerddoriaeth (sol-ffa a hen nodiant). Chwaraeai'r piano i safon uchel iawn – yn ddigon da i fedru cyfeilio (ar ben ei hun) i gôr yr ardal mewn perfformiad o 'Y Cread' gan Haydn, perfformiad fyddai wedi para gryn awr neu fwy. Er mawr ddifyrrwch i Mam a minnau, byddai'n tynnu'r wynebau mwyaf ofnadwy wrth chwarae, ond does dim dwywaith nad oedd ei allu yn rhyfeddol.

Deuai o deulu cerddorol. Roedd ei frawd William yn gyfansoddwr tonau da a thrawiadol, ei frawd Joseph (Jos) yn faswr rhagorol, a'i chwaer Annie yn soprano dan gamp yn ôl pob tystiolaeth. Roedd dau frawd galluog arall hefyd, Hugh a Richard, y naill yn brynwr i gwmni gwerthu esgidiau yn siop Kennard's, Croydon, a'r llall yn ddiweddarach yn bostfeistr ym mhentref Pistyll ger Nefyn (ac yn godwr canu yn y capel yno). Yn y cartref, 10 Penceunant, y Felinheli (Snowdon House, Snowdon Street bryd hynny), roedd harmoniwm yn y stafell gefn a phiano *baby grand* Carl Dorr yn llenwi'r stafell ffrynt, ac arhosai pobl oedd yn digwydd pasio am hydoedd i wrando ar y gerddoriaeth a lifai drwy'r ffenestr led agored ar nosweithiau braf o haf.

Wedi'r cyfnod euraid yma, rhwng 1910 a 1930, daeth tro go arw ar fyd fy nhad. Roedd eisoes wedi colli'i dad yntau pan oedd o'n ddim ond pedair ar ddeg oed, ond yna fe gollodd ddau o'i frodyr (Hugh a Jos, y ddau yn eu deugeiniau'n unig), ac yna ei fam, o fewn rhyw bedair blynedd i'w gilydd. Ddaeth y rhialtwch cerddorol fyth yn ei ôl, a fedrodd Nhad ddim tywyllu drws capel bach Salim (Bedyddwyr), y Felinheli, lle byddai'r teulu'n arfer addoli yng nghanol môr o ganu, fyth wedyn.

Dim ond Annie a'r tawel-addfwyn a chymwynasgar Richard (taid Mari Gwilym, yr actores) dwi'n eu cofio. Yr unig achlysur i mi weld fy nain, Hannah Lewis, oedd ar hen ffilm ddu a gwyn 9.5mm oedd gan fy nhad. F'ewyrth Hugh, pan oedd o'n fyw, oedd perchennog gwreiddiol y camera, rhyw dro yn y 1920au hwyr a dechrau'r 1930au, a fo fu'n saethu lluniau o'r teulu, yn ddigon blêr a ffwrdd â hi a bod yn onest. O bryd i'w gilydd, deuai'r *projector* Pathé bychan (y byddech yn ei droi â llaw) allan, a chawn weld Nain, f'ewyrth Jos, Anti Annie a f'ewyrth Hugh yn symud yn ddigon herciog ac annaturiol rhwng darnau hir o wynder llwyr lle'r oedd y ffilm wedi'i gorddatblygu. Mae'r ffilmiau'n dal i fod gen i – yn y sied, rhag ofn iddyn nhw fynd ar dân (fel mae hen ffilm yn gallu gwneud). Mi fydd yn rhaid i mi drio'u trosglwyddo i DVD rhyw ddiwrnod cyn bo hir, os oes llun ar ôl arnynt o gwbl. Eto fyth, alla i yn fy myw ystyried eu taflu.

Gan fy nhad y ces i fy hoffter angerddol o gerddoriaeth glasurol, ac o gerddoriaeth Beethoven yn arbennig, er na fûm i erioed yn ddigon doeth nac ystyriol i ddiolch iddo am hynny. Roedd Beethoven yn arwr mawr i Nhad fel y mae i mi ond, yn rhyfedd iawn, fel 'Bith-<u>ofn</u>', ie, Bith, a'r pwyslais ar yr 'ofn', y byddai Nhad yn ynganu'r enw bob amser, nid y '<u>Bate</u>-hoven' arferol ac, am wn i, cywir.

Bob nos, bron, clustfeiniai wrth *speaker* y weiarles Majestic anferth oedd acw, gan diwnio'n ofalus i orsafoedd pellennig yn yr Almaen neu Ffrainc er mwyn ceisio darganfod cyngerdd clasurol fyddai at ei ddant. Ar un cyfnod, i wella'r derbyniad, roedd wedi codi erial weiren a arweiniai at y tŷ o ben polyn oedd gyfuwch â'r to ac wedi'i osod rhyw bymtheg llath o'r ddôr gefn yn yr *entry*. Wn i ddim sut ar y ddaear y cafodd o ganiatâd i wneud y fath beth, na sut y llwyddodd i godi'r fath bolyn tal, ond beth bynnag am hynny, mi arhosodd y polyn yn ddiogel yn ei le o'r 1930au nes iddo gael ei dynnu i lawr yn yr 1980au ryw dro. 'Iesgob!' fyddai ymateb fy nhad ar ddiwedd unrhyw berfformiad oedd wedi'i blesio.

Gyda llaw, roedd fy nhad yn gwbl grediniol mai Cymro ddyfeisiodd radio – yr Athro David Hughes, o Gorwen yn wreiddiol, ond a aeth i America'n ddiweddarach. Tueddu i chwerthin am ei ben fyddwn i (yn fy anwybodaeth ar y pryd), ond, a dweud y gwir, mae 'na gryn dystiolaeth fod David Hughes ar flaen y gad yn y maes, ac mae sawl un yn cytuno â damcaniaeth fy nhad erbyn hyn.

Wn i ddim oeddwn i'n gwrando'n ymwybodol ar y pryd, ond fe dreiddiodd y sŵn i fêr fy esgyrn, does dim amheuaeth am hynny. Roedd Nhad wedi gwirioni ar allu chwarae piano y Rwsiaid (i gyd): Benno Moisewitch, Vladimir Horowitz, Sviatoslav Richter ac Emil Gilels; hefyd ar y ddau feiolinydd David Oistrakh a Yehudi Menuhin ac ar y sielydd Paul Tortelier. Hyd heddiw, maen nhw i gyd yn ffefrynnau mawr gen innau.

Rywdro yn yr 1980au, roeddwn i'n cerdded ar hyd un o goridorau Gwesty'r Park, Caerdydd, ar fy ffordd i gyfarfod Equity, pan ddaeth dyn tal, tenau a mop o wallt gwyn tuag ata i. Symudais i naill ochr i adael iddo fo a'r ferch ifanc oedd efo fo gael pasio. Wrth iddo wneud hynny, gwenodd. Doedd dim posib camgymryd y wên – Paul Tortelier (a'i ferch). Mi ddyliwn fod wedi bod yn ddigon hyf i'w gyfarch, a diolch iddo am yr oriau o bleser a gafodd fy niweddar dad yn gwrando arno ar hyd y blynyddoedd, ond wnes i ddim, dim ond gwenu'n ôl, ac edrych ar un o arwyr mawr fy nhad yn diflannu i lawr y coridor.

Pan o'n i'n blentyn, tuag wyth neu naw oed, mae'n siŵr gen i, dangosodd Nhad ddarlun i mi mewn rhyw lyfr neu'i gilydd, o dŷ lle bu Beethoven yn byw am gyfnod ym mhentref Heiligenstadt, ar gyrion Vienna. Dyma'r man lle daeth Beethoven i dderbyn bod ffawd wedi chwarae tric brwnt arno – roedd yn mynd yn gwbl fyddar – a'r man lle'r ysgrifennodd lythyr at ei frawd yn disgrifio'i sefyllfa drist, yr enwog Destament Heiligenstadt.

Aeth deng mlynedd ar hugain heibio cyn i mi fynd ar wyliau, ryw haf, gyda fy ngwraig gyntaf a Trystan, ein mab, i ddinas hardd Vienna. Roeddem wedi bod i weld y tŷ lle ganwyd Beethoven yn Bonn y flwyddyn gynt, a nawr cawsom ymweld â sawl amgueddfa er cof amdano yn Vienna. Penderfynais, er mawr syrffed i 'nheulu, dwi'n siŵr, yr hoffwn i chwilio am Heiligenstadt. Wedi taith gymharol fer ar y trên, cerdded a cherdded, holi a chwilio, daethom o hyd i'r pentref, sydd erbyn hyn yn rhan o faestrefi'r ddinas.

Roedd hi'n bnawn Sul tawel a braf wrth i ni gerdded ar hyd y strydoedd. Yn sydyn, ar hap a damwain, daethom at borth agored. Y cyfeiriad oedd Probugasse 6, a'r olygfa, wrth i ni edrych i mewn drwy'r porth, oedd yr union olygfa oedd yn y llun ddangosodd fy nhad i mi yr holl flynyddoedd ynghynt, ac am funud hir, fedrwn i wneud dim ond rhythu'n syn ar yr hyn oedd o'm blaen i. Yr eiliad honno, daeth ton anferth o emosiwn pur drosta i, na fedrwn yn fy myw mo'i rheoli.

Gan wneud fy ngore glas i oresgyn y teimladau oedd yn corddi y tu mewn i mi, treuliais awr neu fwy yn crwydro'r amgueddfa sydd yno er cof am y cyfansoddwr, a hynny yn sain recordiad o'i gerddoriaeth, yn chwarae'n drist-ddistaw yn y cefndir. Ond er gwaethaf pob ymdrech, roedd y dagrau'n mynnu dod yn ddi-baid – fedrwn i ddim eu rhwystro. Cyfuniad o emosiwn y funud oedd o, mae'n siŵr gen i: o fod mewn man lle y gwyddwn i sicrwydd y bu Beethoven ei hunan ar gyfnod cythryblus yn ei hanes; o hiraeth hirguddiedig am fy nhad; o dristwch na chafodd o erioed y cyfle i weld yr hyn o'n i'n ei weld ac yn ei deimlo y prynhawn hwnnw.

Wedi i ni fynd allan i ardd gefn y tŷ, dilynodd y curadur ni, ac ysgwyd y goeden eirin oedd yno. Disgynnodd rhai o'r ffrwythau i'r ddaear, ac arwyddodd y curadur arnom i gymryd rhai i'w bwyta; codais sawl un, eu bwyta, a chadw'r cerrig i fynd adre gyda mi. Plennais nhw i gyd gan obeithio y deuai o leiaf un planhigyn ymhen y rhawg i'm hatgoffa o'r pnawn hwnnw yn Heiligenstadt. Braf fyddai cael dweud imi lwyddo – ond ni ddaeth yr un, ysywaeth.

Dwi wedi bod wrth lan bedd Beethoven ddwywaith ac mae'r ddau wedi bod yn achlysuron i'w cofio. Ymysg cerddorion eraill megis Brahms, Strauss a Schubert y cafodd ei gladdu, mewn man tawel yn y Zentralfriedhof yn Vienna, ac mae o'n lle cysegredig i mi. Y tro diwethaf, rhyw ddwy flynedd yn ôl, sylweddolais efallai mai dyna'r tro olaf y down i dalu gwrogaeth i'm harwr a fedrwn i ddim peidio â sibrwd 'Diolch' ar ran fy nhad a minnau wrth adael.

Tawn i wedi cael dim oll o fod ar y ddaear hon ond clywed a chael fy swyno gan gerddoriaeth Ludwig van Beethoven (ac, fel y dywedais i, i Nhad mae'r diolch am hynny), mi fyddwn yn medru mynd oddi yma'n hapus ddigon. Drwy lwc, mi ges i lawer, lawer mwy.

Ces fam berffaith, yn un peth, dim ond i mi ei cholli i waeledd hir a chreulon (yn enwedig i ddynes a fu unwaith mor sionc, bywiog a gweithgar); gwaeledd a barhaodd o'r amser yr oeddwn i'n 12 oed hyd nes ei marwolaeth, rhyw 16 mlynedd yn ddiweddarach.

Dois adref o Ysgol Friars, Bangor, ryw ddiwrnod i ganfod bod Mam yn anymwybodol yn ei gwely, fod Dr Ashley wedi bod acw, a'i bod, yn ôl fy nhad beth bynnag, wedi cael *nervous breakdown.* Ceisio cuddio oddi wrtha i yr oedd o, siŵr o fod, ei bod mewn gwirionedd wedi cael trawiad ar yr ymenydd (strôc), a effeithiodd yn arw iawn ar ei lleferydd, ar ei gallu i gerdded ac, yn ddiweddarach, ar ei chof. Fu Mam byth yr un fath ar ôl y pnawn erchyll hwnnw – yn wir, dioddefodd gyfres o drawiadau tebyg weddill ei hoes; fel y deuai ati'i hun yn raddol yn dilyn un trawiad, deuai trawiad brwnt arall i'w llethu. Gofalodd fy nhad amdani'n dyner hyd nes iddo yntau, ym mis Rhagfyr 1972, ac yntau'n 82 oed, golli'r frwydr yn erbyn canser yr ysgyfaint.

Wedi cyfnod yn Ysbyty Abergele, gyrrwyd Nhad adref; ni fu'n hir cyn y bu'n rhaid iddo fynd i Ysbyty Bryn Seiont, Caernarfon. Bu'n dasg anodd ei berswadio i fynd yno – 'Maen nhw'n deud bod hi'n *end of the road* os 'di rhywun yn gorfod mynd i fan 'no,' meddai, a dyna oedd y gwir, yn ei achos o, o leiaf. Roedd yn rhaid i mi fod yng Nghaerdydd ar y diwrnod yr aeth o i Fryn Seiont ac aeth fy mam i ysbyty Gallt y Sil oherwydd ei gwaeledd hithau. Gadawodd y ddau y tŷ gyda'i gilydd am y tro olaf, teithio mewn ambiwlans i Gaernarfon a gwahanu am y tro olaf yn yr ambiwlans hwnnw y tu allan i Gallt y Sil. Fedra i yn fy myw faddau i mi fy hun nad oeddwn i yno i fod yn gefn iddyn nhw'u dau; mae'r peth yn hunllef i mi hyd heddiw. Bu farw Nhad o fewn wythnos neu ddwy, ac o fewn dwy flynedd, er y gofal gafodd hi yno, bu farw fy mam yn ysbyty Gallt y Sil. Doedd hi ddim ond yn 64 mlwydd oed.

Mae gen i atgof cynnar o fy mam yn canu tra oedd hi'n glanhau'r grisiau gartre; yn rhyfedd iawn, cân Saesneg-Wyddeleg oedd hi am *Sweet Molly Malone* – 'She wheeled her wheelbarrow, through streets broad and narrow, / Crying "Cockles and Mussels, alive, alive o!"' Hoffwn y gân yn fawr, a gofynnais i Mam ei chanu eto ac eto, dro ar ôl tro. Ar ôl ei salwch, chlywais i rioed mo Mam yn canu'r gân honno na 'run arall chwaith, ond mae atsain ohoni'n dal i fodoli yn rhywle'n ddwfn yn fy isymwybod.

Does dim Duw yn bod, dwi wedi hen benderfynu hynny; ond os ydw i'n camgymryd, ac os oes 'na un mwyaf erioed, dwi ddim eisiau gwbod dim oll am ei fodolaeth ar ol yr hyn ddigwyddodd i fy rhieni. Mae'r profiad wedi esgor ar anghrediniaeth grefyddol ffyrnig o ddwfn ynddo i, ac mae'r syniad ein bod i addoli'r Bod creulon a didostur yma'n wrthun ac yn chwerthinllyd i mi byth ers hynny. Dyfais dyn yw Duw, nid fel arall ac, yn ei wahanol ffurfiau, mae wedi arwain at ryfeloedd, creulondeb a dioddefaint ar draws y byd. Dydi gweld plant diniwed ar y teledu yn dioddef ac yn marw o newyn yn Biafra, y Dwyrain Canol a rhannau eraill o'r byd ddim wedi gwneud dim ond cryfhau a dwysáu fy anghrediniaeth ar hyd y blynyddoedd, i'r fath raddau nes iddo effeithio ar y math o waith actio roeddwn i'n fodlon ei dderbyn, fel y gwelwch yn nes ymlaen.

Does dim rhaid bod yn Gristion i wneud gweithredoedd da, a'r dystiolaeth yn ddiweddar ydi bod llawer Cristion, Mwslim, Iddew a Hindw yn eu tro wedi cyflawni gweithredoedd barbaraidd, erchyll ac anfaddeuol, a hynny yn enw eu crefydd a'u duw. Credwch beth fynnoch chi, ond dydi crefydd ddim yn apelio dim ata i. A dyna ddiwedd y *rant* arbennig yna, mi fyddwch yn falch o glywed.

O Gaerwen, Sir Fôn, y daeth Rosina Williams, fy mam, i fod yn forwyn fach i deulu Mr Pentir Williams, Bryn Seisyllt, Penrhos, Bangor. Byddai Nhad yn dilifro llefrith yno, ac felly y bu i'r ddau gyfarfod. Yn ddiweddarach, aeth Mam yn forwyn i dŷ fy modryb Annie, chwaer fy nhad, ac fe briododd hi a Nhad yng Nghapel yr Annibynnwyr Caernarfon, rywdro tuag at ddiwedd y 1930au. Buont o leiaf saith mlynedd cyn fy nghael i; yn ôl pob tebyg, roedd pawb yn y teulu wedi hen anobeithio y byddent yn cael plant o gwbl! Yn wir, ddaeth dim 'plant', dim ond 'plentyn' – y fi, ar 26 Ebrill 1946.

Y sbardun, o bosib, oedd iddynt gymryd ifaciwî o Lerpwl rywdro tuag at ganol neu ddiwedd yr Ail Ryfel Byd. Ei enw oedd Harry Bulmer, ac mi glywais lawer stori amdano pan o'n i'n hogyn. Cysylltais ag o am y tro cyntaf erioed yn 1999. Oedd, meddai ar y ffôn, roedd ganddo atgofion da o'm rhieni a'u caredigrwydd tuag ato; dyna'r unig le, meddai, na cheisiodd o ddianc oddi yno tra bu yn y Felinheli. Fe addawodd gadw mewn cysylltiad, ond wnaeth o ddim, mwya'r piti. Er i mi yrru ato fwy nag unwaith, ddaeth yr un gair yn ôl. Ddaeth Harry Bulmer erioed yn ei ôl i weld Mam a Nhad chwaith, unwaith y gadawodd – roedd o (a'i chwaer) ond yn rhy falch o gael mynd yn ôl i'w cynefin o ddieithrwch llwyr y Felinheli, siŵr o fod; yn ôl i Lerpwl, yn ôl at ei rieni, chwarae teg iddo. Dwi'n deall hynny'n iawn.

Un fechan, prin fodfedd dros ei phum troedfedd, oedd fy mam, fel fy nhad, felly doedd fawr o obaith i mi fod yn un tal – ac felly y bu, ysywaeth. Roedd hi'n un hwyliog dros ben, yn ôl pob sôn, er gwaethaf bywyd caled y cyfnod. Chwarddai am ei phen ei hun yn aml, yn enwedig wrth gofio am yr adeg pan holodd hi gymdoges oedd yn pasio'r tŷ sut roedd ei mam (oedd wedi bod yn wael ers tro byd) a chael yr ateb ei bod wedi marw y bore hwnnw; bwriad fy mam oedd dweud 'O, piti!', ond oherwydd iddi gynhyrfu o ofyn cwestiwn mor anffodus, yr hyn ddaeth allan oedd 'O, niwsans'!

Yn egsotig (i mi yn blentyn), roedd wedi ei geni ym Mlaenclydach, y Rhondda Fach (ar 24 Hydref 1910 – diwrnod Ffair Borth), cyfnod pan nad oedd gwaith ar gael yn Sir Fôn i weision fferm fel ei thad Richard Williams, Cefn Gwynt, Gaerwen. Roedd ef a'i mam wedi symud i gymoedd y De am gyfnod i weithio yn y pyllau glo. Daeth y teulu adref i Sir Fôn – fy nhaid a fy nain, Mam a'i dwy chwaer fawr, Kate a Blodwen – pan oedd Mam yn flwydd a hanner oed, ac o ganlyniad, doedd ganddi ddim cof o'r lle na, hyd y gwn i, unrhyw ddyhead i fynd yn ôl yno. Ond flynyddoedd wedi iddi farw, a minnau'n byw yng Nghaerdydd erbyn hynny, daeth rhyw ysfa drosta i i geisio dod o hyd i'r tŷ lle cafodd ei geni a'i magu. Wedi hir chwilio, a dringo gelltydd serth – gwirioneddol serth – ym mhen ucha'r cwm, deuthum o hyd i'r tŷ teras bychan di-nod. Er na fentrais gnocio'r drws ac esbonio fy niddordeb wrth y perchennog presennol, roedd o'n deimlad od i'w ryfeddu – dychmygu fy nain a 'nhaid a'r dair fach mewn lle mor ddiarth (yn enwedig bryd hynny, a'r pyllau yn eu hanterth); eu dychmygu'n mynd a dod drwy'r drws ffrynt hwnnw; yn picio i'r siop fechan oedd draw fan 'na dros y ffordd; yn cerdded hyd y palmant lle safwn i'r funud honno.

Wedi iddi ddychwelyd i Sir Fôn, collodd fy mam ei rhieni yn lled ifanc (o'r diciâu, mae'n debyg), ei mam pan oedd yn ddyflwydd oed a'i thad pan oedd hi'n saith. Cafodd ei magu gan ei hewyrth Owen Williams (brawd ei thad) a'i wraig (y ddau adwaenwn i fel 'Taid' a 'Nain') yn nhyddyn Cefn Gwynt. Tair o genod ifanc i'w bwydo a'u dilladu, ac ymhen amser, chwech o'u merched eu hunain – Ceridwen, Buddug, Enid, Eurwen, Morfudd a Menna. Fel tae'r teulu heb fod drwy ddigon yn barod, bu farw Blodwen yn ferch ifanc bedair ar hugain oed.

Yn rhyfedd iawn, wyddwn i ddim am fodolaeth y chwaer hon nes i fy mam, yn nryswch ei blynyddoedd olaf, yn sydyn ryw gyda'r nos, ddechrau galw fy ngwraig yn 'Blodwen'. Dim ond wedyn, wrth adrodd yr hanes i'w chyfnitherod, y dois i i sylweddoli pwy yn union oedd y 'Blodwen' oedd wedi rhithio'i ffordd i feddwl dryslyd fy mam y noson honno wedi absenoldeb o hanner can mlynedd neu fwy.

Priododd Kate, ei chwaer, Wil a chafodd bedwar o blant: Albert, Joan, Ceinwen ac Emrys. Dim ond Joan ac Emrys sy'n dal yn fyw. Trefnwr angladdau oedd Albert ac mae ei fab, Melvin, yn dal wrth y gwaith. Fo sy'n trefnu angladdau pawb o ochr Mam o'r teulu.

Mi fyddai Kate yn galw acw weithiau, yn enwedig wedi i salwch fy mam waethygu a bu'n hynod o garedig, er na fyddai hi a Nhad yn cytuno ar bopeth bob amser! Lles Mam oedd gan Kate mewn golwg, does dim amheuaeth am hynny, ond fuo Nhad erioed yn un i groesawu gormod o help gan neb, am ryw reswm. Wn i ddim pam hyd heddiw.

Mi welwch, felly, 'mod i o deulu cwbl gyffredin, heb fawr o arian tu cefn inni – fuo ganddon ni ddim car, er enghraifft, tan i mi brynu un pan o'n i'n ddeunaw. Ond os mai cyffredin oedd cefndir Nhad, ac os mai dim ond condyctor ar y Crosville oedd o wrth ei waith, nid cyffredin mo'i dalent o bell ffordd. Doedd gan Mam ddim uchelgais mwy na chael y stepan drws ffrynt lanaf yn y pentref – byddai'n ei golchi a'i sgrwbio o leiaf unwaith bob dydd nes byddai'n sgleinio – ond roedd hi'n fam gariadus tu hwnt ac yn gymydog hynod o garedig.

Ymhen llawer blwyddyn wedi i mi golli fy rhieni, mi es i 'nôl i'r tŷ rhyw ddiwrnod a chanfod fod y llechen wedi hollti'n ddwy (gan rew, siŵr o fod, heb sôn am sgrwbio diddiwedd Mam); ac wrth ei gweld yn y cyflwr hwnnw, mi holltodd fy nghalon inna – beth fyddai Mam yn ei feddwl o weld hynny, tybed? Mae fy edmygedd o'r ddau yn ddi-ben-draw a dwi'n eu colli nhw bob dydd ddaw dros fy mhen i.

Teulu agos

M<small>I GYRHAEDDAIS I'R BYD</small> (Ysbyty Dewi Sant, Bangor i fod yn fanwl gywir) tua phump o'r gloch y pnawn, ac un o'r rhai cyntaf i glywed y newyddion oedd fy nghyfnither, Nanw (Annie Catherine Lewis – merch f'ewyrth Richard, brawd fy nhad); roedd hi'n sefyll wrth ochr fy nhad yn y ciosg ffôn yn stryd Glan y Môr yn y Felinheli. Tua'r dwy ar hugain 'ma oedd hi ar y pryd, ac yn aros gyda Mam a Nhad oherwydd ei bod yn gweithio yn y Swyddfa Bost ym Mangor, ac felly'n cael sbario teithio'r holl ffordd o'i chartref ym Mhistyll, ger Nefyn bob dydd. Bu acw am rai blynyddoedd nes iddi brynu car a chael gwaith yn y Swyddfa Bost yng Nghaernarfon, oedd fymryn yn nes at ei chartref. O ganlyniad, fel fy 'chwaer fawr' yr ystyriais i Nanw erioed.

Yn y cyfnod hwnnw, câi fy mam a hithau laweroedd o hwyl, a does dim amheuaeth nad oedd Nanw'n gwmni iddi gyda'r nos pan fyddai Nhad yn gweithio'n hwyr. O oedran cynnar, byddwn innau'n cael aros ar fy nhraed yn hwyr 'i ddisgw'l am Dad', patrwm sydd wedi para hyd heddiw – dwi'n dal i fod yn un hwyrol.

Roedd gan Nanw ddau frawd ac un chwaer – Harri Emrys, Wiliam Huw, a Hannah Mary. Bu Wiliam Huw yn brifathro llwyddiannus iawn mewn ysgol i blant ag anableddau dysgu (ysgol Pudleston Court yn Llanllieni), a'i wraig Marian yn ddirprwy iddo. Ces fynd yno i aros er mwyn cael deunydd i fy thesis yn y Coleg Normal ganol yr 1960au, a chael croeso mawr a digon o ddeunydd i lenwi llyfr. Bu Wiliam Huw farw yn y flwyddyn 2000 – doedd dim plant ganddyn nhw.

Collodd y brawd arall, Harri, ei fywyd yn ŵr cymharol ifanc yn dilyn trawiad ar yr ymennydd, gan adael gwraig, Ann, a thri o blant, Richard (Dic), Catherine (Cadi) a Marian. Ar ôl iddi golli ei gŵr (a hynny ychydig fisoedd yn unig wedi geni Marian), aeth Ann a'r teulu i fyw i Lerpwl am gyfnod hir, cyn dychwelyd i Gymru wedi i'r plant dyfu. Roedd Ann (merch fferm o Sarn Meillteyrn) yn dipyn o ddynes; nid yn unig yn mentro i Lerpwl ond hefyd, ar ôl cyrraedd yno, bod yn fam ac yn dad i'r plant. Roedd yn hunangynhaliol dros ben, yn ôl pob tebyg, ac mae straeon amdani'n hongian allan drwy ffenestr yr atig a chortyn rownd ei chanol i'w rhwystro rhag syrthio tra oedd hi'n ailosod llechi ar y to.

Plismon ar y ceir yn Lerpwl oedd Dic am flynyddoedd cyn iddo ymddeol yn gynnar a chadw siop (fel ei daid) ym Mhen Llŷn ac yn ddiweddarach mynd yn athro. Pan es i i'r Coleg Normal yn 1964, pwy oedd yno, yn yr un flwyddyn â mi, ond Cadi a'i chwaer, ond fod Marian yn hyfforddi i fynd yn nyrs yn y C&A lawr y ffordd. Yn ein blwyddyn olaf yn y coleg, bu Cadi a minnau'n gyd-lywyddion y Gymdeithas Gymraeg.

Ar ôl priodi'r enwog Athro Gwilym O. Roberts (oedd hefyd yn gefnder iddi), aeth Hannah, chwaer Nanw, i fyw i'r Unol Daleithiau – i Oregon, lle darlithiai Gwilym yn y brifysgol. Ymhen hir a hwyr, daethant yn ôl i Bontllyfni ger Caernarfon i fyw, er mwyn i'w merch fach, Marilee, gael ei geni yma – sef, erbyn hyn, yr actores, yr artist a'r ysgrifenwraig dalentog Mari Gwilym. Fel ei thad, mae Mari wastad wedi bod yn annibynnol ei meddylfryd ac mae hi'n un ddireidus dros ben; gwyddwn y byddai, gan ei bod yn hynod o hoff o nionod picl pan oedd yn blentyn ifanc iawn, a doedd dim digon iddi i'w cael pan ddeuai acw i'r Felinheli.

Daeth Gwilym â'i gar Americanaidd Nash Rambler adref i Gymru efo fo, a chefais ei 'ddreifio' (eistedd ar lin Gwilym a llywio tra oedd o'n gweithio'r pedals) ar hyd y ffordd fawr heibio i waliau Glynllifon fwy nag unwaith. Roedd hi'n ffordd syth heb fawr o draffig ar bnawn Sul, ond dwi yn cofio Yncl Gwilym a finnau'n camddeall ein gilydd, a'r un ohonom yn ymateb pan ddechreuodd y car grwydro at y clawdd. Roedd Gwilym yn meddwl 'mod i'n dal yng ngofal y llyw, a finnau dan yr argraff mai fo oedd in *charge*! Tae'r heddlu ond yn gwybod – doeddwn i fawr hŷn na naw neu ddeg oed.

Cerniog oedd enw'r cartref ym Mhontllyfni, a byddwn wrth fy modd yn mynd yno, nid yn unig oherwydd y croeso mawr fyddem ni'n ei gael gan Hannah, ond hefyd oherwydd bod gardd go fawr uwchben y tŷ a lle i chwarae pêl-droed ynddi. O dan y tŷ roedd llwybrau diddorol a llyn â llyffantod a physgod ynddo a choed bambŵ o'i gwmpas – lle campus i blentyn chwarae. Mae Mari'n dal allan mai'r ardd honno, ynghyd â brwdfrydedd ei thad, daniodd ei diddordeb ym myd natur, ac i hynny mae'r diolch ei fod wedi dod yn gymaint rhan o'i bywyd – a dwi'n synnu dim.

Byddai mynd i ymweld ag Yncl Richard (tad Hannah a Nanw) ym mhentre bach Pistyll ym Mhen Llŷn yn dipyn o achlysur. Ar ddydd Sul y byddem ni'n mynd, fel arfer, os cofia i'n iawn. Byddai gofyn dal y bws ar ben yr allt yn y Felinheli i fynd i Gaernarfon i ddechrau. Yn ddi-ffael, ar y funud olaf un, byddai Nhad yn 'cofio' am rywbeth neu'i gilydd (llond poced o dŵls, fel arfer, i drwsio hyn a'r llall i'w frawd), ac yn rhuthro 'nôl i'r tŷ, gan adael Mam a minnau'n sefyll yn bryderus yn y *bus stop*. Byddem ein dau ar fin dringo i'r bws cyn i Nhad ailymddangos yn reit aml. Bws arall, wedyn, o Gaernarfon i Lanaelhaearn, a newid eto fan honno i fynd ar fws Nefyn.

Caem groeso mawr wedi cyrraedd. Caem de rhagorol a chawn innau chwarae efo Richard, Catherine a Marian, fy mherthnasau oedd yn byw drws nesaf i'r siop. Ddois i erioed oddi yno heb i f'ewyrth stwffio llond fy mhocedi o fferins o'i siop, a hynny mewn cyfnod o dlodi cyffredinol lle'r oedd pob ceiniog yn cyfri. I orffen y diwrnod, byddem yn cysgodi rhag y gwynt a'r glaw yn nrws y siop i ddisgwyl gweld golau'r bws yn dringo dros grib yr allt y tu hwnt i Bistyll. Pan ddôi'r golau i'r golwg, byddai'n bryd ffarwelio'n frysiog a ffwdanllyd cyn rhuthro at y *bus stop* hanner canllath i lawr y ffordd a'n gwynt yn ein dyrnau. Antur yn wir!

Chwaer fy nhad oedd Anti Annie ac roedd hi'n briod efo Yncl Owen (Roberts). Does dim amheuaeth nad oedd Annie wedi'i sbwylio gan mai hi oedd babi'r teulu, ond daeth rhyw waeledd drosti a bu'n rhaid iddi fynd i Ysbyty Walton, Lerpwl, pan o'n i'n rhyw bump oed. Yn ôl pob tebyg, câi boenau mawr oherwydd bod rhyw nam neu'i gilydd y tu mewn i'w hasgwrn cefn, ac fe fu'n rhaid iddyn nhw dorri rhai nerfau, oedd yn golygu na allai gerdded dim rhagor, ac felly rydw i'n ei chofio – fel rhyw fath o *invalid* oedd yn gaeth i'r tŷ ac yn dibynnu ar ei gŵr a Miss Owen (y ddynes glên o Gaernarfon ddaeth i fyw atynt) i dendio arni ac edrych ar ei hôl. Mae gen i frith gof hefyd o fam Yncl Owen yn byw ym Modarborth, ond bu hi farw pan oeddwn i'n blentyn bach.

Mae gen i gof plentyn o fynd i Lerpwl i ymweld ag Annie ar ôl iddi gael y llawdriniaeth. Doeddwn i ddim yn cael mynd mewn a dwi'n cofio eistedd ar ddesg y porthor tra oedd Mam a Nhad yn mynd i mewn i'w gweld.

Dwi hefyd yn cofio mynd gydag Yncl Owen ar fy moto-beic i fynwent Deiniolen – a gan ei fod yn ddyn cymharol fawr a thrwm, methodd y moto-beic â mynd i fyny allt serth Nant y

Garth. Bu'n rhaid iddo gerdded am sbel nes i ni ddod at ran fwy fflat o'r daith. Bu farw Yncl Owen pan o'n i'n 18 oed a dyna'r tro cyntaf i mi erioed dorri lawr i grio oherwydd galar. Fel y cewch ddarllen, cymysg oedd fy nheimladau tuag ato ar y pryd, ond mi drawodd ei golli fi'n fawr. Ro'n i'n hoff iawn ohono, 'sdim amheuaeth am hynny.

Roedd Bodarborth yn dŷ mawr, hir, o'i ffrynt i'w gefn ac yn y stafell ffrynt roedd Yncl Owen ac Anti Annie'n byw (roedd gwely dwbwl yn y stafell). Er mwyn mynd drwodd i'r cefn at Miss Owen roedd yn rhaid cerdded drwy goridor, stafell ganol, coridor arall, y gegin a wedyn i'r stafell lle roedd Miss Owen yn byw. Yn nhywyllwch y gaeaf, roedd yn daith led frawychus i blentyn, a'r cof sydd gen i ydi rhuthro trwodd a 'ngwynt yn fy nwrn rhag ofn. Rhag ofn beth, wn i ddim – jest rhag ofn!

Mi fu Annie fyw am bron i ugain mlynedd ar ôl ei gŵr a Nhad yn gorfod mynd i'w rhoi yn ei gwely bron bob nos. Bu'n straen mawr arno er 'mod i'n galw amdano i gydgerdded adref efo fo'n reit aml. Tuag at ddiwedd ei oes, dwi'n cofio gorfod aros ar y ffordd ddwywaith neu dair er mwyn i Nhad gael ei wynt ato; a dim ond siwrnai o gwta ddeng munud oedd hi i gyd.

Ar bnawn Sadwrn, byddai un o ddau beth yn digwydd – un ai mynd i Gaerwen, Sir Fôn, gyda Mam i weld y teulu, neu fynd i'r pictiwrs gyda fy ffrind, William Blackwood, ei fam o – 'Anti' Maisie – a fy mam innau. Byddwn wrth fy modd yn gwneud y ddau beth. Yn Gaerwen, byddwn yn cael crwydro o gwmpas tir tyddyn Cefn Gwynt a chwarae yn y das wair (y ces lawer i ffrae am ei malu). Roeddwn wrth fy modd yn gweld yr anifeiliaid yn cael eu bwydo, er fy mod ofn y gwartheg, braidd. Mewn sied sinc, roedd yno hefyd hen, hen gar cario gwair Morris Bullnose yr hoffwn i smalio ei ddreifio. Mi fyddai'n werth ffortiwn heddiw!

Yn y cefn roedd pwmp dŵr gogyfer ag anghenion y tŷ, ac yn ôl pob tebyg, roeddwn i'n hoff iawn o agor top y pwmp a'i lenwi efo cerrig mân, gan flocio'r pwmp ac achosi gwaith datgymalu llafurus i rywun bob tro, er mwyn ei gael i weithio unwaith yn rhagor. Oeddwn, roeddwn innau'n medru bod yn hogyn drwg, mae'n amlwg!

Mae gen i gof gweddol o Taid (er mai brawd fy nhaid oedd o go iawn, wrth gwrs), ond bu Owen Williams farw pan o'n i'n lled ifanc – tua'r saith neu wyth oed 'ma. Bu Lizzie Williams, fy 'Nain' (galwai fy mam hi'n 'Anti') fyw i oedran da, ac mae cof clir iawn gen i ohoni. Dynes garedig ac addfwyn oedd hi, er gwaethaf (neu oherwydd) bywyd caled y cyfnod. Os byddwn i'n camfihafio, byddai Nain yn bygwth y wialen fedw oedd yn hongian uwchben y drws – a byddai hynny'n ddigon i ddod â fi i drefn yn syth! Ches i 'rioed chwip efo'r wialen (er gwaetha'r holl helyntion efo'r das a'r pwmp dŵr) a go brin y byddwn i wedi cael chwaith, haeddu un neu beidio.

I ychwanegu at gynnwrf y dydd, byddai'r rhan fwyaf o'r teulu'n dod at ei gilydd at y pnawn a'r gyda'r nos, gan gynnwys fy nghyfnither Lisabeth o Langefni, oedd fymryn yn iau na fi, (merch Eurwen ac Alun), ac, ambell waith, fy nghefnder Owen Eardley (mab Ceridwen a Wilfie, oedd yn byw yn Rhosneigr).

Yn fwy anaml fyth, deuai cyfnither fy mam, Enid, ei gŵr Joe Massey, a'r plant, Jean, Enid a Keith, yno o Warrington. Keith ddysgodd i mi sut i ddringo'r goeden oedd tu cefn i'r tŷ a chan ei fod yn hŷn na fi o ryw bum mlynedd, roedd o'n dipyn o arwr i mi. Un cŵl iawn oedd o – pan gai ei ddwrdio gan ei fam 'Keith! I'll bloomin' *murder* you!', ei ateb parod oedd 'You'll get hung for that!' Gweithiodd yn y Llynges am flynyddoedd, ar y sybmarîns niwclear, er mawr ofid i'w fam. Yn ddiweddarach gweithiodd yng Ngorsaf Niwclear Trawsfynydd, gan deithio bob

Priodas fy rhieni, canol y 1930au. Cefn: Mair Hughes, Richard, Nhad, Mam, Ceridwen, Nanw Blaen: ?, Menna, 'Nain', 'Taid' (Owen Williams, Cefn Gwynt)

Joseph (Jos) Lewis – brawd fy nhad a baswr da

Richard Lewis – brawd fy nhad; tad Nanw

Hugh Lewis – brawd arall; gweithio
yn Kennard's, Croydon

Annie Lewis – chwaer fy nhad;
soprano tan gamp

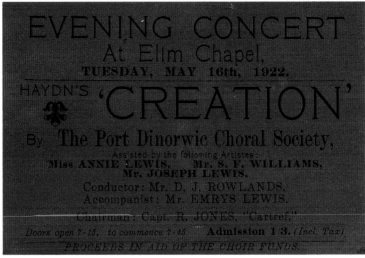

Tocyn *Y Cread* – Nhad yn cyfeilio

Leusa (nain Royal) a'i chwaer Hannah
(mam fy nhad) gyda'u mam, fy hen nain

Y ddwy chwaer gyda'u hanner
brodyr, William a Dafydd

Leusa a Hannah yn cael paned efo'i gilydd yn y Felinheli am y tro cyntaf ers
50 mlynedd yn 1930

Yr Helfa, Llanddaniel-fab, fel y bu

Yr Helfa yn cael ei ddatblygu

Pedair cenhedlaeth – Hannah, Polly, Hannah (Caernarfon) a Mair

Hannah, Mam a Nanw

Fy nain a thaid go iawn ar ochr fy mam, Richard Williams a Jane, Kate a Blodwen. Dyma'r unig lun sydd gen i ohonynt

Kate a Mam

Mam tua 1940

Mam, ei chyfnither Ceridwen
a'i mab, Owen

Fi efo Tedi Mawr – tua 1949.
Sylwch ar y clip sy'n dal fy
ngwallt yn ôl

Mam, fi a Betty ar y prom yn Llandudno, 1950

Mam a'i chyfnitherod mewn priodas

Nhad, Ceridwen, Mam a Nain

Wilfie Eardley, Nhad, Jim Eardley, Joe Massey, Alun Jones a finnau

Fy nghyfnither Elizabeth a fi, tua 1963

Fy nghartref – rhif 10 Penceunant, y Felinheli

Mae plant yn dal i sgipio llechi ar lan y môr yn y Felin

Nhad a Mam – tua 1964

Mam a Nhad yn y gegin ym
Mhenceunant tua 1968

Pasiant plant y byd, tua 1955. Dwi yn y cornel gwaelod ar y chwith

Fy nosbarth yn 1957 – fi ydy'r ail o'r chwith yn y rhes gefn efo Gwyn Edwards; Hugh Evans ydi'r prifathro

Drama yn Ysgol Friars – *The Brass Butterfly* gyda Mike Smith a Dai Griffiths

Christine Martin

Gyda Chris o flaen y caffi ar stryd Glan y Môr

Gyda Selwyn ar gefn y Gilera

Fi a fy harem, tua 1966

Capel Salim gynt, y Felinheli. Mae'n gartref preifat erbyn hyn

Garej fy nhad – a'r olygfa odidog o'r Fenai

dydd o Fae Colwyn lle roedd yn byw; ond âi Keith ar hyd ffyrdd y fforestydd am ran helaeth o'r ffordd, gan arbed llawer o amser ac osgoi'r traffig. Keith a 'nghyflwynodd i i foto-beics am y tro cyntaf erioed yn ddiweddarach, drwy fynd â fi am sbin ar gefn ei Norton Dominator pwerus pan o'n i'n rhyw 16 oed.

Un da oedd tad Keith, Joe Massey, hefyd; pan ddeuai i'r tŷ yn y Felinheli, ei eiriau cyntaf yn ddi-ffael oedd: 'C'mon, Rosie! Where's that cup o' tea?' Sais oedd o i'r carn, o ardal Warrington, ond roedd yn hen foi iawn ac yn codi calon fy mam bob tro y byddai'n ymweld â ni. Mi benderfynais i'n ifanc iawn mai Warrington fyddwn i'n ei gefnogi ym maes Rygbi'r Gynghrair, ac felly mae pethau o hyd.

Buddug a Morfudd oedd y ddwy chwaer arall. Roedd Buddug yn fetron mewn ysbyty yn y Fali, yn ddynes ag awdurdod yn ei maes, gydag ychydig bach yn llai o agosatrwydd na'r lleill yn perthyn iddi. Er hynny, bu'n eithriadol o ffeind pan aeth Mam yn sâl flynyddoedd wedyn, a does gen i'r un gair drwg i'w ddweud amdani. Un fel arall yn llwyr oedd Morfudd, un annwyl, dawel tu hwnt ac agos atoch. Fel dywedes i, bu i Morfudd a Ceridwen briodi dau frawd – Jim a Wilfie Eardley (y ddau wedi dysgu Cymraeg yn rhugl) – a bu bron i Eurwen a Menna wneud yr un peth. Priododd Eurwen Alun Jones a bu Menna'n caru efo Ken, ei frawd, am flynyddoedd cyn i'r berthynas ddod i ben.

Yng Nghefn Gwynt hefyd roedd Eirlys. Roedd hi'n hŷn na fi o ryw ddeng mlynedd, ac ar y pryd roeddwn i'n cymryd mai chwaer 'fenga cyfnitherod Mam oedd hi. Dim ond flynyddoedd lawer yn ddiweddarach y dois i i ddeall nad chwaer Ceridwen oedd hi, ond ei merch, a'i bod, felly, yn hanner chwaer i Owen Eardley. Dioddefodd Eirlys ryw nam o'i genedigaeth a effeithiodd ar ei nerfau ac achosi atal dweud drwg arni. Yn raddol, gwaethygodd y nam, gan effeithio ar ei gallu i gerdded, a gwneud ei lleferydd yn annealladwy i bawb ond y teulu agosaf. Ond er gwaetha'r nam creulon hwnnw, cawsom lawer o hwyl efo'n gilydd ar hyd y blynyddoedd. Bu farw Eirlys yn ei deugeiniau, wedi blynyddoedd o ofal di-ben-draw gartref yn ei chynefin gan y teulu yn Sir Fôn. Yn yr un modd, derbyniodd fy mam garedigrwydd tebyg yn ei gwaeledd hir hithau, a ches innau ddim byd erioed ond y caredigrwydd mwyaf gan bob un o deulu Cefn Gwynt. Rydw i wastad wedi trysori hynny.

Menna oedd yr ieuengaf; mae f'atgofion cyntaf ohoni pan oedd yn ei hugeiniau canol, gyda'i gwallt du, yn ddel a thenau, yn smocio sigaréts ac yn gyrru ceir (gan mai mewn garej yn Llangefni y gweithiai) fel tae'n ail natur iddi. Dwi'n credu mai Menna oedd y ferch gyntaf i mi syrthio mewn cariad efo hi erioed – a doeddwn i'n ddim ond pump oed. Fel gyda Nanw, dwi wedi'i hystyried yn fwy o chwaer fawr i mi na chyfnither i Mam. Bu Menna, yr olaf o genod Cefn Gwynt, farw tua diwedd Medi 2015. Mae'n chwith meddwl.

Mae hi hefyd yn chwith meddwl bod Elizabeth, merch Eurwen a mam David a Rebecca, wedi'n gadael ni'n syfrdanol o sydyn ac ifanc. Problem y galon oedd ganddi, fel ei thad, ond gwnaeth bopeth posib i sicrhau bywyd llawn i David a Rebecca wedi iddi hithau golli ei gŵr, Garfield, mewn damwain moto-beic tra oedd y plant yn dal yn ifanc iawn. Na, dydi bywyd ddim yn deg nac yn garedig weithiau.

O fewn dim byddai'n amser cychwyn o Gefn Gwynt am adref. Bryd hynny, prin oedd y lampau trydan ar ochr y ffordd o'r tyddyn i'r briffordd, ac mae gen i ddarlun byw iawn yn fy meddwl o gychwyn am y bws ar nosweithiau tywyll, gwyntog a glawog y gaeaf. Deuai un o'r genod gyda ni ran o'r ffordd efo tortsh, ond er hynny cydiwn yn dynn yn llaw Mam yr holl ffordd, gan fod sŵn cwynfanllyd y gwynt yn chwibanu drwy wifrau'r teligraff a sigl bygythiol brigau'r coed naill ochr i'r ffordd yn codi ofn arna i. Byddwn yn falch o gyrraedd y *bus stop* ar yr A5, a chael dringo i gynhesrwydd cymharol y bws dwbwl-dec i Fangor.

Mi oedd gan Mam gefnder o'r enw Tomos Huw Williams o Langristiolus a ddeuai i ymweld â ni o bryd i'w gilydd. Dyn reit fawr oedd o, wastad yn fyr o wynt, ond yn un a oedd yn medru troi ei law at nifer fawr o dasgau ar ei ddyddyn ym Môn. Roedd ei wraig May a fy mam yn dipyn o ffrindiau gan fod Mam wedi bod yn gweini ar ei theulu flynyddoedd ynghynt yn Y Graig, Gaerwen. Roedd y ddau'n hwyliog a chyfeillgar dros ben bob amser – tan i'r sgwrs ddechrau troi at y rhyfel, a dyna pryd byddwn i'n anesmwytho.

Roedd Tomos Huw wedi bod yn yr armi ond doedd Nhad ddim. Mi wrthododd Nhad hyd yn oed *ddal* gwn gan na fyddai'n fodlon saethu neb, ac am ei drafferth aeth o flaen tribiwnlys a chael ei yrru i rhyw wersyll yn Wrecsam am gyfnod. Yn anffodus, roedd hyn i gyd yn dal i fod yn dipyn o asgwrn y gynnen rhwng y ddau ac fel byddai pethau'n poethi, gwelwn fy nhad yn raddol golli ei dymer. Fel dwi wedi'i ddweud o'r blaen, un araf iawn oedd o i golli'i limpyn, ond rhywsut roedd Tomos Huw, yn ddi-feth, yn llwyddo i godi ei wrychyn. Diweddai pob ymweliad bron efo ffrae ddigon tanllyd rhyngddynt, a Tomos Huw yn codi o'i sedd a cherdded allan gan alw ar ei wraig: 'Ty'd May – 'dan ni'n mynd adra!' Er mawr ryddhad i mi, fydden ni ddim yn gweld Tomos Huw am sbel go hir wedyn.

Plentyndod

U N O'R ATGOFION CYNHARAF sydd gen i ydi cael fy nghario ym mreichiau Mam i un o lofftydd 10 Penceunant a gweld fy nhad yn y gwely yn wael iawn – llid yr ysgyfaint oedd arno. Mi fedra i ogleuo'r powltis y byddai'n gorfod ei roi ar ei gefn y funud 'ma. Wn i ddim faint oedd fy oed i'n iawn, ond fedrwn i ddim bod llawer hŷn na dyflwydd. Roedd hi'n eira trwchus y tu allan (eira mawr 1947 o bosib) a Nhad mewn deliriwm o ryw fath. Roedd yn mynnu cael dŵr oer o ffynnon fechan ger Pantyrus ar stryd Glan y Môr – wnâi dim dŵr arall y tro, a doedd dim modd ei dwyllo. Aeth Ceridwen, cyfnither fy mam, oedd wedi dod i aros acw i'w helpu hi efo Nhad, yr holl ffordd drwy'r eira i nôl llond jwg o ddŵr rhewllyd ond cwbl naturiol y ffynnon. Credai Nhad mai dyna a'i gwellhaodd o o'r salwch, nid Doctor Davies, ac mi fydda i'n ddiolchgar i Ceridwen tra bydda i.

Yn gynnar iawn yn fy mywyd, a finnau'n fabi yn y goets, mi deflais fy mhen yn ôl yn sydyn a'i daro ar dun agored o Elastoplast oedd yn digwydd bod reit tu ôl i mi. Pam roedd 'na dun ag ochrau miniog yn y pram yn y lle cyntaf wn i ddim, ond yno yr oedd o ac mi waedodd y briw am yn hir iawn, mae'n debyg. Rydw i wastad wedi bod yn sticlar am iechyd a diogelwch; falla mai'r ddamwain gynnar hon sydd i gyfri am y peth!

Yr un fyddai'n mynd â fi am dro yn y pram gan amlaf oedd Betty Glan y Môr, ac yn ôl tystiolaeth Mam roeddwn yn sgrechian y lle i lawr pan âi hi adref. Ychydig dros ei deunaw oed oedd hi, os hynny, ac roedd gen i feddwl y byd ohoni. Mae gen i lun o Mam a hithau'n cerdded ar y stryd yn Llandudno a finnau'n blentyn pump oed; bu Betty'n hynod ffeind ar hyd y blynyddoedd a bu'n help mawr i Mam. Bu perthynas i ni, Esme Thomas, hefyd yn mynd â fi am dro pan oedd hithau'n ifanc. Dwi'n credu falle fod Mam yn reit falch o gael gwared ohona i am sbel yr adeg hynny.

Roedd y Felinheli'n lle braf i gael eich magu ddechrau'r 1950au. Machludai haul yr hafau poeth dros Sir Fôn, gan adlewyrchu'n oren tanbaid ar ddyfroedd Culfor (nid 'Afon') Menai; chwipiai gwynt a glaw stormydd y gaeaf rownd y gornel ar waelod ein stryd ni gan ein gyrru 'nôl ambell dro, i gau'r gôt yn dynnach cyn rhoi ail gynnig ar fynd rownd y tro i Lan y Môr. Roedd yno longau hwylio a chychod o bob math, gan gynnwys fferi bob awr yn ystod yr haf i Foel y Don, dros y ffordd (fel petai) o'r Felinheli, yn Sir Fôn. Roedd cei bach a chei mawr lle gallech sgota am grancod am oriau, cei llechi a dociau prysur, gorsaf reilffordd a ffatri enwog Roberts and Sons, a'u selsig a'u porc peis adnabyddus a phoblogaidd.

Roedd 'na brysurdeb mawr ar y Cei yn f'amser i, oedd – roedd injan fach yn dal i dynnu a gwthio degau o dryciau'n llawn llechi i'w hallforio ar y trên (nid llongau erbyn hynny), roedd tyrrau llechi hyd y lle ym mhob man, roedd cytiau lle byddai'r dynion, ym mhob tywydd, yn aildorri llechi mawr oedd â rhyw nam arnynt yn llechi llai, ac roedd Dry Dock, lle roedd fy ffrind Gerald (Jers) yn gweithio, i gadw'r holl le i fynd. Deuai'r llechi i lawr yr inclein o chwarel Dinorwig ac roeddwn i'n hoff iawn o eistedd yn gwylio'r tryciau llawn yn tynnu'r tryciau gwag trwy'r twnnel o dan y ffordd fawr ac i fyny i Bensgoins – treuliais oriau'n gwneud hynny. Gyda llaw, fesul tair y câi'r llechi eu cyfrif fel roeddan nhw'n cyrraedd y Cei, a'r gair am dair llechen oedd 'mwrw'. Ond, mewn gwirionedd, tynnu at ei therfyn oedd oes aur y diwydiant llechi yn yr ardal, ac erbyn dechrau'r 1960au roedd y Cei wedi cau, y dynion wedi colli'u gwaith a golud y meistri ar drai.

Gwastraff llechi a cherrig oedd ar lan y môr hefyd, a byddem o fewn dim yn dod yn arbenigwyr ar sgipio llechi drwy eu taflu'n fflat dros wyneb y dŵr nes y byddent yn sgipio am bellter go lew. Ond nid cyn i mi achosi damwain a allai fod gryn dipyn yn waeth, pan o'n i'n rhyw wyth neu naw oed. Llithrodd llechen o fy llaw wrth i mi ei thaflu, a'r peth nesa gofia i oedd clywed Keith Jones, oedd rhyw ddwy flynedd yn hŷn na fi, yn sgrechian mewn poen a'i law dros ei dalcen. Roeddwn wedi'i daro'n union uwchben ei drwyn ac roedd yr archoll yn gwaedu'n ddrwg. Gallai fod wedi colli'i olwg tae'r llechen wedi ei daro fymryn i'r chwith neu i'r dde. Cyfuniad o sioc ac embaras ddaeth drosta i'r funud honno ac mi fues i'n ofalus iawn o hynny mlaen wrth daflu llechi i'r dŵr. Ches i ddim clywed ei diwedd hi gan Keith am flynyddoedd, wrth gwrs.

Roedd y Felinheli wedi'i rannu'n dair rhan, i bob pwrpas; ardal Seilo (ac ysgol gynradd fechan Aberpwll) a Pensgoins ar gyrion dwyreiniol y pentref (ochr Bangor), yna canol y pentref, lle roedden ni'n byw, a'r Wern (i'r gorllewin ar ochr Caernarfon). Dri chwarter y ffordd i'r Wern roedd yr ysgol yr awn i iddi. Fe'i gelwid yn 'ysgol newydd' ar y pryd, ac mi roedd hi'n gymharol newydd, gan gymryd lle yr 'ysgol hen', dros y ffordd, fwy neu lai, lle'r aeth fy nhad pan oedd o'n blentyn. Erbyn hyn mae 'ysgol newydd' newydd yn y Felinheli.

Cerdded yr hanner milltir yno a'r hanner milltir yn ôl fyddwn i – a dod adre am ginio bob dydd hefyd. Roedd yn rhaid cerdded am sbel ar hyd ochr y briffordd brysur i Gaernarfon lle nad oedd unrhyw fath o balmant, ac o dan bont reilffordd a'i throad 'S' cas a pheryglus. Bu sawl damwain car angeuol dan y bont honno, ac yn y diwedd, ymhell wedi i'r rheilffordd gau, fe chwalwyd y bont ac unioni rhywfaint ar y tro. Drwy gyfrwng gwefan Friends Reunited (Facebook erbyn hyn), dois i gysylltiad efo David Humphreys, gynt o'r Felin, ond erbyn hynny yn Singapore. E-bostiodd fi gan fy atgoffa fod fy rhieni yn rhoi tair ceiniog yr wythnos iddo am fy hebrwng yn ddiogel dan y bont. Ar y pryd, wyddwn i ddim am y trefniant.

Miss Elsie Parry, dynes dal, denau, oedd fy athrawes gyntaf. Bu'n athrawes gyntaf a rhagorol i do ar ôl to o blant y Felin. Mrs Roberts wedyn – athrawes dda arall; yna Harri Owen, o Bontnewydd, yr unig athro yr oedd gen i ei ofn o. Gallai wylltio'n gacwn a rhoi peltan i ambell fachgen mwy haerllug na'r cyffredin. Ches i 'rioed gelpan ganddo drwy ryw drugaredd. Hugh Evans oedd y prifathro – dyn addfwyn, hynaws a charedig, a chanddo ddau fab 'fengach na fi yn yr ysgol. Ymhen blynyddoedd lawer, galwodd acw i'r tŷ i ofyn a fyddwn i'n hoffi ymuno â Chwmni Drama Bangor. Tae o heb wneud, rhywun arall fyddai wedi chwarae rhan Meic Pierce, siŵr o fod, fel y cewch weld.

Roedd Hugh Evans yn smociwr o fri, a byddai'n cynnau un sigarét oddi ar y llall yn aml, a hynny tra oedd o'n dysgu. Welai neb ddim o'i le ar hynny ar y pryd, ac fe syllwn yn aml ar y mwg yn troelli'n laslwyd o'r sigarét rhwng ei fysedd (oedd wedi'u staenio'n felyn a brown tywyll gan y nicotîn). Rhyfeddwn at sut y deuai'r mwg o'i geg a'i drwyn am hydoedd tra oedd o'n siarad, ymhell ar ôl iddo ei lyncu i'w ysgyfaint. Fedrwn i ddim disgwyl i gael dechrau smocio a bod yr un fath â fo ac, nes y deuai'r amser pan fedrwn brynu sigaréts, bodlonwn ar 'hel stwmps' hyd y llawr a'u haildanio i gael pwff neu ddau cyn llosgi 'ngwefusau! Smociais ddail crin mewn papur Rizla hefyd, ac, ar un achlysur o leiaf, wadin y polish Duraglit. Sut ma' rhywun dal yn fyw, d'wch? Wn i ddim wir!

Roedd dwy siop ar y ffordd i'r ysgol – siop Mrs Heywood a siop Mrs Pierce – ac wrth gwrs, byddai'n rhaid galw i mewn i brynu rhyw ddanteithion bob dydd, bron. Siopau bychain iawn oedden nhw (yn enwedig siop Mrs Pierce), ac mae'n anodd credu bod modd i'r ddwy wneud unrhyw fath o fywoliaeth allan o'r lle. Mi fyddai'n rhaid pasio Tŷ Aur hefyd – y ni ddaru roi'r enw ar y lle, gyda llaw, nid y perchennog. Er nad oedd unrhyw ffenest yn wal y tŷ ar ochr y ffordd fawr, os byddech yn meiddio dim ond prin gyffwrdd y wal, mi fyddai'r ddynes oedd yn byw yno'n dod at y giât yn syth ac yn ein dwrdio. Dyna'r rheswm am yr enw roeson ni ar y tŷ. Dwi ddim yn credu i mi erioed sylweddoli, tan yn ddiweddar, ei bod hi'n gwybod yn union pryd bydden ni'r plant yn pasio ar ein ffordd i ac o'r ysgol ac y byddai'n aros amdanon ni wrth y giât!

Roedd dau dŷ o dan yr ysgol, ac yn un, trigai dynes yr oedd gen i ei gwir ofn. Wn i ddim hyd heddiw beth oedd ei henw na'i hanes ond fel Mrs Mop y cyfeiriai'r plant ati ac yn wir, roedd golwg druenus arni. Roedd yn eithaf hen a thenau, a'i gwallt, ei dillad a'i hwyneb yn fudr oherwydd na fyddai byth yn ymolchi, mae'n debyg; roedd hi hefyd, yn amlwg, wedi cael beth fydden ni'n ei alw'n strôc heddiw, ac ni allai siarad yn glir. Deuai allan o'r tŷ weithiau a dechrau dweud y drefn wrthym ni, a rhai o'r plant mwyaf beiddgar yn ateb yn ôl gan ei gwawdio a'i galw'n bob enw dan haul, druan. I mi, *witch* oedd hi ac roedd gen i ei hofn na fu 'rioed y fath beth, ac mi fyddwn yn falch o gael pasio'n dawel heb dynnu sylw ataf fy hun.

Un o'm ffrindiau pennaf yn yr ysgol oedd Gwyn Edwards, bachgen siriol a hoffus efo mop o wallt fflamgoch a sbectol. Chwarae bysus a lorris fyddem ni bob amser chwarae, gan ruthro rownd a rownd yr ysgol, a stopio bob hyn a hyn i godi neu adael y pasenjàrs dychmygol i lawr, neu i ddadlwytho beth bynnag oedd yng nghefn y 'lorri'. Pan ddoi Gwyn acw i de, chwarae bysus a lorris efo Dinky Toys fyddem ni am oriau, a'r un fath yn nes ymlaen ar gefn ein beics. Does ryfedd yn y byd – roedd fy nhad i'n gweithio ar y bysus, a thad Gwyn yn gyrru lorri.

Roedd mam Gwyn yn ddynes garedig iawn, ond yn dew, a'i choesau wedi'u lapio mewn bandejus bob amser. Cawn groeso mawr ganddi yn rhif 8 Ffordd Caernarfon ond doedd ei pherthynas gyda'i gŵr ddim yn un hapus, ddwedwn i. Yn aml, byddent yn ffraeo o mlaen i – rhywbeth na wnes i erioed ei brofi gartref – a theimlwn yn anghyfforddus iawn ar achlysuron felly, ond roedd o'n rhywbeth digon cyffredin i Gwyn, ac ni chymerai fawr o sylw o'r peth.

Ar nos Fawrth deuai Gwyn acw am de, i chwarae efo'r Dinky Toys, cael bwyd ac yna swatio ein dau mewn un gadair i wrando ar y gyfres dditectif enwog *SOS Galw Gari Tryfan* ar y radio. Ychydig feddyliwn i ar y pryd y byddwn i, rhyw ddydd, yn sefyll wrth yr un meicroffon â rhai o'm harwyr o'r gyfres honno ac yn dod yn ffrindiau mawr efo rhai ohonyn nhw – yn eu plith Gwenyth Petty ac Olive Michael (y ddwy yn eu tro yn chwarae rhan Elen yn y gyfres), Wyn Thomas (Gari ac Alec yn eu tro, dwi'n meddwl), Ieuan Rhys Williams, Cynddylan Williams a'r amryddawn Dillwyn Owen, y cefais y fraint o dalu teyrnged iddo yn ei angladd flynyddoedd wedyn.

Fel y deuai cerddoriaeth ddramatig *Gari Tryfan* i ben (rhannau o bedwaredd symffoni Tchaikovsky), byddai Gwyn a minnau'n rhedeg fel y gwynt i Neuadd yr Eglwys i weld pa bynnag ffilm oedd yn cael ei dangos yno. George Formby, The Three Stooges ac Abbott and Costello oedd y ffefrynnau, ynghyd ag anturiaethau Flash Gordon (y gyfres wreiddiol, ddu a gwyn, efo Buster Crabbe fel Flash, wrth gwrs). Mae gen i gof pendant i mi gael braw fwy nag unwaith yn dilyn ambell bennod o'r gyfres honno, er ei bod, o'i chymharu â'r stwff a ddangosir heddiw, yn hynod ddiniwed. Dwi'n cofio bod ofn Emperor Ming, y dyn drwg, yn enwedig.

Yn bendant, cefais fy nychryn o ddifri gan y ffilm *Ghost Train* (gydag Arthur Askey), ffilm yn seiliedig ar ddrama gan Arnold Ridley – ie, yr un Arnold Ridley a oedd yn *Dad's Army* flynyddoedd yn ddiweddarach fel Private Godfrey. Anghofia i fyth orfod rhedeg adref a 'ngwynt yn fy nwrn yn ofni fy nghysgod fy hun y noson y gwelais y ffilm honno.

Yn Neuadd yr Eglwys, hefyd, pan o'n i'n ddeg oed, ac yn ystod rhyw ffilm neu'i gilydd, y mentrais i afael yn llaw merch am y tro cyntaf erioed. Gwenda Williams oedd ei henw, a chafodd hithau fraw y noson honno, mae'n amlwg, achos ddaeth dim o'r peth.

Roedd Gwyn yn hogyn annwyl, ac arhosodd yn y fro a bod yn weithgar yn y gymuned. Chawson ni erioed yr un gair croes, naddo, yr un erioed. Bu farw'n frawychus o ifanc, gan adael gwraig a dau o blant bach. Tae'r fath beth yn bod fwyaf erioed, fedrwn i ddim maddau i Dduw am hynny, chwaith.

Yn ysgol y Felinheli dwi'n cofio actio am y tro cyntaf. Pasiant yn y Neuadd Goffa oedd yr achlysur, tua 1955, ac fe gafodd Richard Pennington, William Blackwood, Melfyn Evans (mab y prifathro) a minnau bortreadu pedwar Tsieinead, mewn pyjamas wedi'u gwisgo am yn ôl a wig pwrpasol bob un. Mae'n siŵr ei fod o'n achlysur lliwgar tu hwnt, ond dim ond llun du a gwyn sydd gen i ohono fo. Mi alla i arogli'r colur y funud yma!

Wedyn, cymerais ran mewn cân actol (Eisteddfod Sir yr Urdd ym Mangor), a chriw ohonom yn portreadu morwyr. Ces fenthyg cap morwr cyffredin yn y Llynges – un gwyn, crwn – a dwi'n cofio torri 'nghalon yn lân am 'mod i'n gorfod ei roi'n ôl ar ddiwedd y perfformiad.

Fel y soniais i, os nad oeddem yn mynd i Gaerwen ar ddydd Sadwrn, byddai Mam a fi'n mynd i'r pictiwrs gyda fy ffrind, William Blackwood, a'i fam. Roedd Anti Maisie wedi priodi Sgotyn o'r enw Harry Blackwood ar ôl y rhyfel, ac roedd William flwyddyn yn iau na fi. Y Plaza ym Mangor oedd y ffefryn, er bod gen i gof o fynd i'r Majestic yng Nghaernarfon hefyd. Roedd 'na rywbeth hudolus iawn i mi am fynd i'r pictiwrs. Roedd gweld y llenni trymion hardd wedi'u goleuo, y gerddoriaeth cyn i'r ffilmiau ddechrau a'r holl rialtwch yn gynhyrfus a deniadol, oherwydd tlodi cymharol ein byd bach ni yn y Felinheli, mae'n siŵr gen i. Hoffwn y cartwnau, y newyddion Pathé a'r ffilmiau 'B', yn enwedig y rhai am dditectifs Scotland Yard, ffilmiau a gâi eu cyflwyno gan Edgar Lustgarten.

Cofiaf fod yn y Plaza ryw nos Sadwrn mewn poen difrifol efo'r ddannodd. 'Hwda – rho dy dafod yn y powdwr 'ma a'i roid o yn dy ddaint,' meddai Anti Maisie, gan wthio pishyn o bapur o dan fy nhrwyn. Beecham's Powders oedd ar y papur. Wn i ddim wnaeth o unrhyw les i'r ddannodd ond mi wn ei fod o'n blasu'n ddiawledig.

Hoffai William 'chwarae armi', gan guddio yng nghanol coed a drain Cae Rêl – y darn serth o dir rhwng Glan y Môr a'r relwê. Roedd gennym lwybrau cudd o un pen i'r goedwig i'r llall, ac mi adeiladon ni dden ar ben un goeden dal iawn. Gallai William ddringo i'r den yn hawdd, ond mi fyddwn i'n cael dipyn o drafferth, a doeddwn i ddim yn rhy gartrefol yn troedio'r llawr pren sigledig ar ôl cyrraedd y top chwaith! A lle gawson ni'r planciau pren, medda chi? Eu dwyn oddi ar Eddie Owen, oedd â pheiriant llifio ar Lan y Môr, lle cadwai bentwr ohonynt yn un swp. Sylwodd o 'rioed, hyd y gwn i.

O bryd i'w gilydd aem am dro i Ro-wen – traeth braf o gerrig mân ar ochr Caernarfon o'r pentref. Roedd lle fan honno hefyd i 'chwarae armis', ac wrth wneud hynny ryw bnawn fe ddois o fewn trwch y blewyn i lithro dros ochr dibyn a syrthio ar y creigiau yn y môr bymtheg troedfedd oddi tanaf. Bûm yn gorwedd yn llonydd, llonydd, heb fedru symud am rai munudau; llithrwn yn nes at y dibyn gyda phob symudiad. Doedd William ddim o fewn clyw ac wn i ddim sut y dois i oddi yno, ond mi lwyddais, rywsut, yn y diwedd. Cefais gryn ysgytwad, ac es i ddim yn agos at y fan honno i chwarae fyth wedyn. Flwyddyn neu ddwy yn ôl, es i â'r teulu i Ro-wen am dro, a dilyn y llwybr serth lawr i'r traeth. Edrychais i'r dde at y graig lle digwyddodd yr holl beth a rhedodd ias oer i lawr fy asgwrn cefn yn syth bin.

Mi fedrwn i fod yn hogyn drwg o bryd i'w gilydd, mae'n rhaid cyfaddef. Unwaith, ac unwaith yn unig, mi es efo Raymond Evans (Pwtyn) i ddwyn afalau yn Dinas ger ffatri Roberts and Sons. Mae gen i gof o fod yn nerfus iawn am y peth ac o redeg i ffwrdd nerth fy nhraed wedi i rywun alw 'Hei!' o rywle. Dwi'n credu mai dyna oedd y diwrnod pan fu raid i Mam ofyn i Harry Blackwood ddod i chwilio amdanaf efo côt law imi, gan iddi ddod i fwrw'n drwm yn ystod y pnawn. Mi ddaeth o hyd i fi yn un o siediau mawr Dow Mac, yn cuddio rhag y glaw – a rhag y person waeddodd arnom ni ychydig ynghynt, mae'n siŵr!

Wrth ymyl Ro-wen roedd Bont Goch, pont dros y rheilffordd i Gaernarfon. Yn blant, safem ar y bont yn gwylio'r trenau stêm yn pasio oddi tanom gan besychu dros y lle o achos y mwg oedd yn ein hamgylchynu. Hwyl diniwed a ddaeth i ben gyda dyfodiad y *diesels*, ac yna gyda chau'r lein yn gyfan gwbl rai blynyddoedd yn ddiweddarach.

Roedd hi'n braf cael mynd am dro i Benrallt hefyd. Roedd 'na lwybr yn arwain yno o dan y bont relwê, ac er bod dipyn o dynnu i fyny, roedd yr olygfa dros y Fenai yn hardd dros ben.

Gallech droi i'r chwith i fynd i gyfeiriad fferm Penrallt neu i'r dde i fynd fyny Allt Gam. Flynyddoedd wedyn, awn â Mam yno am dro wedi iddi hi ddioddef ei salwch ac mi fyddai'n mwynhau ei hun yn fawr yno. Ar eira, byddai plant y Felin yn mynd i dop y caeau a sglefrio lawr i'r gwaelod. Dwi'n cofio gweld hanner dwsin ohonynt yn sglefrio ar un darn anferth o hen do sinc rhyw dro!

Dro arall, aem dros bont fechan ym mhen draw'r cei i chwarae criced neu bêl-droed ar ddarn o dir a elwid yn *Beach* – wn i ddim am enw Cymraeg i'r lle. Erbyn heddiw mae'r ardal wedi'i gorchuddio â thai. Fedra i ddim deud mod i'n or-hoff o chwarae criced, chwaith – roedd gen i ormod o ofn cael fy nharo gan y bêl galed ddôi i 'nghyfeiriad o law'r bowliwr. Bu William Blackwood a minnau'n mynychu'r lle i drio cael siarad efo Charlotte oedd yn byw gerllaw hefyd – hogan eithriadol o ddel efo llygaid glas a gwallt golau hir – rhywbeth hynod atyniadol i mi ar y pryd ac, a dweud y gwir, fyth ers hynny hefyd. Ond chafodd William na finnau'n fawr o lwc, m'arna i ofn!

Chum, trip yr ysgol Sul a'r *regatta*

PAN O'N I'N RHYW naw neu ddeg oed, daeth Nhad â bocs mawr cardbord adre a'r gair OMO arno. Powdwr golchi oedd OMO, gyda llaw. Pan agorodd o'r bocs, beth oedd y tu mewn ond ci bach, y peth dela' welsoch chi erioed! Croesiad rhwng ci defaid a daeargi oedd o, ddwedwn i, a blew hir o liw brown golau a gwyn. Roeddwn i, yn ôl pob tebyg, wedi bod yn swnian ers tro am gael ci. Cynigiodd Defi Jones drws nesa y dyliem ei alw'n Omo, ond Chum oedd yr enw a ddewiswyd. Na, nid enw Cymraeg, ond dyna fo!

Bob bore Sadwrn, awn i siop gigydd Jackie Ellis ar y Stryd Fawr i ofyn am asgwrn i Chum, a fel arfer cael un anferthol ganddo. Gwyddai'r ci yn iawn beth oedd i ddod a disgwyliai'n eiddgar ar ben y wal ger y ddôr gefn a'i gynffon yn ysgwyd na fu 'rioed y fath beth. Roedd hi hefyd fel tae ganddo fo gloc larwm mewnol oedd yn canu ychydig funudau cyn i Nhad neu finnau gyrraedd adref, a byddai Chum ar ben y wal yn ein haros bron bob dydd.

Âi Chum efo fi i bob man, a'r unig amser y cawn i drafferth efo fo oedd os oedd rhywun yn chwarae pêl-droed ar Lan y Môr – rhedai Chum ar ôl y bêl yn ddi-baid gan fygwth ei brathu. Wnâi o ddim gwrando ac mi gafodd o, a finnau, ein damnio a'n dwrdio sawl gwaith.

Pan es i (a Nhad fel *chaperone* efo fi) i actio yng Nghaerdydd a Mam i Gaerwen at ei chyfnitherod am wythnos, roedd Chum i fynd at Gwilym a Hannah, rhieni Mari Gwilym. Ar y ffordd i Bontllyfni, mi neidiodd drwy ffenest led agored y car a dianc. Bu'n strach fawr dod o hyd iddo ond, ymhen y rhawg, mi ddoth Chum yn ei ôl atynt a fu dim rhagor o helynt – hyd y gwn i, beth bynnag.

Crwydrai Chum yn rhydd ar hyd y pentref fel arfer, ond roedd gerddi ym mhen draw Augusta Place, ychydig i ffwrdd o gefn tŷ ni, ac roedd sôn fod llygod mawr yn bla yno. Wn i ddim ai hynny fyddai'n denu Chum i fynd yno'n gyson, ond fwy nag unwaith ddeuai o ddim adref a byddai'n rhaid i mi fynd i chwilio amdano. Gwyddwn yn iawn ble i fynd – y gerddi. Dwn i ddim sawl gwaith dois i o hyd iddo'n gorwedd yn ddiymadferth yng nghanol y gwair trwchus, tal a golwg wael iawn arno. Byddwn yn ei gario ar hyd yr *entry* ac i'r tŷ gan ei osod o flaen y tân. Wnâi o ddim bwyta dim, ond mi gymerai lymaid o ddŵr. Deuai ato'i hun ymhen diwrnod neu ddau, ond roedd hi'n amlwg ei fod wedi bod yn bwyta gwenwyn llygod mawr. Mi ddigwyddodd hyn sawl gwaith, fel dwedes i, a ddysgodd o mo'i wers; mae'n rhaid ei fod o'n gi eithaf cryf ei gyfansoddiad i fedru gwrthsefyll y gwenwyn.

Bu'n gi da a ffyddlon am flynyddoedd maith, ond cafodd ddamwain go ddrwg tuag at ddiwedd ei oes. Roedd sosban chips ar y stof yn y gegin fach ac mi aeth ar dân. Yn y panig, ceisiodd Nhad gario'r sosban allan i'r cefn. Yn anffodus, roedd Chum yn cysgu o dan y stof ac wrth i Nhad gario'r sosban, collodd gryn dipyn o'r saim chwilboeth ar gefn y ci. Llosgodd Chum yn ddrwg a bu'n sâl iawn am rai wythnosau, a'r blew a'r croen ar ei gefn wedi eu llosgi'n llwyr. Thyfodd y blew byth yn ôl, a felly bu Chum druan weddill ei oes.

I gapel Salim yr âi Mam a minnau – capel bach a thŷ odano i'r gofalwr a'i wraig. Roedd mewn llecyn rhagorol o ran yr olygfa o ardd y tŷ – holl ogoniant Culfor Menai a'r haul yn machlud ar nosweithiau o haf. Rhyw gwta ddwsin ddôi yno ar nos Sul fel arfer – ac roedd dau ddosbarth ysgol Sul. Fedra i ddim deud i mi fod yn awyddus iawn i fynd yno erioed, yn enwedig gan fod gofyn dysgu adnod, ond mi awn yn y diwedd wedi mymryn o berswâd.

Ro'n i'n mwynhau'r canu er bod Robat Huw (yr organydd, a ffrind gorau dyddiau ysgol fy nhad) yn nodedig am lusgo'r gân, a Bella Jones, a eisteddai ddwy res o'n blaenau, yn aml iawn yn canu'r emyn anghywir (gan ei bod yn drwm ei chlyw) yn uchel ac ymhell allan o diwn. Mewn cyrddau gweddi caem yr un weddi bob tro gan yr hen Richard Edwards, a diweddai John Jones (Jac Stŵ, am ryw reswm) bob araith ddiolch i'r pregethwr drwy ddweud: 'Os na newidith petha, wel …' a'i gadael hi yn fan 'no. Roedd cyrddau'r Pasg, lle'r oedd gofyn mynd i'r capel unwaith nos Iau, deirgwaith ddydd Gwener y Groglith ac wedyn deirgwaith ar y Sul, yn fwrn. Ar y nos Wener byddai dau bregethwr yn traethu ac ymddangosai'r gwasanaeth yn ddiddiwedd.

Er hynny, dyna lle clywais i fy Mam yn canu alto am y tro cyntaf – a dwi'n hoff iawn o glywed llinell alto gref mewn canu cynulleidfaol hyd heddiw. Cofiaf Nadoligau yn Salim a dyfodiad (hollol frawychus i mi) 'Santa Clôs'. Cael afal ac oren fyddem ni, a bodloni ar hynny.

Cyn ymadael â'r Felinheli ar ôl priodi, bûm yn ysgrifennydd y capel ac yn organydd (digon ansicr) yno. Dysgodd Nhad ambell dôn i mi mewn sol-ffa (a gallaf ddarllen sol-ffa yn rhugl o hyd), a chofiaf chwarae 'A Whiter Shade of Pale' wrth i'r ddau flaenor wneud y casgliad. Cyflymodd y canu rhywfaint ond prinhau wnaeth nifer y pregethwyr a'r gynulleidfa ddôi yno. Caewyd Capel Salim rywdro yn yr 1980au, a chafodd ei addasu'n dŷ o gryn faint mewn llecyn perffaith yn edrych dros y Fenai. Erbyn i'r capel gau, roeddwn wedi hen golli unrhyw gred grefyddol fu gen i, ac yn byw ymhell i ffwrdd yng Nghaerdydd. Er hynny, hoffwn fod wedi mynd i'r cyfarfod olaf un i ddweud ffarwél wrth yr hen le. Aeth misoedd heibio nes ces i wybod fod Salim wedi cau'i ddrysau am y tro olaf, ac erbyn hynny, roedd hi'n rhy hwyr.

Prin oedd 'achlysuron mawr' yn y pentref – trip yr Ysgol Sul (i'r Rhyl yn ddi-feth) oedd un. Hwn oedd yr unig ddiwrnod o'r flwyddyn yr aem ar y trên o stesion y Felinheli, a byddai'r platfform yn llawn dop. Deuai 'run hen jôcs: 'Di'r trên ddim am ddŵad – ma'i 'di ca'l pynctiar!' I mi, bryd hynny, roedd y Rhyl yn bell, bell i ffwrdd; ac nid jest i mi, chwaith. Ar un trip, clywais Mrs McGuire, Glan y Môr, yn deud wrth ryw Saeson yng Nghaffi Evans: 'We've come all the way from Wales.' A hithau ddim ond yn y Rhyl!

Yn naturiol, i blentyn, uchafbwyntiau'r trip fyddai cael mynd ar hyd y prom a mynd ar y beics bach oedd yno; cael mynd ar y traeth tywodlyd a diarth iawn i ni blant y Felinheli, a chael mynd i'r Marine Lake. Roedd ffair enfawr yn fan 'no – a reidiau difyr y Ffigar Êt ac yn y blaen – ond roedd un atyniad goruwch popeth arall yn fy meddwl i – y trên bach a âi o gwmpas y llyn. I mi, roedd 'na ryw ramant anesboniadwy am y reid honno, ac mi fyddwn i'n mynnu mynd arni o leiaf ddwywaith. Yn sicr, dwi'n cofio crio'n arw pan ddeuai'n amser mynd adre a dim amser i fynd unwaith yn rhagor ar y trên bach.

Dwi'n cofio mynd ar y reid geffylau yno hefyd ond doeddwn i ddim yn rhy hapus – byddai'r ceffylau'n dechre rhedeg fel y deuent at ddiwedd y reid, gan wybod y byddent yn cael seibiant am ryw hyd, siŵr o fod. Yn ôl Enfys Mai (un o genod y Felin), mi rwygodd ei thad goes ei drowsus yn ddrwg wrth reidio a bu'n rhaid i'w wraig fynd i Marks and Spencer yn y Rhyl i brynu pâr newydd iddo. Lle peryg ar y naw oedd y reid geffylau.

Mae'r stori'n fy atgoffa i y byddai'n rhaid cael trywsus (byr) newydd i fynd yno. Erbyn i mi gyrraedd y Rhyl, byddai'r trowsus wedi dechrau crafu top fy nghoesau nes byddai'r croen yn goch ac yn llosgi. Hyd heddiw, mae 'nghoesau'n sensitif iawn a fedra i ddim diodde trowsus sy'n crafu. Yn wir, cyfeiriwn yn gellweirus ataf fy hun fel 'yr actor mwyaf sensitif yng Nghymru … o'r wâst i lawr'. Yn rhyfedd iawn, yn y cyfnod hwnnw (y 1950au), siwtiau fyddai'r dynion yn eu gwisgo i fynd i lan y môr a'r ffrogiau crandiaf bosib fyddai gan y merched. Daeth tro go arw ar fyd, chreda i byth.

Unwaith, a minnau'n rhyw ddeg oed, enillais sigarét mewn peiriant yr oeddech chi'n rhoi ceiniog ynddo. Cofleidiais hi yn llechwraidd yn fy llaw ac yn fy mhoced yr holl ffordd adre – ond erbyn cyrraedd adre o'r Rhyl, roedd y sigarét wedi disintigreiddio'n llwyr a'r baco hyd fy mhoced ym mhob man. Na, ches i ddim smocio'r sigarét honno.

Fymryn yn fwy parchus, mi fyddem yn prynu iot bren yn Woolworth y Rhyl a dod â hi adre i'w hwylio ar lyn go fawr o'r enw Pantyrus ar Lan y Môr. Byddem yn cynnal rasys – cael partner yr ochr arall i'r llyn i ailosod yr hwyliau ac ati a thrwy hynny, dysgu sut i hwylio. Yn rhyfedd iawn i mi, byddai Dafis (oedd yn byw gefngefn â fi) yn ddi-ffael wedi peintio ei iot o'r bore wedi iddo'i phrynu – wn i ddim pam. Hwyl ddiniwed.

Mi atgoffodd Menna Wyn (Thomas erbyn hyn, ond Roberts ar y pryd) fi ar Facebook yn ddiweddar o stori am ei thad (fel llawer un arall) yn mynd i ryw dafarn wrth ymyl y stesion cyn cychwyn am adre efo'r teulu ar y trên, a pheint yn mynd yn ddau ac yn dri gan achosi iddyn nhw i gyd golli'r trên. Cafodd andros o ffrae, yn ôl Menna. Mae Facebook wedi dod â sawl hen ffrind i'r fei – Mair Owen (Jones gynt) oedd yn arfer byw dros y ffordd â ni, Enfys oedd yn byw ar y Stryd Fawr, Derek Rees, David Humphreys, Ieuan Roberts, John Howard a Joyce Howard i enwi dim ond rhai. Peth braf ydi bod yn ôl mewn cysylltiad ar ôl yr holl amser.

Drwy Facebook hefyd ces fy atgoffa o stori am y Vicarage yn y Felinheli pan o'n i'n rhyw ddeg oed. Roeddent yn cynnal rhyw achlysur yno ar fore Sadwrn a dwsinau o bobl yn yr ystafell pan, yn gwbl ddisymwth, rhoddodd y llawr oddi tan bawb! Cafodd sawl un niwed go ddrwg, ond drwy drugaredd chafodd neb niwed parhaol. Ond i ni'r plant, bu'n achos cryn ddigrifwch hefyd – ddylia rhywun ddim chwerthin am beth mor erchyll, wrth gwrs, ond enw un o'r rhai gwympodd i'r selar oedd Mrs Rowbotham! Ac mi fetia i ei fod ei *bottom* hi'n *raw* iawn am sbel hir, druan â hi.

Roedd *regatta* fawr yn y Felinheli bob mis Awst, ac roedd hi'n dipyn o achlysur. Martsiai Band Llanrug neu Fand Deiniolen drwy'r pentre, heibio'n drws ffrynt ni ac i lawr i Lan y Môr, eu hofferynnau'n sgleinio yn yr haul a'u sain yn diasbedain drwy'r fro. Gan fod Nhad yn gondyctor ar y bysus oedd yn mynd â'r chwarelwyr i'w gwaith, roedd bron pob aelod o'r seindorf yn ei adnabod yn lled dda. Wrth iddynt basio'r tŷ, a ninnau'n sefyll ar stepen y drws yn eu gwylio, gwaeddai sawl aelod: 'Su' mae Peleg!' Teimlwn y balchder mwyaf – roeddan nhw'n nabod fy nhad i.

Yn rhinwedd eu swyddi yn Faer a Maeres Caernarfon, deuai nith fy nhad, Hannah, a'i gŵr Willie Hughes i'r *regatta* hefyd. Eto yn rhinwedd ei swydd, siŵr o fod, câi Willie ychydig yn ormod i'w yfed yn y Sailing Club. Ryw flwyddyn, clywodd

Nanw Hannah'n sibrwd wrth Willie: 'Gafaelwch yn 'y mraich i'n *reit ffyrm* rŵan, Willie!' cyn i'r ddau ymlwybro'n igam-ogam braidd at y car a'u disgwyliai i fynd â nhw adref. Cafodd y stori a'r dywediad eu hailadrodd yn ein tŷ ni am flynyddoedd.

Fynnwn i ddim eu bychanu nhw mewn unrhyw ffordd chwaith – bu'r ddau'n hynod garedig wedi i mi briodi, gan ddod o hyd i fflat i ni fyw ynddo drws nesaf ond un iddyn nhw yng Nghaernarfon. Un diymhongar a thawel oedd Willie, cyn-drydanwr ar rai o'r leiners mwyaf a hwyliai allan o Southampton, ac roedd Hannah (merch Polly, chwaer hynaf Nhad) yn un hwyliog tu hwnt, er yn drwm iawn ei chlyw. O ganlyniad, roedd yn dueddol o siarad a chwerthin dros y lle ar dop ei llais. Gan fod yn rhaid i ninnau weiddi rhywfaint fel y gallai glywed, byddai'n tŷ ni yn diasbedain pan ddeuai acw. Un ferch oedd ganddyn nhw, ac roedd Mair yn gerddorol dalentog. Arweiniodd gôr Ysgol Brynrefail (lle'r oedd yn athrawes uchel iawn ei pharch gan bawb) i wobrau cenedlaethol. Priododd Mair gyda Jimmy Welsh, oedd yn berchen ar ffatri gwneud 'compacts' yng Nghaernarfon. Mi gawson nhw un mab, a dwi'n falch o ddweud fy mod dal mewn cysylltiad efo Tim a'i deulu.

Er na fues i erioed yn hwyliwr o fri, roeddwn i'n hoff iawn o wylio'r cychod yn rasio – y *Fifes* gosgeiddig a hardd, y West Kirby Star Class, y Menai Straits One-Design ac, wrth gwrs, y Port Dinorwic One-Design. Roedd wyth o'r rhain ar y pryd, os cofia i'n iawn, a'm ffefryn i ohonyn nhw oedd *Gipsy*, rhif 5, gyda hwyliau glas, a gâi ei hwylio gan Dr Rowlands (o Ben-y-groes) ac Eric Owen, oedd yn byw ychydig ddrysau i fyny'r allt oddi wrthon ni. Mae 'na ryw rialtwch rhyfedd mewn clywed sŵn y rigin yn taro'n ysgafn yn erbyn y mastiau wrth i'r awel eu coleddu ar nosweithiau braf o haf. Hynny sy i'w gyfri, mae'n siŵr, am y ffaith na fedra i ddim meddwl am fyw yn bell o'r môr hyd heddiw.

Bwyta chips a newid ar fyd

ROEDD DWY SIOP CHIPS yn y Felinheli pan o'n i'n ifanc (ac, o bosib, un arall yn y Wern, ond roedd honno'n rhy bell) – un ohonynt yn yr un stryd a'n tŷ ni, siop Mrs Wilson, merch yng nghyfraith y Mrs Wilson a gadwai'r siop cyn hynny. Yn y blynyddoedd cynnar, i'r siop honno yr awn i nôl chips i swper reit aml ac roeddan nhw'n jips da. Ond ar ôl gorfod mynd i nôl chips i Yncl Owen ac Anti Annie rhyw dro, mi ddechreuais i fynd i siop chips mam a thad Barry Jones yn y Stryd Fawr. Ac, am wn i, dyna pryd y dechreuodd y garwriaeth rhyngof i a chips.

Un da a hwyliog oedd Tommy Jones – un o'r De yn wreiddiol, dwi'n meddwl – ond dwi ddim yn cofio oedd o'n siarad Cymraeg ai peidio. Mi fyddwn i'n mynd i gemau pêl-droed ym Mangor efo fo a thad Meirion Williams Assheton House ambell dro, a dwi'n ei gofio'n dweud, wrth i Mr Williams drio gwthio trwyn y car i'r ffordd fawr: 'Take it easy, take it easy – I'd rather be Tommy Jones late than the late Tommy Jones!'

Dwi wedi bwyta tunelli ohonynt erbyn hyn, yn jips, pysgod a *scollops* (tatws wedi'u sleisio a'i dipio mewn *batter* cyn eu ffrio, er bod y rheiny wedi mynd yn bethau prin, yn enwedig yma yn y De). Bwyta llawer gormod er lles fy iechyd, m'wn, ond fedra i ddim madde iddyn nhw! Hyd heddiw, does dim byd tebyg i blatied iawn o 'sgodyn, chips a phys slwtsh efo bara menyn a phaned o de.

Siop arall yr oeddwn i'n hoff ohoni oedd Pennington's – siop bapur newydd oedd yn gwerthu'r *Dandy*, y *Beano* a *Topper*. Mi fyddwn yn eu darllen o glawr i glawr mewn un sesiwn ac, am wn i, dyna pam mae fy Saesneg wedi bod yn lled dda erioed. Tua diwedd yr haf, deuai'n amser hel rhyw chwe cheiniog neu swllt yn wythnosol mewn clwb cynilo yn Pennington's, fel y byddwn yn medru cael yr *annuals* diwrnod Dolig. Edrychwn ymlaen yn eiddgar at gael *annual* Rupert yn arbennig – roedd y lluniau lliwgar a'r storïau'n sbarduno'r dychymyg, ac mae'n bosib iawn mai'r cwpledi bychain oedd o dan bob llun sydd i gyfri am y ffaith 'mod i wedi bod mor hoff o ysgrifennu cwpledi o'r fath (fel y gwelwch yn nes ymlaen) i gyfarch pobl yn y gwaith. Roedd ychydig yn plesio yr adeg honno – yn gorfod plesio.

Wedi dweud hynny, dwi'n cofio cael *electric train set* rhyw Ddolig ac mi ddaru Nhad, rywsut neu'i gilydd, roi bylbs ym mhob cerbyd i mi gael diffodd y golau mawr yn y stafell a gwylio'r trên yn mynd rownd a rownd yn y tywyllwch. Roedd fy nhad yn un da efo pethau felly.

Er nad awn i yno'n aml, roedd siop werth chweil arall ar y Stryd Fawr – siop Clynnog House, lle byddai John a'i fam yn gwneud a gwerthu yr hufen iâ gorau y gwyddwn i amdano ar y pryd. Mi roedd *blas* ar hufen iâ yr adeg honno!

Roeddwn i'n gwneud yn dda yn yr ysgol fach, wastad yn gynta neu'n ail i'm ffrind Gwyn Edwards. Fel y deuai cwmwl du yr 11+ yn nes, dois yn fwyfwy ymwybodol fod Nhad ac Yncl Owen yn dechrau rhoi pwysau arna i i weithio'n galetach gogyfer â'r arholiad tyngedfennol. Cefais wersi Arithmetic preifat ychwanegol gan Mr Lewis Jones (Yncl Owen oedd yn talu), cyn mynd, rhyw ddiwrnod, i Ysgol Central Bangor i sefyll yr arholiad. Roedd hi'n ysgol fawr ac rydw i'n cofio bod yn nerfus ac yn ofnus. Llwyddais yn yr arholiad, ond roeddwn wedi profi'r pwysau teuluol fyddai'n troi'n syrffed llwyr ymhen blwyddyn neu ddwy.

Ond, drwy lwyddo, cefais feic newydd sbon yn anrheg gan f'ewyrth – Triumph Jack o' Clubs, un porffor ei liw a phum gêr Derailleur arno, oedd yn fy ngalluogi i reidio'r beic yr holl ffordd i fyny gallt serth Penceunant heb orfod dod oddi ar ei gefn. Roedd hynny'n gryn deyrnged i'r gêrs o gofio'r coesau tenau oedd (a sydd) gen i.

Awn i bobman ar fy meic, yng nghwmni Gwyn gan amlaf. Cofiaf fynd ar y fferi i Foel y Don, reidio i weld fy nheulu yn Gaerwen ac wedyn dod 'nôl ar hyd yr A5 i'r Borth ac adref. Dro arall, reidiodd Gwyn a finnau i weld ei deulu o yn Rhosgadfan ac roedd gwaith tynnu i fyny go arw i'r pentre hwnnw. Ces daith fythgofiadwy o annymunol yn ôl – dechreuodd y ddannodd fwyaf difrifol arna i yn Rhosgadfan, a does dim byd gwaeth i'r ddannodd na chwysu a gwynt oer am yn ail. Fues i erioed yn falchach o gyrraedd adref.

Un o fy nyletswyddau ar fore Sadwrn oedd mynd i siop fechan y Temperance ar y Stryd Fawr i nôl baco i Yncl Owen. Dwy chwaer mewn dipyn o oed oedd berchen y siop, ond un Miss Thomas fyddai'n syrfio fynycha. Yn amlach na pheidio, byddai'n rhaid aros am hydoedd yn y siop gan agor a chau'r drws sawl gwaith i ganu'r gloch yn uchel, a hynny oherwydd bod Miss Thomas yn o fyddar. Yn ychwanegol, byddai'n cymryd llawer o amser iddi ddod o'r cefn yn rhywle gan ei bod yn ddigon bregus ac ansad ar ei thraed. Wedi dweud hyn i gyd, dynes glên iawn oedd Miss Thomas Temperance, wastad mewn ffrog eithaf crand ac oferôl flodeuog drosti, het am ei phen a minlliw coch nad oedd cweit yn siwtio dynes o'i hoed. Yn y diwedd, cawn ofyn: 'Baco i Yncl Owen, 'sgwelwch chi'n dda, Miss Thomas,' ac wedi cael y tun a thalu, ei heglu hi oddi yno cyn gynted ag y medrwn i.

Ar stryd Glan y Môr roedd Siop Dop. Hugh Dop oedd y perchennog, un o bedwar brawd o dras yr Iseldiroedd ond yn siarad Cymraeg yn rhugl, ac fe werthai *milkshakes* gora'r genedl! Rhai blas banana neu fanila efo dolop o hufen iâ am ei ben oedd fy ffefrynnau i, ond roedd 'na reswm arall pam y byddai hogyn ifanc eisiau mynd yno – roedd gan Hugh Dop *jukebox* yn y caffi, a'r fan honno y gwelis i Ella Williams, Rita, ei chwaer, ac Edwina Owen yn dawnsio'r *jive* am y tro cyntaf erioed. Agoriad llygad i rywun fel fi! Mi oedd Huw Ceredig yn jeifiwr o fri, gyda llaw, ond wnes i erioed feistroli'r gamp. Er hynny, yn y caffi hwn y dois i'n gyfarwydd â chaneuon y Ronettes, y Crystals, Roy Orbison, y Beach Boys, yr Animals a'r Rolling Stones – pob un yn ffefryn mawr hyd heddiw.

Roeddwn i wrth fy modd yn chwarae a gwylio pêl-droed, er nad oeddwn i'n fawr o chwaraewr chwaith (camp arall na wnes i rioed mo'i meistroli!). Yn y gôl yr hoffwn i fod, ond y gwir amdani ydi nad oeddwn i'n ddigon tal nac yn ddigon dewr yn y swydd honno! Wn i ddim ai hyn sbardunodd y diddordeb mewn bod yn gôl-geidwad, ond mae gen i gof o wylio Bert Trautmann, gôl-geidwad Manchester City, yn torri'i wddw yn Ffeinal Cwpan yr FA yn 1956 a chario mlaen i chwarae am y deng munud olaf fel tae dim wedi digwydd! O'r flwyddyn honno ymlaen, City fyddwn i'n gefnogi o blith timau Cynghrair Lloegr, ac felly mae hi wedi para.

Mi fuo 'na un digwyddiad eithaf trawmatig yn y cyfnod hwn, tua 1957. Roeddwn i ar y ffordd adre o'r ysgol ryw amser cinio a phwy oedd yn dod ar hyd y ffordd i nghwrdd ond Tomos Owen Glo. 'Mae 'na dractor yn y'ch stafell ffrynt chi,' meddai. 'Wir – dos i sbio.' Rhuthrais am y tŷ ac wedi cyrraedd pen yr allt ym Mhenceunant gallwn weld y tractor a'i ben-ôl yn sticio allan o'n ffenest ffrynt ni. Roedd o wedi rhedeg i ffwrdd â'r gyrrwr ac wedi mynd drwy wal a reilins y tŷ ac i mewn drwy'r ffenest. Rhuthrais drwy'r cefn a galw 'Mam, Dad, ydach chi'n iawn?' Drwy drugaredd, mi oeddan nhw, er bod fy mam wedi bod wrthi'n glanhau stepen y drws rhyw ddeng munud cyn y ddamwain. Roedd cryn ddifrod o ganlyniad i'r digwyddiad, ond mi dderbyniodd y Cyngor y bai a thalu am y gwaith trwsio.

Mi es i i Ysgol Ramadeg y Bechgyn, Friars, Bangor, ym mis Medi 1957. Roedd yr adeilad yn un hen a hardd, ond roedd maint y lle, ei Seisnigrwydd diarth a nifer y bechgyn yn codi braw arna i. Cododd rhai o'r athrawon yn eu tro fwy byth o fraw arna i. Er mai un bychan iawn o gorffolaeth oedd o, cododd Mr E. P. Jones (Cemeg, llysenw Bunny) ofn arna i o'r diwrnod cyntaf un, gyda'i allu i weiddi o ben y grisiau yn y Quad (lle'r oeddem ni i gyd wedi ymgynnull cyn cael ein harwain i mewn i'r ysgol) a syllu'n gas ar unrhyw un fyddai'n anufuddhau ei alwad am 'Silence!' Roedd gen i ofn E. R. Williams (Bioleg, llysenw: Sharkey) hefyd, a Mr Fielding a Jack Lowe (Ffiseg) a Mr Coulter (Celf) – y ces i slap ddigon hegar ar draws fy mhen ganddo am fod yn *impertinent* (beth bynnag ydi hynny) rhyw dro.

Yr eithriad oedd R. J. Evans (Screwballs oedd ei lysenw – peidiwch gofyn pam), athro dosbarth 1W (1 Welsh). Dyn addfwyn a galluog iawn oedd hwn, ac âi i drafferth fawr bob blwyddyn i ymweld â chartref pob un o'i ddisgyblion i gyfarfod y rhieni a thrafod sut roedd eu mab yn dod yn ei flaen. Deuai plant o Lanfairfechan, Penmaenmawr, holl ardaloedd Bangor a'r Felinheli i Friars, ac roedd ymroddiad a charedigrwydd Mr Evans yn nodedig. Dan ei adain o, cefais ganlyniadau lled dda yn fy mlwyddyn gyntaf yn Friars – mi ddois yn ail, dwi'n credu, allan o dros dri deg o fechgyn.

Fel *treat* i'r chwe disgybl cyntaf, aeth Mr Evans â ni am drip i ben yr Wyddfa – nid yn y trên, cofiwch, ond cerdded yr holl ffordd i'r copa ac i lawr wedyn. 'Sgen i ddim cof o sut aethon ni i Lanberis na sut daethon ni adre, ond mi roedd y daith i ben y mynydd ac yn ôl yn un i'w chofio.

Gwyn Edwards a Meirion Williams, Assheton House, oedd y ddau arall basiodd yr 11+, ac roedd Ifan Bebb ac Iwan Lloyd yn yr un dosbarth â fi. Yno hefyd roedd D. I. Hughes, bachgen eithriadol o beniog a ddeuai'n gyntaf bron yn mhob pwnc (ond a ddiflannodd oddi ar y radar yn ddisymwth wedi dyddiau'r ysgol), a'r annwyl Gwerydd Griffiths, a ddaeth yn fowliwr Crown Green da iawn dros Gymru. Ymhen y flwyddyn cafodd dau fachgen o'r Felinheli, Richard Pennington ac Andrew Davies, *transfer* o Ysgol Deiniol ac ymuno â ni yn Friars. Daeth dau arall ymhen rhyw ddwy flynedd o wahanol ysgolion a dod yn ffrindiau oes i mi – Owain Gethin Evans a John Walter Jones.

Athro arall yn Friars oedd Tom Davies, a ddysgai PT i ni. Nid fod gen i lawer o ddiddordeb mewn PT chwaith – yn amlach na pheidio, byddai gen i nodyn (y byddwn i wedi perswadio Nhad i'w ysgrifennu i mi) i'w roi iddo gydag esgus na fedrwn gymryd rhan oherwydd rhyw aflwydd dychmygol. Wnes i erioed chwarae pêl-droed na rygbi nac athletau ar ran yr ysgol, mwya'r cywilydd i mi. 'Gweddol' fyddai sylw Tom ar fy adroddiad o'r funud yr es i'r ysgol tan iddo adael rai blynyddoedd wedyn.

Deuthum yn ffrindiau da efo Tom flynyddoedd yn ddiweddarach pan es i i'r BBC i weithio. Erbyn hynny, roedd yn gynhyrchydd rhaglenni chwaraeon, a bu'n gyfrifol am fathu a gwneud defnydd o doreth o dermau Cymraeg ym maes chwaraeon. Roedd Tom yn Gymro pybyr oedd wedi dysgu'r Gymraeg drwy gyfrwng llyfr gramadeg yn ystod ei amser yn y fyddin, oherwydd bod ganddo gywilydd nad oedd o'n gallu ei siarad ac yntau'n gymaint o genedlaetholwr. Fe ddaeth Tom yn llywydd y gymdeithas gymharol fechan o Gymry Cymraeg

Caerdydd oedd yn gyn-fechgyn Ysgol Friars a chawsom ei gwmni (ac ambell stori ddifyr am yr athrawon!) reit tan ei waeledd olaf, chwarae teg iddo.

Mae'n braf cael dweud bod y criw yn dal i gyfarfod bedair gwaith y flwyddyn a bod, yn eu tro, (y diweddar, ysywaeth) Roy Thomas, Richard Elfyn Jones, Gwyn Pritchard, George Austin, Wil Morgan, John Walter Jones, Iwan Roberts, Gareth Wallis Evans, Bryn Lewis ac Allan Cook wedi bod yn gwmni difyr a rhagorol gydol yr amser. Mae gan bob un ei ddiddordebau ei hun ac mae'r sgwrs yn naturiol yn amrywio o bêl-droed, rygbi a chriced i Gymru a'r byd sydd ohoni, ond yr hyn sy'n ein huno ni i gyd ydi'r atgofion am yr hen ddyddiau, yr hen athrawon, yr hen ffrindiau, ac mae'n braf cael trafod y fath bethau dros bryd o fwyd (heb fod yn rhy ddrud!) o bryd i'w gilydd.

Athro arall *nad* oedd yn gymaint o Gymro pybyr oedd Mr E. W. Jones, yr athro Lladin. Chlywes i erioed mohono'n yngan gair o Gymraeg, beth bynnag. Un o'i genhedlaeth arbennig o, falle, na welodd werth yn yr iaith ac a deimlai mai rhwystr oedd hi, rhywbeth i'w hanwybyddu. Rhyfedd hefyd, gan mai am Wedros y safai'r 'W' – oedd, roedd o'n perthyn i deulu'r Cilie, yn ôl pob tebyg.

Mi ddois i'n hoff iawn o James Howarth yn Friars hefyd – gŵr bonheddig, tawel, hynaws, oedd yn dysgu Saesneg i ni. Dwi'n ei gofio'n darllen hanes Sherlock Holmes i ni yn ystod y wers olaf ar bnawn Gwener, gan ein dwyn i mewn i ysbryd y straeon gyda'i ddarllen coeth a deallus. Mi ddois i ar draws un arall tebyg iddo ymhen blynyddoedd yn y Normal – Mr Ashby. Roedd cefndir y ddau mewn ysgolion bonedd yn Lloegr yn gwbl ddiarth i 'nghefndir i ac yn gwbl groes, ddwedwn i, i 'naliadau politicaidd i, ond, am ryw reswm, roeddwn i'n meddwl y byd ohonyn nhw yr un fath.

Bob blwyddyn byddai gwasanaeth i holl fechgyn a staff yr ysgol yn yr eglwys gadeiriol ym Mangor ac roedd mynd i mewn i'r adeilad yn brofiad newydd, diarth a gwrthun braidd i mi, na fues i mewn eglwys cynt, heb sôn am eglwys gadeiriol. Fel ar ddechrau pob tymor, gwisgai'r athrawon i gyd eu gynnau duon llaes a'r addurniadau lliwgar arnynt ac edrychem ninnau mor smart ag oedd bosib. Byddai Cledwyn Jones, yr athro cerdd (ac un o aelodau Triawd y Coleg), wedi bod yn ein dysgu ers wythnosau lawer sut i ganu, nid mewn pedwar llais ond mewn *pump* (y descant oedd y pumed). Dwi'n cofio canu rhyw *Magnificat* (wn i ddim p'run na chan bwy) ac eithaf mwynhau'r profiad. Waeth heb na gwadu, roedd 'na rhyw falchder rhyfedd yn perthyn i fod yn ddisgybl yn yr ysgol hynafol hon ac mae'r teimlad wedi para, er gwaethaf ei Seisnigrwydd cynhenid.

Mervyn Ellis-Williams (Cymro Cymraeg glân gloyw a chyn-ddisgybl yn Friars) oedd y prifathro gydol fy amser i yno a chwarae teg iddo, mi ddaru o wrando ar griw o fechgyn dan arweiniad Roy Thomas (yr economegydd) a chytuno i gyflwyno mwy o Gymraeg yn y gwasanaethau boreol ac ym mywyd yr ysgol yn gyffredinol. Ac mi gytunodd i mi gael dod i'r ysgol ar gefn fy moto-beic ymhen blynyddoedd a chael ei barcio ymysg ceir yr athrawon. Doedd o ddim yn ddrwg i gyd, felly.

Cofiaf fod *au pair* gan y prifathro rhyw dro, a mawr oedd y cynnwrf ymhlith y bechgyn pan welwyd hi drwy un o ffenestri coridor llawr cyntaf yr ysgol yn torheulo mewn bicini yn ei ardd gefn. Buan iawn yr hysiwyd ni oddi yno a chawsom ni mo'r pleser hwnnw fyth wedyn am ryw reswm.

Roedd *tuck shop* heb fod ymhell o giatiau'r ysgol ac yno yr aem am Hovis fechan wedi ei llenwi efo creision yn reit aml. Yno hefyd yr âi'r hogiau mwyaf mentrus i smocio'n llechwraidd yng nghysgod portsh y drws – a minnau yn eu plith. Gwerthai Mr

Hughes, perchennog y siop, sigaréts i ni fesul un am geiniog neu ddwy – ac yntau'n flaenor parchus yn un o gapeli Bangor. Rhag ei gywilydd.

Parhaodd y canlyniadau da am y ddwy neu dair blynedd gyntaf, ac yna, am ryw reswm na alla i mo'i ddirnad yn iawn hyd heddiw, dechreuodd pethau fynd i lawr yr allt – er mawr ofid i Nhad ac Yncl Owen. Erbyn Form 4 roeddwn i i lawr yn safle 23 a hyd yn oed 27 (mewn dosbarth o ryw 31). Ar wahân i Gymraeg a Saesneg, roedd ceisio dysgu ffeithiau a gwneud gwaith cartref wedi mynd yn fwrn arna i. Pan ddaeth Huw a Harri i'r fei (fy mhlant o'm hail briodas), llosgais fy adroddiadau ysgol i gyd – achos tae'r ddau'n eu gweld, fedrwn i byth bythoedd ddweud wrthyn nhw am weithio'n galed yn yr ysgol. Wedi dweud hynny, dydw i ddim yn credu 'mod i erioed wedi rhoi gormod o bwysau arnynt yn addysgol, a hynny oherwydd y pwysau roddwyd arna i (am y rhesymau gorau, siŵr o fod, ond â chanlyniadau cwbl negyddol). Hawdd ydi rhoi bai ar rywun arall, a fwy na thebyg 'mod i'n gwneud cam dybryd â Nhad ac Yncl Owen. Fy lles i oedd ganddynt mewn golwg yn ddiau, ond nid felly yr edrychai i mi.

Gan nad oedd ganddon ni fel teulu deledu, roedd hwn yn gyfnod o wrando llawer ar y radio; nid *Camgymeriadau* efo Charles Williams ac *SOS Galw Gari Tryfan* bellach ond, er mawr ofid i Nhad, raglenni fel *The Goons, Take It From Here* a *Hancock's Half Hour*. Y rhain oedd yn mynd â 'mryd erbyn hyn, ac roeddwn i'n gyfarwydd iawn â giamocs pob un o'r cymeriadau. Roedd angen dychymyg byw i werthfawrogi'r rhaglenni hynny. Roeddan nhw'n ffres ac yn newydd; ond os byddai gen i waith cartref i'w wneud, byddai Nhad yn diffodd y set radio ac yn fy nwrdio am wastraffu f'amser yn gwrando ar yr hyn roedd o'n ei alw'n 'rybish'! Gwnâi yr un fath ar ganol rhaglenni Radio

Luxembourg neu Radio Caroline hefyd. Ond hwn oedd cyfnod gwrthryfela, wrth gwrs, ac mi ruthrwn i fyny'r grisiau mewn tempar blin gan ffieiddio at agwedd hen ffasiwn, oes o'r blaen fy nhad. Wnaeth ei ymgais i'm rhoi ar ben ffordd tuag at yr hyn a ystyriai'n addysg dda a gwerthfawr ddim oll ond fy ngwneud yn fwy pengaled a phenderfynol i weithredu'n hollol groes i'w ddymuniad.

Er hynny, fe ddaeth peth llwyddiant. Yn Ysgol Friars ar y pryd roedd yr hyn a elwid yn Debating Society – un o weddillion yr hen drefn addysg fonedd, am wn i. Tae o ddim wedi gwneud dim arall, mi ddysgodd y grefft o ddadlau achos i mi, a rhywsut, mi ddois yn rhan o dîm a gynrychiolodd yr ysgol mewn twrnameint gafodd ei ddarlledu gan y BBC pan o'n i yn y chweched. Yn y Brifysgol ym Mangor y cynhaliwyd yr ornest (yn Saesneg, wrth gwrs), ond yn anffodus, chafodd y tîm ddim mynd drwodd i'r rownd derfynol. Ond mi ges i, fel y siaradwr unigol gore ar y diwrnod! Roedd hynny'n golygu problem led ddwys – roeddwn i wedi paratoi i siarad yn erbyn y cynnig yn y rownd derfynol, ond, fel siaradwr unigol, roedd yn rhaid i mi rŵan siarad *dros* y cynnig! Dim ond rhyw awr oedd gen i i baratoi a, chwarae teg iddo, mi ges help gan Euryn Ogwen Williams, oedd yn fyfyriwr yn y brifysgol ar y pryd, i lunio f'achos. Mi ges ganmoliaeth gan y beirniaid ond colli wnaeth y tîm. Er hynny, roedd y profiad yn un gwerthfawr dros ben – roedd gen i syniad go dda o reolau dadlau achos erbyn hynny, rhywbeth fu o fantais mawr i mi o fewn cyfundrefn Equity yn ddiweddarach, ac mi ddaru hefyd fagu cryn dipyn o hyder ynof pan fyddai'n rhaid i mi siarad yn gyhoeddus ymhen blynyddoedd.

Yn y diwedd, ces naw Lefel O a dwy Lefel A, ond heb fawr o fri. Jest gwneud digon i basio a dim mymryn mwy. Barn Hywel Bebb, fy athro Cymraeg yn y chweched (mewn adroddiad sydd wedi'i losgi) oedd fod 'popeth yn dod yn rhy hawdd iddo'. Beirniadaeth neu gompliment oedd hynny? Dydw i ddim yn siŵr. Cyfuniad o dri pheth oedd yn gyfrifol, mae'n siŵr – salwch trist fy mam yn yr union gyfnod hwn, pwysau o du Nhad ac Yncl Owen, a'm diogi i – a'r mwyaf o'r rhai hyn ... fy niogi i.

Ar ben hynny, daeth dau ddigwyddiad mawr iawn yn y blynyddoedd hyn i darfu ar fy natblygiad yn yr ysgol: ces fy newis i gymryd rhan mewn cyfresi radio'r BBC ym Mangor ac mi brynais i foto-beic. Seliwyd fy nhynged a heb os nac oni bai, fe newidwyd cwrs fy mywyd.

Llencyndod

ROEDD EMYR JONES (tad Arthur, Dafydd a Garmon Emyr) yn athro Cymraeg yn Friars pan oeddwn i yn Form 3 ac fe ofynnodd i mi chwarae rhan (fach) Priddyn (dyn di-nod, fel mae'r enw'n ei awgrymu) yn nrama'r geni o'r enw *Ei Ddyfod Ef* yn yr eglwys gadeiriol ym Mangor. Gan mai ysgol fechgyn oedd Friars, bachgen oedd yn chwarae rhan y Forwyn Fair hyd yn oed – Brian Outram oedd ei enw a dyn a ŵyr sut oedd o'n teimlo ynglŷn â'r peth. Ond mi aeth ymlaen i wisgo rhagor o ffrogiau – ymunodd â'r eglwys a dod yn un o'i phrif offeiriaid. Roeddwn i'n hoff iawn o Emyr Jones, a oedd yn actor amatur da a gymerodd ran mewn sawl drama radio. Bu'n garedig wrthyf droeon pan oeddwn yn ddioddef (yn weddol aml ar y pryd) o'r bendro, gan ei fod yntau, meddai, wedi dioddef o'r un anhwylder yn ei arddegau.

Sut bynnag, yn y gynulleidfa roedd Wilbert Lloyd Roberts, a weithiai i'r BBC yn gynhyrchydd Drama ar y pryd (sbel go lew cyn dyddiau Cwmni Theatr Cymru). Roedd Wilbert yn chwilio am fachgen ifanc i gymryd rhan yng nghynhyrchiad Cwmni Cenedlaethol Cymru o *Agor Plygion* (detholiad o waith T. Rowland Hughes a W. J. Gruffydd) oedd i'w berfformio yn theatr y Prince of Wales, Caerdydd, yn ystod Eisteddfod Genedlaethol 1960. Arwyddocâd y teitl, hyd y gwn i, oedd mai dyna wneid yn y chwarel pan yn hollti llechi – agor plygion.

Ar ôl clyweliad yn swyddfeydd y BBC ym Mron Castell, Bangor, mi ges y rhan – neu'r rhannau ddyliwn i ddweud – gan 'mod i'n chwarae dau blentyn gwahanol; golygfa o *O Law i Law* oedd un, lle roeddwn yn gorfod gwthio'r diweddar annwyl Dic Hughes, oedd yn chwarae rhan Ewyrth Huw, mewn cadair olwyn i ganol y llwyfan. Golygfa 'John a'i dad yn berwi wy' oedd y llall, gydag R. Llywelyn Thomas, oedd yn athro yn Ysgol Deiniol, Bangor. Roedd y ddau'n bobl annwyl a charedig, ac yn ystyriol iawn o actor dibrofiad fel fi.

Bu'n rhaid i mi dyfu 'ngwallt gogyfer â'r rhan, ac mi dyfodd mor hir nes i Mr Jones Lladin fy ngalw i allan o flaen y dosbarth a dweud yn uchel a dirmygus: 'When are you going to get your hair cut, Lewis? You look like a blasted Welsh Mountain Pony.'

Actorion rhan amser oedd pawb yn y cast, bron, ond rhai o'n hactorion gorau hefyd – Nesta Harries, Ifan Gruffydd (y Gŵr o Baradwys), W. H. Roberts, Niwbwrch a J. O. Roberts yn eu plith. Yn y cynhyrchiad (rhagorol, yn ôl y derbyniad) hefyd, roedd Dr Meredydd Evans a Cynan.

Yn sicr, un o uchafbwyntiau'r holl berfformiad oedd cymeriad Ifan Gruffydd yn ymweld â John Davies (Meredydd Evans) i gydymdeimlo ag o wedi marwolaeth ei fam, o *O Law i Law* eto. Wedi iddo ysgwyd llaw a chydymdeimlo ag o drwy ddweud yn syml 'Ddrwg gin i gl'wad, John Defis …', eisteddodd Ifan wrth y bwrdd bwyd gwag, gan glirio'i wddw a seibio am yn hir. Ymhen hir a hwyr mentrodd:

'Ma'n chwith meddwl …'

'Ydi,' meddai Merêd. 'Ydi, ma'i.' Cynyddodd anesmwythyd Ifan, ac edrychodd ar y nenfwd ac ar ei draed bob yn ail. Wedi saib dirdynnol, mentrodd:

'Noson fawr neithiwr, John Defis,' gan chwarae â chantel ei het fowler ddydd Sul orau.

'Oedd.'

Saib hir, ac anesmwythyd Ifan Gruffydd yn amlygu ei hun fwyfwy.

'Oedd wir, noson fawr,' meddai.

'Oedd,' atebodd Merêd. Saib hir eto, a rhagor o chwarae efo'r het ac o edrych o'r nenfwd i'w sgidia gan Ifan Gruffydd. Wedi godro pob mymryn o'r sefyllfa, mentrodd Ifan eto.

'Oedd. Noson fawr iawn, hefyd.'

Erbyn hyn, roedd y gynulleidfa yn eu dyblau, a dyna'r tro cyntaf erioed i mi brofi gallu actor i ddal cynulleidfa yng nghledr ei law. Daeth yr olygfa i ben heb air pellach ar wahân i:

'Wel, mi a' i rŵan, John Defis!' oddi wrth Ifan Gruffydd. Roedd yr ymateb yn fyddarol bob tro – yng Nghaerdydd yn y Steddfod, ac yna ym Mangor ac yn Llangefni. Da gweld bod y gantores Meinir Gwilym yn troedio llwyfannau fel y gwnâi Ifan Gruffydd – ei hen-daid.

Mi fu raid i Nhad ddod efo mi i Gaerdydd, fel rhyw fath o *chaperone*. Cawsom bàs i lawr gan Haydn Jones (prifathro ym Mangor) a'i wraig, oedd hefyd yn y ddrama. Roedd fy nhad a minnau'n aros yn 1 Colum Road efo Mrs Richards – darganfuais flynyddoedd yn ddiweddarach ei bod yn fam i Bob y Triban. Ar ddiwedd y perfformiad, mi ddaeth Nhad ata i tu cefn i'r llwyfan efo côn hufen iâ wedi hen doddi yn ei law. Roedd wedi'i brynu i mi yn ystod yr egwyl, heb ystyried na fyddai modd i mi ddod i'w nôl – chwarae teg iddo.

Mi aeth pethau'n lled dda yn y golygfeydd roeddwn i ynddyn nhw, dwi'n credu – er bod Dic wedi cymysgu rhyw ychydig ar ei linellau o. Yn sydyn, mi sibrydodd: 'Dwi'n mynd nôl i'r dechra rŵan, yli,' wrtha i, a dyna wnaeth o. Doedd o'n ddim byd mawr, ond poeni y buaswn i'n panicio roedd o, mae'n siŵr gen i, ac yn colli fy lle o ganlyniad. Drwy lwc, wnes i ddim, ac am flynyddoedd maith wedyn yn nyddiau *Pobol y Cwm* byddai

Dic yn fy atgoffa i (a fy nghyd-actorion, ran hynny) o'r gwaith arwrol wnaethom ni'n dau efo'n gilydd yn y Prince of Wales y noson honno.

Mae'n rhaid cofio bod enwau'r actorion yn rhai cyfarwydd i wrandawyr y radio bryd hynny, ac roedd cael cyfle i ddod i'w hadnabod yn un rhyfeddol i mi. Roeddwn i wedi fy newis i gymryd rhan mewn cyfres radio i ysgolion o'r enw *Natur o'n Cwmpas*, ac yn gweithio'n wythnosol, bron, efo cewri'r cyfnod – Charles Williams, Ifan Gruffydd, Dic Hughes, Nesta Harries, W. H. Roberts, J. O. Roberts, Oswald Griffiths (yr adroddwr), Richard Hughes (Y Co' Bach, oedd yn byw yn y Felinheli ac yn cadw siop yno), Robin Williams (Triawd y Coleg), Huw Tudor a nifer fawr o actorion profiadol eraill yr oedd yn fraint cael eu galw wrth eu henwau cyntaf. Roeddwn i hefyd yn cael dod o'r ysgol yn gynnar er mwyn cyrraedd stiwdio Bryn Meirion mewn pryd, ac roedd hynny'n atyniad ynddo'i hun.

Awn i dŷ Margaret Wallis Evans (merch hoffus oedd yn chwarae rhan Ann yn y gyfres), cyn mynd am y stiwdio yng nghar ei thad. Roedd ei rhieni'n ddigon caredig hefyd i baratoi paned a brechdanau i mi. Doedd dim steil o fath yn y byd yn ein tŷ ni adref, ond roedd brechdanau blasus Mrs Wallis Evans mor denau nes gallech weld y darnau tomato trwyddynt, dim ond eu dal i'r golau fel tae chi'n edrych ar blât pelydr-X. Gwahanol iawn i'r slabiau o frechdanau gawn i gan Mam.

Unwaith, yn ystod ymarferion, a Mr Parry, Ann a Rhys wedi darganfod cwningen wedi marw ym môn rhyw glawdd (yn y stori), cawsom gyfarwyddyd dros yr uchelseinydd gan y cynhyrchydd David Watkins i ychwanegu at y sgript.

'Gareth,' meddai. 'Wy am i ti ofyn: "Wyddoch chi be'i lladdodd hi, Mr Parry?"' Ysgrifennodd y tri ohonom y llinell yn y sgript. 'A Charles, chi'n ateb "Gwn."'. Mi welais i'r ochr anffodus ddoniol i'r ateb yn syth (am mai meddwl felly sy gen i, mae'n siŵr) a sibrwd wrth Charles, 'Fedrwch chi'm deud hynny, na fedrwch?' Sylweddolodd Charles yntau ergyd (!) y jôc a chwerthin dros y lle. Newidwyd y llinell a daeth Charles a minnau'n fêts oes yn y fan a'r lle.

Fel llawer i actor dibrofiad arall, dan gyfarwyddyd gofalus Charles y dysgais i'r grefft o ddefnyddio llais at bwrpas radio – crefft yr oedd o'n feistr llwyr arni, wrth gwrs. Aeth gwaith darlledu i 'ngwaed i ac aros yno. Bûm yn cymryd rhan mewn nifer o raglenni byw, gan gyflwyno'r gyfres *Ym Mhob Pen Mae Piniwn* (i Ruth Price) ar fore Sadwrn yng nghwmni Idris (mab Charles) ac un neu ddau aelod arall o'i deulu, a dod yn gyfarwydd â gorfod torri rhannau o'r sgript tra oedden ni'n dal ar yr awyr fel ein bod ni'n dod â'r rhaglen i ben ar amser. Hefyd, bûm mewn drama wedi'i seilio ar *Y Plât Glas* – plât *willow pattern* – gyda Sassie Rees ac Olwen Rees. Yn ystod y rhaglen fyw honno, mi lwyddis i i droi dwy dudalen a cholli fy lle; fu Charles fawr o dro yn achub y sefyllfa. Wn i ddim sut – ond fe wnaeth!

Mi ges gyfle i ddod i adnabod staff y stiwdio ym Mangor hefyd, wrth gwrs, a chael eu galw hwythau wrth eu henwau cyntaf – Tudwal, Nansi a Robin. Daeth Robin Griffith i weithio i Gaerdydd yn nes ymlaen yn ei yrfa yn olygydd fideo. Un da oedd o – o Ben-llŷn yn wreiddiol ac roedd o'n nabod Nanw, fy nghyfnither. Am sbel o amser bues yn ystyried trio am swydd rheolwr stiwdio – roedd y gwaith yn apelio ata i'n fawr – ond er i mi roi sawl cynnig arni, ches i ddim cyfweliad hyd yn oed.

Tuag at ddiwedd fy ngyrfa yn Friars, mi ges i ran yn nrama'r ysgol gan Alastair Wood, yr athro Saesneg. *The Brass Butterfly* gan William Golding oedd y ddrama, a fi oedd yn chwarae rhan Caesar, un o'r prif rannau. Doeddwn i ddim yn un da am gofio llinellau hyd yn oed bryd hynny, mae'n rhaid – mae gen i gof o Mr Wood yn dod ata i'r noson cyn y perfformiad cyntaf a dweud yn gwbl ddifrifol: 'Lewis, when *are* you going to learn these lines?'. Sut bynnag, rywsut neu'i gilydd, mi es drwy'r ddrama yn weddol ddidrafferth yn y diwedd, ac mae'n rhaid 'mod i wedi gwneud joban go lew ohoni gan fod y prifathro wedi ysgrifennu nodyn ar waelod fy adroddiad blynyddol yn dweud: 'His appearance in the school play was the highlight of a rather dismal year.'

Wn i ddim ai cefndir Seisnig yr ysgol sydd i gyfri am y peth, ond fuo 'rioed lawer iawn o berthynas rhyngof i a'r Urdd, sydd yn beth od, o edrych yn ôl. Do, mi fues i yn Llangrannog unwaith (a chael andros o stŵr gan y pennaeth am gario mlaen i chwarae *table tennis* yn hytrach na mynd i ginio – a rhoi'r ateb iddo mai wedi arfer cael swper chwarel yr oeddem ni) ac yng Nglan-llyn hefyd, ddwywaith, ond dyna'r cyfan. Dim cymryd rhan mewn eisteddfodau na bod yn aelod o Adran – rhyfedd iawn wir.

Tua'r cyfnod yma hefyd, yn ystod gwyliau'r haf, fues i'n gweithio yn ffatri Roberts and Sons, y Felinheli, lle dois i ar draws rhai o gymeriadau'r ardal. Ar fy niwrnod cyntaf un yno, ces fy ngyrru gan Gwilym Lewis i ofyn i rywun am 'bwys o *raw boiled* ham' ac yn ddiniwed ddigon, mi es a gofyn. Cnafon!

A be fyddwn i'n neud efo'r pres gawn i am wneud yr holl waith i'r BBC? Ei gadw'n ofalus mewn cyfri banc? Na, mi brynes foto-beic! Triumph Tigress i ddechrau ac wedyn sleifar o foto-beic Eidalaidd coch a du – Gilera. Roedd Gilera wedi bod yn rasio eu *Fours* enwog ac wedi ennill sawl Pencampwriaeth Byd. Roedd Geoff Duke a Bob McIntyre a sawl un arall wedi bod yn reidio iddyn nhw a rŵan mi oedd gen *i* un. Un dipyn llai, wrth gwrs, ond Gilera 'run fath.

Fy ffrind Selwyn ddysgodd i mi reidio, a hynny ar hyd Glan y Môr yn y Felinheli. O fewn dim, roeddwn wedi deall sut i reoli'r beic a ches i ddim problem o hynny mlaen. Yn wahanol i Derek Rees – ar ei dro cynta fo'n reidio'i foto-beic, mi aeth yr holl ffordd i Gaernarfon, rownd y *fountain* ac yn ei ôl i'r Felin cyn gweiddi'n uchel ar yr hogia oedd yn disgwyl amdano ar ochr y ffordd: 'Sut dwi fod i'w stopio fo?'

Dwi'n cofio diwrnod fy mhrawf moto-beic yn glir. Mi roedd hi'n pistyllio bwrw glaw ac yn wyntog iawn ers y bore cynnar. Bu'n rhaid i mi reidio o amgylch Castell Caernarfon (yn groes i wyneb y cloc) a phan welwn i'r testar yn codi'i law byddai'n rhaid gwneud *emergency stop*. Wel, mi wnes, ond gan fod cymaint o ddŵr ar hyd y ffordd, mi sgidiodd yr olwyn ôl. Rywsut, llwyddais i ddal y sgid a wnes i ddim syrthio oddi ar ei gefn. Mi ddaeth y testar ata i a chanmol y ffaith fod gen i reolaeth dda ar y beic. Aethom i'w swyddfa, atebais ddau neu dri chwestiwn ac mi ddywedodd: ''Dach chi wedi pasio, Mr Lewis.' Roeddwn i wrth fy modd, ond wrth i mi godi o fy sedd, fedrwn i ddim peidio â sylwi ar lyn bychan o ddŵr o dan y gadair lle rown i'n eistedd – na, nid fy nerfusrwydd oedd i gyfri am hynny, ond y glaw di-baid roeddwn i wedi gorfod reidio drwyddo fo.

Ar y pryd roedd 'na griw ohonon ni â moto-beics yn y Felinheli – Selwyn â Moto Guzzi, Jerry â Honda, Maldwyn â BMW, Derek Rees ag … Excelsior *two-stroke* swnllyd â chwmwl o fwg trwchus yn dod o'r egsôst! Doedd neb isio reidio y tu ôl i feic Derek. Er tegwch iddo, mi brynodd BSA 650cc Lightning yn ddiweddarach, beic â llawer mwy o *street cred* yn perthyn iddo.

Ymhen dim daeth hanner dwsin arall (fel Gwylfai o Fangor, Roy Palmer, Al Jones, Peter Bailey a Dafydd o Bethel) i ymuno â ni a chyda reidiwr piliwn bob un, roedden ni'n griw go lew o fotobeicwyr yn y pentre. Richard Pennington neu William

Blackwood ddôi efo fi gan amlaf, ac mi gawsom lawer o hwyl yn mynd i rasys yn Oulton Park ger Caer a Mallory Park ger Caerlŷr – taith hir ar y naw, yn enwedig ar y pryd, cyn bod llawer o draffyrdd. Erbyn i mi gyrraedd Mallory Park roedd fy ngarddyrnau'n eithaf poenus, gan nad oeddwn i wedi arfer â'r pwysau oedd arnynt wrth i mi blygu dros y *drop handlebars* oedd ar y Gilera. Ond erbyn i ni gyrraedd hanner ffordd 'nôl, roedd y boen yn annioddefol a bu'n rhaid stopio am gyfnod mewn *lay-by* yn rhywle. Yno, roedd anferth o beiriant tarmacio'r ffordd. Er mwyn ceisio codi 'nghalon, am wn i, dywedodd Gwylfai: 'Argo, sbiwch, hogia! Peiriant gneud chips, myn dian i!' Fedrai rhywun ddim peidio gwenu – chwarae teg iddo am drio, 'de?

Buom yn yr Eil o' Man hefyd, fwy nag unwaith. Yr arfer oedd reidio i Lerpwl a gadael y beics ar y Pier Head, cychwyn ar y cwch am hanner nos a chyrraedd tua phump y bore, wedyn mynd yn syth am frecwast anferth yn un o gaffis Douglas. Roedd pobman ar agor gan fod dylifiad o foto-beics yn cyrraedd yno ben bore. Yna, byddwn yn gyrru paced o *kippers* adre i Mam a Dad (er nad oeddan nhw'n rhy hoff ohonyn nhw). Weles i erioed gymaint o foto-beics o bob lliw a llun yn fy myw ag ar y Prom yn Douglas. Roedd o'n brofiad gwefreiddiol i hogyn 17 oed. Yna, mynd i'r fan yr oeddem wedi penderfynu mynd iddi i wylio'r rasys (Quarter Bridge neu Kirk Michael, er enghraifft) ac wedyn dod nôl ar y cwch tua chwech y noson honno a reidio adre gan gyrraedd tua'r hanner nos 'ma. Diwrnod i'w gofio a thestun siarad am wythnosau.

Byddai Gwylfai, Sel a Gerry a'r gweddill yn molchi mewn dŵr oer mewn rhyw doiledau yn Douglas yn syth ar ôl cyrraedd, ond nid Richard Pennington a fi – yn ôl Richard, roedd Gar Lew a fynta'n 'edrach yn well yn fudur.'

Y flwyddyn gynta yr es i yno, roedd Geoff Duke wedi ffurfio

tîm rasio Scuderia Duke gan ddefnyddio'r hen Gilera Fours enwog nad oedd wedi rasio ers rhai blynyddoedd. Er hynny, mi ddaethon nhw yn ail a thrydydd i Mike Hailwood ar ei MV – ddim yn ddrwg! Parhaodd y gystadleuaeth rhwng Gilera ac MV am dair neu bedair blynedd, a Derek Minter, John Hartle, Phil Read a Benedicto Caldarella o Ariannin yn reidio iddynt – ond, er ei fod o'n achosi poen i mi orfod cyfaddef, Hailwood oedd y meistr fel arfer.

Mae fy edmygedd o'r rhai sy'n rasio moto-beics (yn enwedig yn yr Eil o' Man) yn ddi-ben-draw – Bob McIntyre, Gary Hocking (sydd wedi'i gladdu mewn pentref y tu allan i Gasnewydd – ie, Cymro oedd o, er mai cynrychioli De Affrica wnaeth o wedi i'r teulu ymfudo yno pan oedd yn ifanc), Giacomo Agostini, Max Deubel a Florrian Camathias i enwi dim ond pump o'r rhai oedd yn rasio yn fy nghyfnod i – maen nhw i gyd yn arwyr i mi, yn union fel mae Jim Clarke, Sterling Moss, Graham Hill, Jackie Stewart, Jack Brabham a John Surtees ym myd rasio ceir. Mi feddylies i fod Jack Brabham, yn wir, yn mynd i fy lladd rhyw dro pan oeddwn i'n gwylio ras ar gornel Old Hall, Oulton Park – roedd o'n anelu yn syth amdana i tan iddo gywiro'r sgid a chario yn ei flaen.

Mi fuo gen i un arwr arall ym myd F1 hefyd – y Cymro o ardal Rhuthun, Tom Pryce – gŵr ifanc hynod addawol a gollodd ei fywyd mewn damwain erchyll yn Ne Affrica pan groesodd un o'r marsialiaid y trac a chael ei daro gan gar Tom. Lladdwyd y marsial a thrawodd y diffoddwr tân roedd o'n ei gario ben y gyrrwr, gan ei ddienyddio yn y fan a'r lle. Flynyddoedd yn ddiweddarach, ar ôl gweld rhaglen deledu am Tom Pryce, ysgrifennais lythyr o edmygedd at ei dad, John. Derbyniais lythyr annwyl a llun ardderchog o Tom yn ôl ganddo, llythyr Cymraeg a llun yr ydw i yn eu trysori hyd heddiw.

Yr hyn roddodd y moto-beic i mi oedd rhyddid – rhyddid i freuddwydio 'mod i'n rasiwr o fri (yn ddi-ffael, byddai'n troi'n ras bob tro y deuem adre o unrhyw le), y rhyddid oddi wrth bwysau gwaith ysgol a'r rhyddid i fynd a dod fel y mynnwn. Doedd prifysgol nac addysg uwch o ddim diddordeb i mi. Syrthies i erioed oddi ar y moto-beic – bu'n agos unwaith neu ddwy, cofiwch – ac achosais i 'rioed ddamwain, ond dim ond ar ôl cael Huw a Harri (a Huw'n crefu arna i i brynu moto-beic iddo) y sylweddoles i faint o boen meddwl yr o'n i wedi'i achosi i'm rhieni ar y pryd. Ambell dro byddai'n berfeddion arna i'n dod adre, ond yn amlach na pheidio byddai Nhad yn dal ar ei draed i 'nghroesawu i.

Un tro, a ninnau ar ein ffordd i Oulton Park i wylio'r rasys, mi gychwynnais i ychydig o flaen y lleill gan nad oedd fy moto-beic yn mynd yn rhy hwylus. Richard Pennington oedd ar y cefn efo fi. Y syniad oedd y byddai'r criw arall yn dal i fyny efo ni ymhen hir a hwyr, ond nid felly y bu – welson ni ddim golwg ohonyn nhw nes i ni gyrraedd y Felin y noson honno. Yn aros amdanon ni, yn eistedd ar wal y caffi, roedd fy ffrind Selwyn Williams (perchennog y Moto Guzzi). Y bore hwnnw, roedden nhw'n dod rownd rhyw dro uwchben Bethesda a tharo patsh gwlyb ar y ffordd. Aeth tri ohonyn nhw i lawr, un ar ôl y llall, ond drwy lwc doedd fawr o niwed i neb na dim. Yr hyn diclodd pawb oedd yr hyn ddywedodd Wil Lloyd, oedd ar gefn beic Malds, wrth iddo sleidio i stop ar ei eistedd – 'Dwi'n mynd i riportio'r blydi lôn 'ma!' Un da oedd Wil, hogyn annwyl a doniol fu farw'n llawer rhy ifanc.

Do, mi aeth reidio moto-beic i 'ngwaed i hefyd, ac aros yno. Hyd heddiw, dwi wrth fy modd yn gwylio'r TTs a Moto GP, ar y teledu gan amlaf, ac mi aethom fel teulu i weld rasys yn yr Eil o' Man ychydig flynyddoedd yn ôl. Roedden ni'n aros mewn pabell heb fod ymhell o gornel Hillberry. Doedd o ddim yn brofiad hapus i'r teulu gan fod criw swnllyd a meddw yn y babell drws nesa yn ein cadw'n effro am ran helaeth o'r nos, ond o ran y profiad o gael bod mor eithriadol o agos at y beics, roedd yn un gwych.

Os na wnaeth y moto-beic ddim byd arall, mi rwystrodd fi rhag yfed alcohol am flynyddoedd a dwi'n falch o hynny. Fues i 'rioed yn un garw am fy mheint, er na fues i'n llwyrymwrthodwr chwaith – yn sicr, chafodd aflwydd alcoholiaeth erioed afael ynddo i, ac mi fyddai Nhad yn falch iawn o hynny, dwi'n credu.

Syrthio mewn cariad

CYFNOD CARU OEDD HWN HEFYD. Er gwaetha'r ffaith fod y bechgyn ddeuai i'r Felinheli oddi ar HMS *Conway* yn eu cwch ddwywaith yr wythnos yn llwyddo i ddwyn ein cariadon ni yn gyson (oherwydd eu hiwnifforms, siŵr o fod), mi ges i fy sws gynta erioed gan ferch ddel o Dan y Maes, y Felinheli – Christine Liles. Mi fentrais i ei cherdded ran o'r ffordd adre ryw noson a chael cusan hir am fy nhrafferth. Heddiw ddiwethaf, ar fy ngwir, ar Facebook, mi ges i neges ganddi, ar ôl dros hanner can mlynedd. Roedd hithau'n cofio'r gusan hefyd – y tro cyntaf iddi hithau gusanu neb. Beth oedd fy 'nhechneg' tybed? Wn i ddim ar y ddaear hon, oni bai 'mod i wedi dysgu ambell *tip* o fyd y ffilmiau ro'n i wedi'u gweld yn y Plaza, Bangor ar hyd y blynyddoedd. Roedd Christine hefyd yn cofio i mi fynd â hi ar y moto-beic i Fangor i ryw gaffi ac roedd hi wedi 'mopio'n lân' ar y profiad, medda hi. Ond ddim wedi gwirioni gormod chwaith, achos dwi'n credu i Christine ddod o hyd i rywun arall yn fuan wedyn.

Hyd yn oed os oedd y merched wedi gwirioni arnyn nhw, fyddai fawr o groeso gan hogia Felinheli i fois HMS *Conway*, ac mi âi yn gwffio digon cas rhwng ambell un o bryd i'w gilydd. Wedi dweud hynny, roedd yr olygfa ar y cei bach pan ddeuent draw o Blas Newydd yn eu cychod rhwyfo'n werth ei gweld. Ar orchymyn, byddent yn codi'r rhwyfau a'u dal yn unionsyth i'r awyr cyn eu rhoi lawr fel un, yn drefnus ar seti'r cwch. Drylliwyd y llong ei hun yn 1953 oherwydd bod Capten Hewitt yn hwyr yn gadael y mŵring ac, er rhybuddion y llongwyr lleol oedd ar ei bwrdd, aeth â'r llanw cyflym a pheryg â hi ar greigiau ger Pont y Borth. Bu i sawl un o'r *cadets* ddod yn enwog yn eu dydd – Capten Webb, y dyn cyntaf i nofio'r Sianel, y bardd John Masefield ac, yn nes ymlaen, Ian Duncan Smith, ddaeth yn arweinydd y Blaid Dorïaidd am gyfnod.

Ar ôl Christine, daeth Maureen Rees yn gariad i mi am ryw fis, nes iddi hithau ffendio rhywun arall, mwy golygus, mae'n siŵr. Dwi'n cofio derbyn *love-letter* ganddi (yn Saesneg, fel roedd yr arfer bryd hynny), yn esbonio ei bod wedi 'mynd' efo rhywun arall a'i bod isio i mi gael gwybod na fydden ni'n gariadon ddim rhagor. Chwarae teg iddi am ddweud, ond mi wnes i grio bron drwy'r nos ar ôl derbyn y llythyr. Ond doedd o ddim yn ddrwg i gyd – byddai Maureen, wrth inni fynd ar y moto-beic, yn arfer pigo'r arwydd Gilera roeddwn i wedi'i baentio'n ofalus ar gefn fy siaced ledr a'i sbwylio'n llwyr. Chlywes i ddim gan Maureen fwy neu lai o'r cyfnod hwnnw tan 2013, pan gysylltodd â fi ar Facebook – cyfnod o 47 mlynedd. Rydan ni'n dal mewn cysylltiad ac yn hynny o beth, mae Facebook yn ddyfais ragorol.

Ac o sôn am Maureen, at ei thad, Victor Rees, y byddwn i wastad yn mynd i dorri 'ngwallt. Byddai'n ddi-ffael yn gorffen y broses drwy roi sent ar y gwallt a rhoi slempan ohono ar draws fy wyneb yr un pryd. 'Dew, sori, Gareth,' dywedai bob tro â gwên ddireidus ar ei wyneb. Roedd ei siop yn lle diddorol dros ben. 'Rwbath at y penwsnos?' fyddai ei gwestiwn i sawl dyn, ond doedd gen i ddim syniad yn y byd hwn am beth roedd o'n siarad. Diniweidrwydd yr hogyn ifanc!

Unwaith yn unig yr es i at rywun arall i dorri 'ngwallt yn y Felinheli. Mi es i siop Esther Dop, i ganol criw o ferched o bob oed a llun a chael golchi 'ngwallt yno hefyd. Dydi o'n golygu dim heddiw, wrth gwrs, ond ar y pryd roedd o'n brofiad cwbl *embarrassing*, ac es i 'rioed yn fy ôl yno!

Yna, rhyw ddiwrnod, daeth teulu newydd o Bontypridd i gadw'r caffi ar stryd Glan y Môr – y teulu Martin. Roedd gan Ted a Vera Martin ddwy ferch, Christine Adele a June Eileen. O fewn ychydig iawn o amser, roedd Christine a finnau'n gariadon selog a'm ffrind Selwyn yn gariad i June. Buom efo'n gilydd tan ar ôl fy mlwyddyn olaf yn y coleg – cyfnod o bron i bedair blynedd. Roedd gen i – ac mae'n dal gen i – feddwl y byd o Christine ac o'i rhieni. Mi gyflwynon nhw fi i fyd arall na wyddwn i fawr ddim amdano cynt.

Roeddan nhw i gyd yn saethwyr reiffl .22 o fri ac yn perthyn i Glwb Saethu Cricieth. Yn wir, roedd Chris yn bencampwraig Prydain ar un cyfnod ac mae hi wedi saethu dros Gymru sawl gwaith. Fel rhan o weithgareddau'r clwb byddai Ted, Vera a'r genod yn mynd i barti Flwyddyn Newydd y sefydliad – ac fe gâi Sel a finnau wahoddiad hefyd. Doedd y profiad ddim yn un hollol newydd i Sel, ond roedd yn ddiarth iawn i mi. Wnes i rioed ddawnsio'n gyhoeddus o'r blaen a theimlwn yn drwsgwl a di-glem. Ond yn raddol mi ddois i arfer, ac roedd yn wers gymdeithasol werthfawr y bydda i'n ddiolchgar i Ted a Vera amdani am byth.

Unwaith, ces fenthyg recordiad 78rpm o 'Fingal's Cave' Mendelssohn gan Mr Martin – un a drysorai'n fawr. Hyd heddiw, wn i ddim sut, ond drwy ryw amryfusedd neu flerwch, llwyddais i eistedd arni a'i malu! Bûm am ddyddiau lawer yn trio dod o hyd i gopi arall iddo. Crwydrais siopau recordiau Bangor a Chaernarfon a ffonio sawl un arall ond i ddim pwrpas – methais ddod o hyd i un, a bu'n rhaid cyfadde a rhoi copi 45rpm iddo yn ei le. Ond nid cyfadde'n llwyr, chwaith – ddwedes i ei bod wedi torri wrth syrthio i'w lle ar y Dansette *player*! Mae gen i gywilydd rŵan, fel dwi'n sgwennu!

Byddwn yn cael paned o *frothy coffee* am ddim yn y caffi gan Vera a Christine – talwn amdano ac yna cael yr union bres yn ôl fel newid ganddynt – rhag i bobl feddwl 'mod i'n cael ffafriaeth, siŵr o fod! Roeddwn i'n hoff iawn o Vera Martin – Cymraes ddi-Gymraeg oedd hi, o ochrau Castell-nedd, ac roedd yn gweithio yn y Gwasanaeth Tân, lle cyfarfu â'i gŵr, Ted. Roedd hi'n un hwyliog a charedig, yn gyfeillgar efo pawb, gan gynnwys fy rhieni, chwarae teg iddi.

Efo Christine y ces i ryw am y tro cynta – wel, rhyw fath o ryw, beth bynnag. Hyd hynny, creadur diniwed iawn oeddwn i yn y *department* hwnnw (chwedl Marged Esli). Doedd Christine ddim yn fawr mwy profiadol, dwi ddim yn meddwl, ond mi ddaeth pethau'n ara deg, rhaid cyfadde. Nosau Sadwrn yn y Plaza, Bangor neu'r Majestic, Caernarfon oedd hi, fel arfer, ac wedyn yng nghysgod tywyll rhyw ddrws yn y Cei Llechi i garu. Aeth hyn yn ei flaen am wythnosau lawer, er gwaetha'r sylw roeddan ni'n gael gan Snowball, ci plismon y cei, a ddôi i snwyro o'n cwmpas bron yn ddi-ffael, tan i Trefor Post fy stopio fi ar y stryd rhyw ddiwrnod a dweud: 'Ti'n cael hwyl arni lawr tua'r cei 'na ar nos Sadwrn, Gareth.' Wedi deall, byddai Trefor yn edrych arnon ni'n 'perfformio' drwy ei finocwlars o'i lofft gefn ar y Stryd Fawr. Un drygionus oedd Trefor Post.

Mi es â Christine adre i gyfarfod Mam a Nhad a chafodd groeso mawr ganddynt, ond doedd Saesneg fy rhieni ddim yn arbennig iawn ac ofnwn y teimlai Chris yn chwithig – ond na, mi hoffodd nhw a hwythau hithau.

Roedd gan Ted Martin gi – a chi anferthol oedd o hefyd (*Pyrenean Mountain Dog* yn Saesneg). Ei enw oedd Rhanji a châi Christine gryn drafferth ei gadw mewn trefn. Un tro rhedodd Rhanji ar ôl rhyw gi arall ond daliodd Christine ei gafael yn y tennyn yn dynn. Canlyniad hynny oedd fod y ddau gi yn rhedeg yn wyllt mewn cylch o'i chwmpas a hithau yn y canol yn cael ei throi a'i throi yn afreolus. Parhaodd hyn, a phawb yn chwerthin am ben y syrcas tan i Jers afael yn y tennyn yn y diwedd, a dod â'r cwbl i ben. Roedd Chris yn chwys domen ac wedi ypsetio, a theimlais yn euog iawn 'mod i wedi chwerthin yn hytrach na'i helpu.

Roedd gan Ted gwch rhwyfo ag *outboard motor* arno, a rhyw ddiwrnod aeth Chris a minnau yn y cwch draw dros y Fenai i ryw ynys fechan i gael cyfle i dorheulo mewn llonyddwch. Erbyn i ni ddod 'nôl at y cwch roedd y llanw wedi mynd allan, a bu'n rhaid llusgo'r cwch dros y cerrig mân a'r mwd at y dŵr. Roedd hynny'n strach garw ac roeddwn yn fwd at fy mhengliniau. Ond doedd hynny'n ddim o'i gymharu â'r hyn oedd o'n blaenau. Roedd y gwynt wedi cryfhau a'r tonnau'n codi'n uwch bob munud. Roedd hi'n sefyllfa beryglus tu hwnt a dweud y gwir, a chariai'r llanw ni i gyfeiriad pont y trenau ac i afael y trobwll tywyllodrus oedd yno. Rywsut, mi gofiais ei bod hi'n bwysig cadw pen blaen y cwch i wynebu'r tonnau bob amser neu mi fyddai'r cwch yn sicr o droi drosodd ac, o dipyn i beth, fe lwyddon ni i groesi i'r Felinheli yn ddiogel. Pan gyrrhaeddon ni, daeth Ted i gwrdd â'r cwch ar y jeti; yn ôl pob golwg roedd wedi bod yn edrych arnom drwy ei sbienddrych ers i ni gychwyn, a bu ar fin galw'r bad achub fwy nag unwaith. Do, mi gawson ni ffrae am fentro, ond wedi iddo ddod dros ei ofid, mi ges ganmoliaeth ganddo am fy ngallu i yrru cwch ar dywydd garw! Tae o ond yn gwybod.

Mi roedd rhwyfo ar ddiwrnod heulog o haf hebio'r holl longau ac iotiau oedd wedi'i mŵrio ar y Fenai a heibio i greigiau Dinas i gyfeiriad Ro-wen yn brofiad hynod braf a chwarae teg i Ted, mi ges fenthyg y cwch sawl gwaith ganddo wedi hynny; ond wnes i 'rioed fentro croesi o un ochr i'r Fenai i'r llall wedi'r profiad cyntaf hwnnw!

Ond daeth temtasiwn arall yn sgil y cwch hefyd. Un haf, daeth ffrind i Chris o'r coleg yn Nottingham i aros efo hi, ac roedd yn ferch dlos, denau â gwallt hir, melyn. Oherwydd bod yn rhaid i Chris edrych ar ôl y caffi, roedd disgwyl i mi fynd â'i ffrind am dro yn y cwch. Y penderfyniad oedd rhwyfo i Ro-wen, ac mi fynnodd gael tro ar rwyfo. Yn ôl y steil ar y pryd, roedd hi'n gwisgo sgert fer – fer iawn a dweud y gwir. Wrth iddi rwyfo, dadlennodd fwy a mwy o'i choesau ac erbyn i ni gyrraedd Ro-wen, roedd bron i bopeth yn y golwg. Buom yn gorwedd ar y traeth am sbel hir yn siarad, a phan awgrymais ei bod hi'n amser i ni ei throi hi am adre, dywedodd, gan edrych i fyw fy llygaid: 'Do we *have* to go now?'. Wn i ddim yn iawn oedd 'na awgrym y dyliem fynd â'r cyfeillgarwch yn bellach y bore hwnnw, ond 'Yes, we'd better go,' ddywedes i. Sylw'r ferch wrth Chris yn nes ymlaen oedd: 'Gareth *grows* on you, doesn't he?'

Aem i bobman ar gefn y moto-beic – byddwn yn casglu Chris wrth y *bus stop* ar y Stryd Fawr ac yn rhoi lifft iddi i'r ysgol, er enghraifft, ac unwaith aethom i'r Eil o' Man am drip, gan adael y Gilera yn Llandudno a mynd ar y llong i Douglas. Cawsom ddiwrnod da, ond erbyn y gyda'r nos mi gododd storm. Allai'r cwch ddim hwylio 'nôl i Landudno, byddai'n hytrach yn glanio yn Lerpwl. Cawsom y strach o orfod cael trên i Landudno ac erbyn i ni gyrraedd adre, roedd hi'n bedwar o'r gloch y bore. Er ein bod wedi ffonio i esbonio, alla i ond dychmygu'r pryder yr aeth Ted a Vera Martin drwyddo'r noson honno wrth i Chris a minnau reidio adre drwy'r tywydd garw.

Beth ydi o amdana i a stormydd ar y môr, dudwch? Wrth ddychwelyd o Roscoff rhyw dro gyda chriw ffilmio *Pobol y Cwm*, daeth yn storm go arw ac roedd pawb ohonom yn sâl môr – pawb ond fi! Wn i ddim pam, ond am ryw reswm dydi symudiad cychod a llongau mewn sefyllfaoedd felly yn effeithio dim arna i!

Wedi i Christine a minnau orffen yn 1967 fu dim cysylltiad rhyngom am flynyddoedd lawer. Gwyddwn ei bod wedi priodi â Hugh Duff a'i bod yn byw rhywle tua Sheffield, ac yn y cyfamser roedd Ted a Vera wedi symud o'r Felinheli i Loegr. Ond rhyw ddiwrnod, a minnau'n briod efo Annie erbyn hynny, daeth awydd arna i i gysylltu efo Chris eto. Doedd Annie ddim yn meindio ac mi ffonis i Directory Enquiries i geisio dod o hyd i rif ffôn H. Duff yn ardal Sheffield. Drwy lwc, dim ond un oedd yna, a rhyw fore Sadwrn mi ffonies i. Chris atebodd. 'Do you remember somebody called Gareth Lewis?' medda fi wrthi. 'Yes,' meddai hithau'n betrusgar. 'Well, you're talking to him!' medde finnau.

Ac o'r funud honno mi ddaethom yn ffrindiau da unwaith yn rhagor. Daeth Chris a'i merch Jo i ymweld â ni yma yn y Tyllgoed, a bues innau yn Sheffield yn ymweld â nhw. Yn anffodus, does dim diweddglo hapus i'r stori – rai blynyddoedd wedyn daeth yn amlwg fod Chris yn cael trafferth cynyddol gyda'i chof, a hithau'n ddim ond 63 oed. Ydan, 'dan ni'n dal i gyfathrebu rhyw unwaith bob deufis neu dri, ond erbyn hyn dydi Chris ddim yn gallu cynnal sgwrs o unrhyw fath. Druan â hi a'i gŵr, Hugh. Mor drist.

Y Coleg Normal,
a'r gwaith teledu cyntaf

AR DDECHRAU HAF 1964 daeth dyddiau ysgol i ben, ac roeddwn i'n eithaf hapus ynglŷn â hynny. Er 'mod i wedi mwynhau fy hun yn ystod y cyfnod, doeddwn i ddim wedi cael gyrfa rhy lewyrchus yno. Ches i mo 'ngwneud yn Swyddog na hyd yn oed yn Fonitor, ac a dweud y gwir yn onest, doedd dim rhyfedd, na dim ots gen i am hynny chwaith.

Yn y flwyddyn honno hefyd, mi ges fy medyddio – a chan mai Bedyddwyr oedd teulu Nhad, golygai hynny y byddai'n rhaid i mi gael trochfa go iawn. Gwenda Roberts (merch O. G. Roberts, un o berchnogion Roberts and Sons) a finnau oedd yr unig ddau i ddioddef yr orchwyl, rhyw nos Iau, os cofia i, a'r Parch D. Handel Turner yn gweinyddu'r ddefod yng Nghapel Salim. Wyddwn i ddim erioed, tan ychydig cyn y nos Iau honno, fod baddon o dan Sêt Fawr y capel. Wnaeth cael fy medyddio unrhyw les i mi? Go brin. Dwi'n cofio bod yn nerfus iawn a bod yn wlyb iawn – a gorfod newid yn Nhŷ'r Capel. Dywedai Robat Huw, yr organydd, y byddai pobl yn cerdded adref yn eu dillad gwlyb dan ganu emynau nerth eu pennau 'ers talwm', p'run ai oedd hi'n haf neu'n aeaf – ac na chafodd neb annwyd erioed o ganlyniad i'r drochfa. Wnes i ddim mentro.

Dim ond Mam ddaeth i fod yn dyst ar ran y teulu – doedd Nhad ddim yno. Wn i ddim pam yn union, ond felly roedd hi.

Oedd yntau wedi colli ei ffydd i'r fath raddau fel na allai ddod i weld ei fab yn cael ei fedyddio? Oedd o wedi digio cymaint efo Duw ar ôl colli ei fam a thri o'i frodyr? Wnes i erioed ofyn, a ddaru yntau ddim dweud.

Nawr, roedd yn rhaid penderfynu beth i'w wneud nesaf. Roeddwn i wedi cael cyfweliad yn y Royal Scottish Academy of Dramatic Art yn Glasgow a ches help i baratoi gan Alastair Wood, yr athro Saesneg yn Friars. Pam fan 'no nis gwn, a gweddol yn unig oedd fy mherfformiad yn y clyweliad. Ar ôl aros gyda pherthynas i mi (nad oeddwn erioed wedi'i gyfarfod o'r blaen) ym Manceinion y noson cynt, mi wnes i hedfan (am y tro cyntaf erioed) i Glasgow. Ond doedd y llinellau ddim ar fy nghof a ches i mo 'nerbyn – a hynny'n haeddiannol. Er mawr gywilydd i mi, mi ddefnyddies i'r esgus nad oeddwn wedi cael amser i baratoi yn drylwyr gan fod fy rhieni yn wael. Rydw i'n cochi wrth sgrifennu hyn y funud 'ma – sut *fedrwn* i ddweud y ffasiwn beth? Fel mae'n digwydd, dwi'n credu bod fy rhieni'n falch na ches i fy nerbyn achos doeddan nhw ddim yn mynd dim fengach (roedd Nhad, erbyn hyn, yn 74 a Mam wedi dioddef strôc arall). Pan rois i gais i mewn i fynd i'r Coleg Normal ym Mangor, roeddan nhw'n fwy na bodlon.

Ces fy nerbyn ar ôl cyfweliad munud olaf efo'r Prifathro Edward Rees a dechrau yno rhyw ddeuddydd neu dri yn ddiweddarach. Myfyriwr dyddiol o'n i, yn byw gartref, ond buan y dois i nabod sawl un arall tebyg, yn eu plith y digri Gareth Oliver a Huw John Hughes (cyn-berchennog Pili Palas ym Môn) o ardal Bethesda. Dois yn ffrindiau mawr hefyd efo sawl un arall, fel y rhadlon John Williams o Ros-lan, Owain Myfyr Parry o Ddeiniolen, Edwin Hughes ac Ifan Wyn Williams o ardal Botwnnog.

Buan iawn y daethom o hyd i Kit Rose (neu Humphs) hefyd – caffi ym Mangor Uchaf – lle byddai Mrs Jones a Selina yn gwneud y pei, wy, bîns a chips gorau yn y byd. Treuliais lawer gormod o amser yn y fangre honno, m'arna i ofn, pan ddyliwn i fod mewn darlithoedd.

Er yr holl fwyta pei, wy, bîns a chips Mrs Jones wnes i yn y cyfnod yma, roeddwn i'n dal yn denau iawn – mor denau fel y bu i mi mherswadio fy hun y dyliwn gymryd tabledi Wate-On am fis neu ddau i drio ennill pwysau. Weithiodd rheiny ddim chwaith, ac un cymharol denau fues i tan i mi roi'r gore i smygu pan o'n i'n 28 oed.

Ar gefn fy Gilera yr awn i i'r coleg ar y dechrau a hynny sydd i gyfri, mae'n debyg, pam nad oeddwn i (yn gyffredinol) yn yfwr mawr tra bues i yno. Nid na chefais ambell noson ddigon meddw a gwirion tua'r Menai Vaults, cofiwch. Mi ddalies i ngafael ar y Gilera am flynyddoedd wedyn cyn ei werthu i'r enwog John Lloyd, Dolgadfa am bumpunt. Erbyn hynny roedd yr injian wedi cydio'n solet ac mi ges wybod yn ddiweddarach fod hyd yn oed y dewin injans John Lloyd ei hun wedi methu ei rhyddhau.

Ymhlith y darlithwyr roedd Gwilym Arthur Jones, Dewi Machreth Ellis, Emrys Parry, Lilian Hughes ac eraill. Roedden nhw'n bobl ddysgedig, ddoeth a chyfeillgar tu hwnt, ond wnaeth yr un ohonynt lwyddo i'm perswadio mai athro ddyliwn i fod. Mi ges rannau mewn dramâu gan Huw Lloyd Edwards, oedd yn ddarlithydd yn y Normal, a chael lifft adre ganddo fo sawl gwaith. Byddai'n tynnu un o'i esgidiau i ddreifio bob amser, yn dilyn damwain ar gae pêl-droed, medda fo. Un da oedd o, a bu'n gefnogol iawn i mi, chwarae teg.

Mi ges gyfle i chwarae rhan gymharol fechan yn ei ddrama *Y Gŵr o Gath-Heffer* (hanes Jona) hefyd yn ystod y flwyddyn – drama lle chwaraeai Gerallt Lloyd Owen y brif ran yn arbennig o dda. Rhan hen ŵr oedd gen i, ac mewn un ymarfer dwi'n cofio ad-libio 'Ia, oedd, nen' tad,' ar derfyn rhyw linell gan 'mod i'n cael trafferth cofio beth oedd i ddod nesaf, ac mi chwarddodd Huw dros y lle a f'annog i roi sawl un arall i mewn fel roeddwn i'n teimlo. Mi wnes, ac mi gafodd ymateb da bob nos. Ddim cystal â'r ymateb gafodd Ifan Gruffydd, hwyrach, ond roeddwn i wedi dysgu'r grefft drwy ei wylio fo, 'sdim amheuaeth.

Mi ddaeth y flwyddyn gyntaf i ben ar ôl treulio mis ar ymarfer dysgu yn Niwbwrch – yr ysgol lle'r oedd W. H. Roberts yn brifathro. Roeddwn wedi actio efo W. H. lawer gwaith ac fe wnaeth hynny bethau'n haws, am wn i. Cyngor yr annwyl Cyril Hughes, y tiwtor, i mi oedd 'Triwch beidio bod yn rhy bregethwrol wrth ddysgu.' Cyngor buddiol, decini!

Roedd Mr Ashby a Miss Mona Price yn diwtoriaid Saesneg arna i. Roeddwn i'n hoff iawn o'r ddau ohonynt – roedd Mr Ashby yn ddyn tal, tenau mewn tei-bô bob amser ac yn amlwg yn gyfarwydd ag ysgolion bonedd a phrifysgolion breintiedig Lloegr, a Miss Price yn drwsiadus, yn ymddangos yn llym iawn ac yn dueddol o ddweud: 'Em ei rêt, Mr Lewis?' ar ddiwedd rhyw osodiad neu'i gilydd. Roedd Gareth Oliver wrth ei fodd yn ei dynwared.

Byddai Mr Ashby yn achosi i ambell un o'r merched lewygu pan ofynnai gwestiwn iddynt – wn i ddim ai nerth ei bersonoliaeth oedd i gyfri am hynny neu ddieithrwch y pwnc i'r genod druan. Un tro mi wnes i iddo chwerthin yn uchel pan ofynnodd am enghreifftiau o effaith yr iaith Ffrangeg ar dermau Saesneg. Gan 'mod i wedi astudio Ffrangeg i Lefel A, cynigais yn ffyddiog *haute-couture, haute cuisine* a *haute-école* a chael canmoliaeth ganddo am fy ngwybodaeth – yna, o ran 'myrraeth llwyr, cynnigais *haute-dog*. Roedd pawb yn rholio chwerthin, a doedd Mr Ashby ddim dicach – mi fwynhaodd o'r jôc cystal â neb. Mi wnes argraff arno hefyd, yn ôl pob tebyg, drwy ddarllen y gerdd 'Do Not Go Gentle' gan Dylan Thomas i safon a'i plesiodd yn arw.

Yn 1965 ges i wahoddiad gan Wilbert i gymryd rhan yn *Drws Gobaith*, pasiant i ddathlu canmlwyddiant sefydlu'r Wladfa ym Mhatagonia. Cafodd y pasiant dderbyniad rhagorol, yn enwedig pan ddaeth rhyw ddwsin o ieuenctid Patagonia ar y llwyfan tuag at y diwedd. Yn rhyfedd iawn, pan es i Batagonia am y tro cyntaf yn 2012, mi gyfarfyddais i ag Eileen James a chael sioc o ddarganfod ei bod hi yn un o'r garfan honno, 47 mlynedd ynghynt.

Un o uchafbwyntiau'r pasiant oedd y storm enbyd a fu wrth i'r *Mimosa* fynd o amgylch Sir Fôn (o bob man) – ar y llwyfan roedd y cast cyfan yn portreadu'r holl beth drwy chwifio fel un dyn o un ochr i'r llall a doedd hynny ddim yn hawdd. Roedd y sain a'r goleuo hefyd yn ddramatig tu hwnt ac wedi i'r storm dawelu, deuai Rhydderch Jones (o'r BBC yn ddiweddarach) ar y llwyfan a dweud: "Na chi *uffar* o storm, 'de?' a thynnu'r to i lawr yn y broses. O ailedrych ar y sgript, 'cythral o storm' oedd o *i fod* i'w ddweud, ond roedd Rhydderch yn gwybod yn iawn beth oedd o'n wneud ac mi gafodd fonllefau o chwerthin ym mhob perfformiad.

Yn yr ail flwyddyn, ges i ran y Traethydd (rhan hir iawn) yn *Tre Ni* (Thornton Wilder) a 'nghyfnither Cadi Lewis yn cymryd rhan yr ail draethydd yn sefyll ochr arall y llwyfan. Am wn i, dyna oedd uchafbwynt fy ngyrfa yn y Normal, ar wahân i gael fy ethol yn gyd-lywydd y Gymdeithas Gymraeg (hefyd gyda Cadi). Mi ges gopi o *Ugain Oed a'i Ganiadau* gan Gerallt Lloyd Owen, fy rhagflaenydd yn Llywydd, ac ynddo, ysgrifennodd 'I'm holynydd' ac wedyn ei arwyddo. Rydw i'n falch iawn o'r llyfr hwnnw ac yn edmygydd mawr o Gerallt a'i waith.

Ond Llywydd sâl iawn o'n i, yn anghofio troi fyny i bwyllgorau ac yn y blaen. Mi dalodd rhywun yn ôl i mi ar ddiwedd fy nhymor olaf yn y coleg – ges i wybod bod Dewi Machreth yn ymddeol, a threfnais flodau ac ati iddo ar gyfer cyfarfod diwedd tymor y Gymdeithas. Ond mi roddwyd stop ar y ddefod gan y prifathro, a ddywedodd ein bod wedi camgymryd – na fyddai Mach yn ymddeol am rai blynyddoedd. Wnes i 'rioed ddarganfod pwy yn union chwaraeodd y tric, ond mewn difri mi wnaeth ffafr â fi – mi ddysgais wers y diwrnod hwnnw: tseciwch a dwbwl tsieciwch bob amser cyn gweithredu!

I drio gwneud tipyn o arian tra oeddwn i yn y coleg, ces waith dros dro gan Trefor Williams y Post Offis yn ystod gwyliau'r Dolig a'r haf yn bostmon yn y Felinheli – pythefnos dros y Dolig a phedair wythnos tra oedd y postmyn arferol yn cael eu gwyliau yn ystod yr haf. Byddai Rhiain, merch y fferyllydd lleol Gwyrfai Jones, yn gweithio dros y Dolig hefyd – roedd hi yn yr un dosbarth â fi yn yr ysgol ac roeddwn wastad wedi'i ffansïo hi – yn anffodus, doedd hi ddim yn teimlo'r un fath amdana i!

Roedd yn waith digon caled, yn enwedig yn oerni'r gaeaf; roedd hi'n anodd iawn codi i gychwyn gweithio am 6.30am. Ond mi wnes i fwynhau'r profiad yn fawr – roeddwn wedi gorffen erbyn tua tri y pnawn fel arfer, a ches gyfle i ddod i adnabod y pentre, bob twll a chornel, o un pen i'r llall, yn ogystal â dod yn gyfarwydd â'r ffermydd oddi amgylch.

'Pentraf Allan' fyddai enw un fferm yr oedd disgwyl i mi fynd iddi – neu dyna roeddwn i'n *feddwl* oedd ei henw bob amser pan yn blentyn. Siom ar yr ochr orau oedd darganfod, drwy weithio ar y post, mai *gwir* enw'r fferm oedd Pant yr Afallen. Enw gwerth chweil, ynde? Hyd y gwn i mae'r enw'n dal i fodoli – gobeithio'n wir na chafodd ei newid i Homestead neu ryw enw Seisnig diarth arall!

Mewn un fferm, byddai glasied o laeth ffres o'r fuwch yn disgwyl y postmon bob dydd. Byddai Mr Wlliams, y postmon go iawn, wrth ei fodd efo'r llefrith cynnes ond doeddwn i ddim.

Ces stŵr un tro. Dywedwyd wrthyf, os nad oedd 'na lythyrau i ryw fferm, dim ond papur newydd (byddem yn dilifro papur bob dydd i ambell fferm) y gellwn rowlio'r papur a'i hongian ar giât y fferm cyn belled nad oedd hi'n glawio, i arbed gwaith cerdded go hir at y fferm. Mi wnes hynny rhyw fore – a wir, doedd hi ddim yn glawio ar y pryd – ond pan ddois i mewn i'r post fore drannoeth, roedd y ffermwr wedi ffonio i gwyno fod ei bapur newydd yn wlyb domen. Roedd hi *wedi* glawio'n o drwm yn ôl pob golwg, ac mi ges andros o ffrae gan Trefor Post.

Yn ystod dyddiau coleg y gwnes i fy ngwaith teledu cyntaf, yn chwarae rhan Llew yn *Chwalfa* (T. Rowland Hughes). Wilbert Lloyd Roberts oedd yn cynhyrchu, George P. Owen yn cyfarwyddo, John Hefin yn gynorthwyydd a David Jenkins hefyd yn helpu. Bues yn ffilmio ar Fynydd Parys ym Môn ac yn y stiwdio yn Broadway, Caerdydd. Ymhlith yr actorion roedd J. O. Roberts a Iona Banks (fel fy rhieni) a Lisabeth Miles yn chwaer i mi. Dwi'n cofio actio un olygfa efo John Huws (John Stamp) a honno i fod ar fwrdd llong – i gyd yn y stiwdio fechan ac eithriadol o boeth oedd, am wn i, yn addas iawn wrth i John sôn am ei fordeithiau heibio mynydd Sugar Loaf yn Ne Affrica!

Roeddwn i wedi adnabod J. O. ers dyddiau *Natur o'n Cwmpas*, wrth gwrs, ac wedi edmygu ei lais melfedaidd, cryf ers hynny. Cawn lifft i Gaerdydd efo fo yn ei Austin 1100 i recordio *Chwalfa*. Bu bron i ni gael damwain ddrwg un tro – wn i ddim ai syrthio i gysgu am eiliad wnaeth J.O., ond yn sydyn, hanner ffordd drwy'r daith, sgidiodd y car wrth fynd o amgylch rhyw dro go annisgwyl, a bu ond y dim iddo droi drosodd – yn sicr, bu ar ddwy olwyn am sbel hir cyn syrthio 'nôl ar y ffordd. Llwyddodd J. O. i'w reoli a gofyn oeddwn i'n iawn, ac ar ôl ei sicrhau fy mod, aethom yn ein blaenau'n ddidrafferth, er yn fwy gwyliadwrus. Byddai J. O. yn fy atgoffa o'r digwyddiad hwnnw bron bob tro byddem yn cyfarfod, ac mae'n chwith meddwl i'r llais taranllyd ac addfwyn (yn ôl y galw) dawelu am byth yn ystod 2016. Roedd gen i feddwl mawr o J. O. Roberts.

Roedd un o diwtoriaid y Normal yn actio yn y gyfres hefyd – Mabli Owen – ac anghofia i fyth gyrraedd Caerdydd ar nos Sul a mynd yn syth am bryd o fwyd yn agos at yr orsaf drenau. Roedd Mabli eisiau gwin, ond doedd y lle ddim yn syrfio gwin ar nos Sul. Perswadiodd nhw i roi gwin mewn cwpanau yn lle gwydrau rhag ofn i'r polîs alw heibio. Dois yn gyfarwydd ag aros mewn gwesty bychan yr oedd yr enwog Emrys Cleaver a'i wraig yn ei redeg, a chyfarfod pobl fel D. J. Williams Abergwaun yno. Roeddwn i wedi gwirioni ar y swydd ac ar y bobl hefyd.

Doeddwn i ddim eisiau gwneud dim arall ar ôl y profiad hwnnw, ac fe ddaeth rhybudd y prifathro nad oeddwn i wneud rhagor o waith i'r BBC tra oeddwn i yn y coleg fel tipyn o sioc. Ie, fy lles i oedd ganddo mewn golwg, ond o'r funud honno, doedd dim mymryn o ddiddordeb gen i mewn mynd yn athro.

Er hynny, roedd yn rhaid mynd ar ymarfer dysgu, ac yn ystod y ddwy flynedd olaf mi fues i yn ysgolion Darrenfelen, ger Glyn Ebwy, a Gwalchmai (dan Mr Grundy). Ohonyn nhw i gyd, yr un wnes i fwynhau leiaf oedd Darrenfelen. Dim byd yn erbyn yr ysgol, yr athrawon na'r plant, ond oherwydd 'mod i'n aros mewn llety gwely a brecwast yng Ngofilon, filltiroedd i ffwrdd, a gorfod dal bws i Gilwern yn gynnar bob bore er mwyn cael pàs i'r ysgol gan un o'r athrawon. Golygai daith frawychus wedyn i fyny rhyw allt droellog efo dyfnjiwn peryg un ochr a hynny mewn tywydd o law ac eira a rhew. Doedd dim gwres yn fy ystafell yn y llety chwaith, ac roedd yn rhaid i mi baratoi gwersi bob nos tra'n gwisgo menyg a chôt fawr!

Un peth go lew ddaeth allan o'r cyfnod hwnnw oedd i mi gael gwadd gan yr athrawes i fynd efo hi a'i gŵr i weld cyngerdd gan Gerddorfa Symffoni Bournemouth yn y Fenni, ac yno y clywais i Symffoni Rhif 9 (*From the New World*) gan Dvořák am y tro cyntaf erioed. Mi wnaeth argraff ddofn arna i a wna i byth anghofio'r profiad gwefreiddiol hwnnw.

Yr hyn gofia i am yr ysgol ydi caredigrwydd y prifathro, Mr Jones (oedd yn ddyn go fawr, pwyllog a hynod hynaws), a'r ffaith y gelwid yr ysgol yn 'she' gan y gofalwr ('Yes, she's a nice school.'). Roedd yr actor Brinley Jenkins yn arfer bod yn Swyddog Drama Cyngor Sir Brycheiniog, a byddai yntau wastad yn dweud pa mor hoff yr oedd o o Mr Jones ac o ysgol Darrenfelen.

Doeddwn i ddim yn hoff o Mr Croker, y tiwtor oedd gen i chwaith. Roedd o'n Sais uniaith ac yn hollol benstiff am y ffordd roedd y gwersi i'w cynnal. Dwi'n cofio cael ffrae ganddo fo am roi gwers ar ddefnydd 'to', 'too' a 'two' mewn gwers Saesneg – dylid eu cadw ar wahân yn llwyr bob amser, yn ôl Mr Croker. Y syndod ydi i mi rywsut basio pob cyfnod ymarfer dysgu.

Menter arall fues i'n rhan ohoni tra yn y coleg oedd mynd i 'bregethu'. Ffrind o'r enw William E. Williams ofynnodd i mi awn i efo criw i gynnal gwasanaeth mewn rhyw gapel bach yn rhywle (Dwygyfylchi, hwyrach) ac mi gytunais – yr ysfa i fod ar lwyfan o unrhyw fath eto, siŵr o fod, gan nad oeddwn i, hyd yn oed yr adeg hynny, yn gredwr mawr. Carys Tudor, Nita Thomas, Wil a minnau fyddai'n mynd fel arfer, er i'r merched dynnu 'nôl yn raddol. Wil fyddai'n cychwyn y gwasanaeth, yn darllen o'r Beibl a chynnal y weddi, yna fi fyddai'n pregethu a dweud y fendith. Caem groeso mawr ym mhob man, ond druan o Wil – bu'n rhaid iddo wrando ar yr un pregethau nifer fawr o weithiau, gan mai dim ond dwy neu dair oedd gen i.

Yn ystod y ddwy flynedd gyntaf, roeddwn yn mynd i Gaer i gyfarfod Christine yn rheolaidd. Roedd hi mewn coleg yn Nottingham ac yn teithio i fyny ar y trên. Erbyn hyn roedd gen i gar bach du – Austin A35, wedi'i brynu gan Menna yn ei garej yn Llangefni. Mi bases i 'nhest y tro cyntaf (fel gyda fy moto-beic), ac roeddwn wrth fy modd yn dreifio. Roedd o'n dipyn gwell car nag oedd gan fy ffrind Gareth Oliver – Austin 7 hen ffasiwn iawn oedd ganddo fo, efo piben gwresogi yn sticio i fyny rhwng coesau'r *passenger* yn y set ffrynt. Wn i ddim sawl gwaith y bu Gareth yn hwyr yn cyrraedd achos bod y car wedi torri lawr.

Un haf, aeth Christine a fi i weithio yn Butlins, Pwllheli. Roedd gennym ni siale bob un a doedd fiw cael fisitors o'r rhyw arall yn y siale. Gweithio yn y gegin yr o'n i – York Kitchen, os cofia i'n iawn. Roedd yn rhaid codi'n blygeiniol ac roedd y gwaith yn galed ac yn boeth. Byddai fy mysedd yn gignoeth wrth dynnu'r platiau chwilboeth, newydd eu golchi, fesul pedair o'r peiriant. Yno hefyd roedd un o'm ffrindiau pennaf o'r coleg – John 'Gernog' Williams, Rhos-lan, ond roedd o'n gweithio ar y reids yn y ffair. Joban handi, gan fod llawer o'r pyntars yn colli arian o'u pocedi ar y reids, a John fyddai'n elwa. Un hynod annwyl ydi John – mae gen i feddwl y byd ohono.

Ac yna, yn fy mlwyddyn olaf, a Christine yn pwyso arna i i fynd yn athro yn Nottingham (lle'r oedd hi yn y coleg), mi gyfarfyddes i â merch ddel o ardal y Bala, a syrthio dros fy mhen a nglustiau mewn cariad efo hi.

Roedd hi'n anodd iawn torri'r newyddion i Christine ac mi fues yn canlyn y ddwy am ddau neu dri mis o leiaf. Roeddwn eisioes wedi trio am swydd yn Nottingham ac wedi cael cyfweliad yno. Sylwais, pan gododd y sawl oedd yn fy holi i fynd i ateb rhyw alwad ffôn, ei fod wedi ysgrifennu 'Small' ar y nodiadau a gymerodd. Sut bynnag, mi ges gynnig swydd mewn ardal lofaol dlawd iawn o'r enw Bestwood y tu allan i Nottingham, ar yr amod 'mod i'n pasio yn y coleg. Dwi ddim yn credu bod Mam a Nhad yn edrych ymlaen at imi fynd, ond roedd Christine, yn naturiol, wrth ei bodd. Roeddwn mewn cryn benbleth ynglŷn â beth i'w wneud, ond ddwedes i ddim wrth neb.

Yn y diwedd, byddai'n rhaid dweud, mae'n siŵr, ond nid cyn i mi gael damwain ddrwg yn y car bach du ar fy ffordd adref o'r Bala yn hwyr iawn rhyw nos Sadwrn.

Wrth i mi deithio rhwng Bangor a'r Felinheli ar sbîd o ryw 60 milltir yr awr, mi weles i gar gwyn yn tynnu fyny ar y chwith i'r ffordd; mi dynnes i allan i'w oddiweddyd ac ar yr eiliad honno, mi drodd y car ar draws y ffordd – gwneud *U-turn*, am wn i. Mi weles i ei arwydd o yn mynd unwaith, falle ddwywaith, ond erbyn hynny roedd hi'n rhy hwyr – mi es i ar fy mhen i'w ochr, heb gael cyfle i frecio dim. Roedd hi'n dipyn o lanast, a dwi'n credu bod fy nghar i wedi troi drosodd sawl gwaith. Dwi'n cofio dal y llyw yn dynn, dynn, ac wedyn cael fy nhaflu i bob cyfeiriad. Ar ôl dod i stop, mi lwyddais i ddod allan o'r car a darganfod nad oedd y gyrrwr arall wedi brifo llawer. Roedd ciosg ffôn gerllaw ac fe aethom i ffonio'r heddlu a galw ambiwlans. Yno, yng ngolau gwan y ciosg, y sylweddoles i faint o'n i wedi brifo. Roedd gen i archoll ddofn o dan fy ngên ac roedd gwaed yn pistyllio. Yn ôl pob golwg, roedd fy mhen wedi mynd drwy *windscreen* y car, ac, wrth ddod 'nôl wedi'r ergyd, roeddwn wedi taro fy ngên yn yr olwyn lywio. Doedd dim *safety belts* ar geir bryd hynny.

Trwy gyd-ddigwyddiad, daeth ffrind i mi, Gwyn Gors Bach, heibio a stopio i weld beth oedd wedi digwydd a heb betruso dim, aeth â fi i'r ysbyty ym Mangor yn ei gar. Cafodd ei ddwrdio am wneud hynny am ein bod eisioes wedi galw am ambiwlans, ond hyd heddiw dwi'n hynod ddiolchgar i Gwyn am ei garedigrwydd. Cefais rhyw ddeugain o bwythau yn fy wyneb, ac roeddwn ar bigau'r drain eisiau rhoi gwybod iddyn nhw gartref mod i'n iawn. Mi lwyddais i berswadio rhywun i ffonio Mr Pennington, tad Richard, a gofyn iddo fo fynd i ddweud. Mi wnaeth, chwarae teg, a chafodd fy mam (o bawb, druan â hi) wybod tua dau y bore. Yn anffodus, roedd hi ar ei phen ei hun gan fod Nhad yn aros gydag Anti Annie y noson honno, a chafodd Nhad ddim gwybod tan fore trannoeth.

Richard Pennington ddaeth i fy nôl o'r sbyty a chofiaf yr olwg ar ei wyneb hyd heddiw. Roedd yr olwg ar fy wyneb *i* yn llawer gwaeth, m'arna i ofn, a dyna'r ddrychiolaeth oedd yn aros Mam a Nhad pan es i'r tŷ. Roedd fy mhen wedi chwyddo, roedd gen i ddau lygad du ac roedd y pwythau i'w gweld yn amlwg o dan fy ngên ac o amgylch fy llygaid. Daeth mam Christine i edrych amdana i yn y tŷ a chael y stori – ond ddim y stori i gyd, chwaith!

Y gyrrwr arall gafodd ei erlyn yn y cwrt, ond oherwydd diffyg tystion, daeth yn rhydd. Mi ysgwydais ei law ar derfyn yr achos – roeddwn i'n falch ei fod o a minnau dal yn fyw. Mi allai pethau fod wedi troi allan mor wahanol; mae'n dipyn o ryfeddod 'mod i wedi dod trwyddi cystal. Fydda i'n meddwl weithiau pa mor erchyll fydda hi i fy rhieni taswn i wedi fy lladd y noson honno. Drwy ryw drugaredd, nid felly y bu.

Collais rai arholiadau terfynol oherwydd hyn i gyd, a gorfod eu sefyll yn ddiweddarach ond, wir, doedd fy nghalon i ddim yn y peth o gwbl a phan ddaeth y canlyniadau, roeddwn wedi methu'r arholiad Addysg (neu ran ohono, beth bynnag). Golygai hynny y byddai'n rhaid i mi ailsefyll y flwyddyn ganlynol ac y byddwn ar ddwy ran o dair o 'nghyflog yn ystod y flwyddyn brawf. Roedd y ffaith 'mod i wedi methu yn siom enfawr i Nhad yn arbennig, ond alla i ddim peidio meddwl nad oedd fy rhieni, mewn rhyw ffordd, wedi cael rhyddhad o wybod na fyddwn i, wedi'r cwbl, yn gorfod mynd i ffwrdd a'u gadael.

Roedd y newyddion yn golygu hefyd y byddai'n rhaid i mi esbonio wrth Christine na fyddwn i'n mynd i Nottingham fel y disgwyliai. Pan ddaeth Chris adre rai wythnosau wedyn, bu'n rhaid dweud y cwbl wrthi am y cariad newydd, a dyna fu diwedd ar y garwriaeth, oedd wedi para am dros dair blynedd. Roeddwn i'n teimlo'n ofnadwy am y peth, ond mi deimlis i ryddhad o fod wedi dweud y cwbl – roedd hi'n well bod yn onest, am wn i.

Priodas gyntaf
a cholli fy nhad

ROEDDWN I'N BYW GARTRE ym Mhenceunant, a rhyw
noson mi ddaeth fy nghyn-brifathro Hugh Evans heibio.
Dywedodd ei fod o'n ymwneud â Chwmni Drama amatur
Bangor, a gofynnodd a fyddai gen i ddiddordeb i ymuno â nhw.
Fu fawr o betruso, a dyna ddechrau ar dair blynedd o fwynhad
pur yng nghwmni Linda Brown, Bethan Hardy, Ann Davies,
Eifion Williams, Eddie Lewis, y newyddiadurwr Iorwerth
Roberts, Val Roberts a sawl un arall.

Ces ran Albrecht yn *Brad* Saunders Lewis (ac ar y noson
agoriadol gorfod perfformio heb yr iwnifforms Almaenig gan eu
bod wedi mynd ar goll ar y ffordd i Fangor o Berman's Llundain)
a rhan hefyd yn *Gwyliwch y Paent*, cyn mentro ar gyfarwyddo
am y tro cyntaf erioed. Drama gan W. R. P. George oedd hi, ac
mi benderfynais gymryd rhan ynddi hefyd – er mawr siom i
un aelod o'r cwmni nad oedd yn addas i'r rhan o gwbl, yn fy
marn i. Oedd, roedd o'n beth haerllug tu hwnt i'w wneud ond,
diolch i Eifion a Valerie (Roberts erbyn hyn) mi aeth popeth yn
dda iawn, i mi gofio, beth bynnag.

Roedd hwn yn gyfnod hapus iawn i mi – roeddwn i'n cael
byw gartref efo fy rhieni, gweithio'n achlysurol i'r BBC a chael
hwyl efo Cwmni Drama Bangor.

Ar ôl i fy nghariad adael y coleg a mynd yn athrawes yn Sir
Feirionydd am flwyddyn, dyma benderfynu priodi yn haf 1969.

Gofynnais i Selwyn (o'r criw moto-beics) fod yn was priodas i mi ac mi gytunodd. Er mawr syndod i mi erbyn hyn, unwaith erioed ddaru'r ddau deulu gyfarfod, a hynny ar ddiwrnod y briodas – pam, wn i ddim. Priodi yng nghapel y teulu ddaru ni, a chael diwrnod braf i wneud hynny, ond fe darfwyd ar y gwasanaeth gan ddau beth. Yn gyntaf, ddaru fy siwt *made to measure* newydd i ddim cyrraedd mewn pryd, er i'r siop yng Nghaernarfon addo'n bendant y byddai hi'n siŵr o wneud. Bu'n rhaid i mi briodi mewn hen siwt, ac un ddigon blêr oedd hi hefyd, a bod yn onest, Yn ail, tarfwyd ar y gwasanaeth gan grio uchel a di-baid Mam. Emosiwn a'r strociau roedd hi wedi'u cael oedd yr achos, mae'n siŵr, a ddaeth hi ddim ati'i hun tan fod y gwasanaeth drosodd. Wn i ddim pa argraff wnaeth hynny ar deulu'r wraig, ond go brin eu bod yn *impressed* iawn, er na ddywedson nhw ddim am y peth erioed, chwarae teg.

Wn i ddim, chwaith, ai dyna fu'r rheswm i mi ddiolch i *bawb* yn fy araith yn y gwesty, i bawb *ond* fy rhieni. Leciwn i feddwl mai nerfau oedd yr achos, ond fedra i ddim bod yn siŵr. Dwi'n difaru hyd heddiw i mi golli ar y cyfle i ddiolch iddyn nhw'n gyhoeddus am fod cystal rhieni ag y gallai neb ei ddeisyfu. Roeddwn yn wirioneddol ddiolchgar i fy ffrind ysgol, Gethin Evans, am edrych ar eu hôl y diwrnod hwnnw, ac am fynd â nhw adre'n saff i'r Felinheli.

Gyrru i'r Alban ddaru ni yn fy Mini bach melyn, gan aros yng Nghaer y noson gyntaf a dilyn ein trwynau wedyn cyn belled â Chaeredin. Yn anffodus, mi wnaethom ni redeg allan o arian ar ôl rhyw bum niwrnod a gorfod ei throi hi am adref!

Yng Nghaernarfon ddaru ni ymgartrefu – mewn fflat ar Ffordd Llanbeblig – fflat yr oedd Willie Hughes wedi dod o hyd iddi i ni. Roedd yn agos at Tharsis Villa, lle'r oedd o a Hannah yn byw. Yn rhyfedd iawn, prynwyd y tŷ flynyddoedd

Nanw, Hannah a Mari

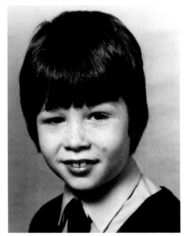

Trystan yn wyth oed

Yr addfwyn Miri a Cadi; Mops, Brŵs a Swri

Y ferch syrthiais i mewn cariad â hi
– Annie yn hogan ifanc

Tu allan i gartref Nanw

Ffion a Siôn gyda'r bois

Plant Kate, chwaer Mam – Emrys, Ceinwen, Joan ac Albert

Dau ddrwg!

Gyda Trystan – roedd yn mudo i
Awstralia drannoeth

Glan y môr, diwrnod stormus

Ar draeth Rottnest ger Perth,
Awstralia

Ffion gyda Catrin ei chyfnither

Teulu ni a theulu'r Almaen, plant Siân, diweddar chwaer Ann – Dylan, Alan, Catrin a Steffan

Beryl, mam Ann

Ann a fi

Ann a finnau ym Moel y Don a'r Felinheli yn y cefndir

Ar long yn Malaga

Fy wyres gyntaf, Mirain Lois Gwynedd

Fy ail wyres – Leusa Non Gwynedd

Trystan a Dona gyda'r merched

Mirain a Leusa

Gyda Siân Gwenllian (AC) ar ôl y daith gerdded yn y Felinheli, 2016

Gyda Maureen
Quigley (Rees)
ar ôl 45 mlynedd!

Gyda dau o fy ffrindiau gorau o gyfnod y Coleg Normal – John Williams a
Gareth Oliver

Y criw ffrindiau ar daith gerdded y Felinheli, 2016

Cyfarfod fy nau gefnder am y tro cyntaf erioed yn Newton, New Jersey –
Ed Hughes a Royal Pritchard

Plant Ed – mi
dyfais i fyny
efo'r llun yma
yn y tŷ yn y
Felinheli – Dick,
Susie a John
Hughes

Ed a'i wraig
Millie gyda
Susie a John

Modryb Leusa fy nhad, nain
Royal a'i theulu; tad Royal yn
penlinio yn y blaen, tua 1900

Royal yn dathlu ei ben-blwydd ar
Ynys Môn am y tro cyntaf erioed,
heb fod yn bell o hen gartref ei nain
yn Llanddaniel-fab

Rhai o ddisgynyddion Richard Hughes

Unig ferch brawd fy nain, Richard Hughes – Jane Hughes. Cafodd 12 o blant!

Teulu Harvey Haws, un arall o ddisgynyddion Richard Hughes

Ydach chi'n cofio'r llun o fy Nain yn cael te efo'i chwaer Leusa yn y tŷ yn y Felinheli? Wel, dyma'u dau ŵyr, Royal a minnau, yn eistedd yn yr un man, 86 mlynedd yn ddiweddarach!

Ffion a Harri – Majorca

Huw a Harri yn rasio ar ynys Majorca

Gyda Harri a Trystan, Perth, Awstralia

Annie a fi yn Awstralia

Annie yn Guilin

Huw a Harri ar y
daith i lawr afon Li i
Yangshuo

Harri, yn rhyfeddu
ei fod yn Old
Trafford!

Huw

Harri

Fy ffefrynnau – moto-beics a'u sidecars lliwgar yn rasys TT Ynys Manaw

Annie a'r bois, Ynys Manaw

Fi a'r bechgyn yn Ramsey Hairpin, Ynys Manaw

Wrth fedd fy arwr, Ludwig van Beethoven, yn Vienna

Cael paned gydag Elizabeth mewn tŷ te yn y Gaiman, Patagonia

Chwarae'r harmoniwm yng nghwmni Tegai Roberts yn Amgueddfa'r Gaiman

Ysgol Feithrin y Gaiman

Y syndod o gyfarfod Eileen James a'i gŵr Dewi Mefyn yn y Racing Club, Trelew, Patagonia, 47 mlynedd ar ôl i ni rannu llwyfan ym mhasiant canmlwyddiant y Wladfa

Y ddwy chwaer, Tegai Roberts a Luned Roberts de González

yn ddiweddarach gan yr actores Catrin Mara a'i gŵr. Byddwn yn tynnu ei choes pan oedden ni'n gweithio efo'n gilydd ar *Pobol y Cwm*, gan ddweud: 'Ti'n gwbod y stafell ffrynt, i lawr grisia?' 'Ia.' 'Wel, fan 'no roedd y wraig a finnau'n cysgu, 'sti – ac yn arfer caru, wrth gwrs, 'de!' 'Mi gofia i – bob tro yr a' i i mewn yno,' oedd ei hateb smala.

Ers gadael y coleg, roeddwn i wedi dod o hyd i waith ym Mron Hendre, swyddfa'r DHSS yng Nghaernarfon, a hynny fel *Visiting Officer* oedd yn golygu ymweld â phobl yn eu tai i sicrhau eu bod yn medru byw yn weddol ar daliadau'r llywodraeth. Swyddog digon meddal o'n i – byddwn wastad yn trio rhoi grant iddyn nhw gael dillad neu rywbeth tebyg yn ychwanegol at eu budd-dal. Fe'm dilynwyd yno rhyw flwyddyn yn ddiweddarach gan Gareth Oliver, fy ffrind pennaf yn y coleg.

Un diwrnod, yn ardal Tremadog, bu'n rhaid i mi ymweld â hen ŵr a oedd yn byw mewn carafán. Bûm yn cnocio am sbel, ac ro'n i ar gychwyn oddi yno pan welais y cyrten yn symud fymryn. Es yn ôl a cheisio'i berswadio i agor i mi. Ymhen hir a hwyr, mi wnaeth ac es innau i mewn – i ganol yr olygfa fwyaf ddifrifol weles i erioed. Roedd o wedi bod yn sâl yn ei wely ers dros wythnos heb symud. Gan fod dau gi yno hefyd (oedd heb fod allan ers rhai dyddiau), gellwch ddychmygu'r arogl. Roedd o'n poeni am ei ieir bantam ac yn fy siarsio i sicrhau bod ganddyn nhw fwyd a diod. Mi wnes hynny a threfnu cael doctor ato. Roedd hyn yn golygu sawl galwad ffôn o giosg oedd heb fod ymhell ac mi gymerodd y cwbl rai oriau. Pan es i 'nôl i'r swyddfa drannoeth, a phan ddarganfu'r swyddog roeddwn i'n atebol iddo gymaint o amser dreuliais i ar yr achos, ges i andros o ffrae – a dim diolch o fath yn y byd.

Rhyw dridiau wedyn, es i i'r ysbyty lle'r oedd y dyn a chyfarfod ei fab. Ces ddiolch gan hwnnw o waelod calon, ac mi roddodd hynny foddhad llwyr i mi. O leiaf roedd *rhywun* wedi gwerthfawrogi fy ymdrechion! Ddeuddydd yn ddiweddarach, bu'r hen ŵr farw.

Mi wnes ffrindiau da yn y swyddfa, yn cynnwys Olwen, merch dlos o Langefni, a Lodwig – cymeriad a hanner oedd ar fin ymddeol – fyddai'n gofyn: 'Lle ma Gamfa Gaws Nefyn, hogia?' gan wybod yn iawn nad oedd y fath le'n bod, ond yn trio dal rhywun allan. Roedd criw da o *Visiting Officers* cymharol ifanc yno, gan gynnwys John G. Jones ac Arfon Williams. Ffrind arall oedd Gwilym Davies o Gaernarfon, y cedwais i mewn cysylltiad ag o tan ei farwolaeth rai blynyddoedd yn ôl. Un annwyl oedd Gwil.

Mi roedd fy nghyfnod ym Mron Hendre yn un hapus iawn ar y cyfan, os nad yn un llwyddiannus. Cafodd Gareth Oliver ei ddyrchafu yn *Executive Officer*, ond aros yn *Clerical Officer* fuo raid i mi.

Unwaith erioed i mi gofio y daeth Mam a Nhad i ymweld â ni yn y fflat, er bod fy rhieni yng nghyfraith yn ymwelwyr cyson. Wn i ddim pam. Ac eto, wedi dweud hynna, roedd o rhywbeth i'w wneud â thrafferth fy ngwraig i ddelio efo salwch fy mam. Doedd hi ddim yn lecio mod i â'r gallu i bicio adref i'r Felinheli unrhyw amser leciwn i, tra oedd hi'n methu gwneud gan nad oedd hi'n gyrru. Wn i ddim oedd hi'n eu gweld yn fygythiad i'n perthynas. Wn i ddim, wir.

Roedd perchennog y tŷ, Mrs Roberts, yn byw i fyny'r grisiau ac roedd ganddi fab o'r enw David. Yn weddol naturiol, falle, roedd Mrs Roberts yn dueddol o fusnesu rhywfaint, a doedd fy ngwraig ddim yn lecio hynny o gwbl ac yn mynd yn ypset iawn. Byddai gofyn i mi gael gair efo David o bryd i'w gilydd i geisio arbed ffrae, ac fe arweiniodd hynny at ambell i ffrae rhyngom ni'n dau yn ei dro. Doedd pethau ddim yn mynd yn dda yn y briodas o'r cychwyn cyntaf, ac yn raddol bach, aeth y sefyllfa o ddrwg i waeth.

Ym Mron Hendre y digwyddodd rhywbeth arall gafodd gryn effaith ar fy mywyd. Roeddwn i wedi gorfod gweithio'n hwyr – gweithio goramser – gan fod yn rhaid cynyddu'r swm a delid i bobl gan y Llywodraeth. Ar ôl rhyw awr o weithio, teimlais gur pen eithaf drwg yn dechre ac o fewn hanner awr, roedd wedi gwaethygu gryn dipyn. Ymysg cellwair mai smalio bod yn sâl yr oeddwn i, mi es adre a mynd i 'ngwely'n syth. Cyn cysgu sylwais fod llen ddu yn araf ddod lawr o'r top i'r gwaelod ac erbyn y bore, doeddwn i'n gweld dim efo'r un llygad hwnnw – roedd popeth yn hollol ddu. Mi es i weld y meddyg yn y Felinheli ac mi drefnodd i mi weld arbenigwr yn hen ysbyty C&A, Bangor.

Y diagnosis ges i oedd niwritis optig, sef llid ar nerfau'r llygad, ac fe'm sicrhawyd y deuai'r golwg yn ei ôl ymhen rhyw fis, chwe wythnos, ac felly y bu. Feddylies i ddim rhagor am y peth nes i mi gael yr un anhwylder rhyw flwyddyn yn ddiweddarach, y tro hwnnw yn y llygad arall. Yr un symptomau ag o'r blaen, a'r un diagnosis. Mi ddois dros y bennod honno, ond doedd fy ngolwg ddim cystal ag y bu fo – roedd difrod wedi digwydd y tu mewn i'r nerfau optig oedd yn cario negeseuon o'r llygaid i'r ymennydd.

Rai blynyddoedd yn ddiweddarach, ces ymosodiad yn y ddau lygad bron iawn ar yr un pryd, ac mi dreuliais rai dyddiau'n gweld nemor ddim o gwbl. Roedd hynny'n frawychus tu hwnt, ond mi ddown at hynny'n nes ymlaen.

Ac yna, ym mis Ionawr 1972, bu farw Nhad. Dwi wedi sôn am wahanu'r ddau – fy mam a nhad – a'r ffaith nad oeddwn i yno ar y pryd. Nawr roedd yn rhaid wynebu'r sicrwydd y byddwn yn colli un ohonyn nhw am byth. Yn Ysbyty Gallt y

Sil yr oedd Mam, ond ym Mryn Seiont roedd Dad. Awn i ymweld â nhw bob nos a gwylio'r dirywiad yn y ddau. Cofiaf sôn wrth fy nhad am ryw gyngerdd roeddwn i wedi'i glywed ar y radio a pherfformiad o un o symffonïau Beethoven y noson gynt – chwilio am rywbeth i siarad amdano yr oeddwn i – a chael yr ateb 'Hidia befo am Beethoven rŵan.' A hyn gan ŵr oedd wedi addoli'r cyfansoddwr gydol ei oes ac wedi cyflwyno ei gerddoriaeth i mi. Gwyddai Nhad fod y diwedd wrth law a bod pethau pwysicach i'w trafod. Roedd o am i mi edrych ar ôl Mam a sicrhau y byddai hi'n cael popeth ar ei ôl. Ac yna bu raid i mi ofyn y cwestiwn anodda – oedd o wedi gwneud ewyllys? Doedd o ddim, a bu'n rhaid i mi drefnu i fynd i weld Pritchard Jones y twrna yng Nghaernarfon, a mynd â'r papurau at Nhad yn yr ysbyty i'w harwyddo. Arwyddodd mewn ysgrifen ansicr a chrynedig oedd mor wahanol i'w ysgrifen hardd a sicr arferol. A dyna'r tro olaf i mi ei weld yn arwyddo dim.

Bob nos, mi fyddwn yn mynd i weld Nhad yn gyntaf am ryw hanner awr ac yna Mam. Un noson, ac yntau ddim wedi cael noson dda y noson cynt, mi ddechreuodd grio a dweud nad oedd o wedi bod yn dad rhy dda i mi. Gwnes fy ngorau i'w ddarbwyllo fel arall, ac roedd hynny wedi ei dawelu rhywfaint. Dwedais ei bod yn amser i mi fynd i ymweld â Mam a nodiodd. 'Wela i chi fory,' medda fi wrth godi. 'Paid â dychryn os na fydda i yma fory,' meddai, a dechrau crio eto. Dwrdiodd nyrs oedd gerllaw o am fy ypsetio i ac mi stopiodd. Gofynnais iddo fydde fo'n lecio i mi aros efo fo'r noson honno ond dweud na wnaeth o. Wrth y drws, mi drois i godi fy llaw ac mi gododd yntau ei law hefyd, ond yn ddigon gwantan. A dyna'r tro olaf i mi ei weld; bu Nhad farw y noson honno. Ac o, dwi'n difaru, o waelod fy ngalon, nad es i 'nôl i aros gydag o.

Byddwn yn arfer ffonio'r ddwy ysbyty bob bore ac ar y

diwrnod hwnnw ces y newyddion gan un o'r *Sisters* ym Mryn Seiont fod Nhad wedi mynd. Roedd yn rhaid torri'r newyddion i Mam ac es i Gallt y Sil i wneud hynny. Chwarae teg, roedd y nyrsus yno wedi lled-baratoi Mam drwy ddweud wrthi fod Nhad yn wael iawn. Wn i ddim yn iawn faint oedd hi'n ei ddeall bryd hynny, ond mi lwyddais i ddweud nad oedd gen i newyddion da, fod Dad wedi marw. Y cwbl ddwedodd hi yn dawel oedd 'Dad wedi marw?' 'Ia' meddwn innau, 'Dydi o ddim mewn poen bellach.' Wylodd yn dawel am ychydig cyn i nyrs ddod i mewn a rhoi pigiad iddi gael cysgu. A dyna'r tro olaf iddi yngan gair amdano. Soniodd hi ddim un gair arall am y gŵr fu wrth ei hochr ers yr holl flynyddoedd.

Fedrai Mam ddim bod yn bresennol yn yr angladd bach, syml wrth lan y bedd yn Llanfair-is-gaer, wrth gwrs, a dim ond ychydig o deulu ac ambell ffrind oedd yno. Mi es i'r ysbyty'n syth wedyn iddi gael gwybod bod popeth wedi mynd yn iawn. Ond doedd hi fel tase ganddi ddim diddordeb mewn gwybod. Roedd fel tae hi wedi anghofio'n llwyr amdano. Doedd dim sbarc yn ei llygaid. Roedd ei meddwl yn wag. Ac efallai mai hynny oedd orau o dan yr amgylchiadau.

Yna, rhyw ddiwrnod yn gynnar yn haf 1972, digwyddodd fy ngwraig dynnu fy sylw at hysbyseb yn *Y Cymro* – roedd y BBC yn chwilio am actorion ac yn cynnig cytundeb blwyddyn, fel y gallai pwy bynnag a ddewiswyd droi'n actor proffesiynol llawn amser. Roedd o'r union beth roeddwn i ei eisiau ac fe wnes gais. Lawer blwyddyn yn ddiweddarach fe ddwedodd fy ngwraig mai dyna'r camgymeriad mwyaf ddaru hi erioed – tynnu fy sylw at yr hysbyseb honno.

Ces wrandawiad ym Mangor i ddechrau, efo George P. Owen, oedd yn gynhyrchydd yn yr Adran Ddrama erbyn hynny, ac fe aeth pethe'n weddol dda. Does gen i ddim cof o ba ddarnau wnes i eu perfformio, ond ces glywed yn y man fy mod i gael mynd ymlaen i glyweliadau pellach yng Nghaerdydd.

Meredydd Evans, pennaeth yr Adran Rhaglenni Ysgafn, D. J. Thomas o'r Adran Ddrama a David Bevan o'r Adran Gyflwyno oedd yn cynnal y cyfweliad yng Nghaerdydd. Roeddwn i wedi ysgrifennu sgetsh ddim yn annhebyg i un *The Driving Instructor* (Bob Newhart) i mi fy hun ar gyfer y clyweliad. Mi aeth i lawr yn dda, ac mi glywa i Merêd yn chwerthin dros y lle y funud hon.

Ymhlith y rhai ddaeth i Gaerdydd roedd Victoria Plucknett a rhyw hanner dwsin o gyw actorion eraill. Cawsom dro ar sawl maes – darllen y newyddion, comedi, drama a chael bod tu ôl i'r llenni fel yr âi *Wales Today* a *Heddiw* allan yn fyw. Yn ystod yr wythnos, mi fu'n rhaid i mi actio darn o ddrama deledu o'r enw *The Island* (yn Saesneg) efo Victoria, a D. J. Thomas yn cyfarwyddo. Roedd o'n gyfarwyddwr manwl iawn, yn hen law ar y gamp ac mi wnes fwynhau'r profiad. Flynyddoedd wedi'r recordiad, dywedodd Dave Evans (oedd yn rhedeg y llawr yn ystod yr wythnos), efo'i law ar ei galon, mai dyna oedd un o'r pethau gorau roedd o wedi'i weld erioed gan actorion ifanc. Chwarae teg i Dave am ei garedigrwydd – mi ddaeth yn gyfarwyddwr yn yr Adran Blant ac ar *Pobol y Cwm* yn ddiweddarach.

Roeddwn i ar ben fy nigon pan ges i'r canlyniadau rai wythnosau wedyn. Roedd Victoria a finnau wedi'n derbyn ac, er bod gofyn i mi roi mis o notis yn y gwaith yng Nghaernarfon, mi ges ganiatâd arbennig i adael heb fawr o rybudd. Byddai'r gwaith ym Mron Hendre'n dod i ben o fewn wythnos, a byddwn innau'n rhydd wedyn i ddechrau gweithio yn actor proffesiynol llawn amser, rhywbeth y breuddwydiais i amdano ers blynyddoedd maith.

Actio'n llawn amser
a symud i Gaerdydd

G ORFFENNAIS YN Y GWAITH ym Mron Hendre ar bnawn
Gwener a theithio i Gaerdydd fore trannoeth. Y cyntaf o
Awst 1972 oedd hi a 'ngwaith cyntaf oedd ymarfer a recordio
cyfres ddrama i blant o'r enw *Deg i Dragwyddoldeb*. Stori oedd
hi am griw o bobl ifanc yn sefydlu grŵp roc ac yn darganfod
bod cynllwyn ar droed oedd yn ymwneud â gorsaf rocedi
yn ardal Aberteifi. Margaret Pritchard, Victoria Plucknett,
Glyn Welden Banks a finnau oedd yn y prif rannau, gyda Dic
Hughes, Guto Roberts, Clive Roberts, Stewart Jones a sawl
actor arall hefyd yn y gyfres. Yn ogystal, dois ar draws Aubrey
Richards (y 'dyn drwg'), actor llwyfan, teledu a ffilm uchel
iawn ei barch a William Huw Thomas, ddaeth yn ffrind oes i
mi (ac a ymddangosodd yn *Torri Gwynt* a *Rhagor o Wynt* efo fi
flynyddoedd yn ddiweddarach).

Un diwrnod yn ystod cyfnod o ymarfer, aeth Victoria a
finnau i weld ffilm yng Nghaerdydd – ffilm o'r enw *Endless Night*
(Agatha Christie) oedd hi, efo Hywel Bennett, Hayley Mills,
Britt Ekland a George Sanders. Ac yno hefyd, ar y sgrin fawr,
roedd … Aubrey! Ac roedden ni'n dau'n cydweithio efo fo ar
Deg i Dragwyddoldeb ar y pryd. Gellwch ddychmygu'r wefr.

Es am bryd o fwyd mewn rhyw westy yn Aberteifi tra
oedden ni'n ffilmio'r gyfres ac fel roeddwn i'n gorffen bwyta,

pwy ddaeth i mewn ond Aubrey. 'Be wyt ti'n recomendo?' meddai. 'Wn i ddim, be wyt ti'n hoffi, Aubrey?' meddwn innau. 'Cig eidion … neu gyw iâr … p'run gymera i, Gareth?' Y cig eidion wnes i 'recomendo' ac mi ddifaris i o fewn dim iddo ddechrau ei fwyta. Roedd o'r cig mwyaf difrifol weles i 'rioed, a bu Aubrey yn cnoi a chnoi am yn hir iawn. Wnaeth o ddim ffys, ond ddaru o rioed ofyn i mi 'recomendo' dim iddo wedyn.

Cymeriad arall yng nghast *Deg i Dragwyddoldeb* oedd Ieuan Rhys Williams; cawr o ddyn yr oeddwn i wedi'i edmygu o'r dyddiau y byddai Gwyn Edwards a minnau'n gwrando arno ar y radio yn y 50au pan oedd yn chwarae rhan y dyn drwg yn *SOS Galw Gari Tryfan*. Byddai'n dweud straeon rif y gwlith am ei brofiadau, ond ces wybod (gan sawl un) wedyn, mai straeon gwneud oedd y rhan fwyaf ohonyn nhw. Ond cymeriad – roedd hynny'n sicr.

Bryd hynny, roedd recordio ar dâp ar leoliad yn golygu defnyddio faniau anferthol o'r enw CMCRs (Colour Mobile Control Rooms). Roedd yr holl broses yn drwsgwl a thrafferthus, yn enwedig o'i chymharu â thechnoleg heddiw, ond roedd y gyrwyr a'r *riggers* yn bobl glên a llawn hwyl er bod eu gwaith yn galed. Felly hefyd y criw technegol – yr adran gamerâu, sain, y peirianwyr, colur a gwisgoedd – pawb â'i swydd arbenigol. Roedd pob un ohonynt wrth eu bodd yn gweithio i George yn ôl pob tebyg, gan eu bod yn sicr o wneud digonedd o arian goramser pan fyddai o wrth y llyw. Un stori ddigri am y cyfnod: trodd pawb i fyny i gael cinio yn y bws oedd wedi'i logi i'r pwrpas, dim ond i ddarganfod nad oedd y bws yno rhagor. Roedd y gyrrwr wedi rhoi'r ffidil yn y to ac wedi 'benthyg' y bws i deithio adre. Bu'n rhaid i bawb fwyta'u cinio'n eistedd ar lawr mewn rhyw gae oedd wrth ymyl. Drwy lwc, roedd y tywydd yn fendigedig y diwrnod hwnnw, fel y bu gydol yr haf, ac roedd yn gyfnod bythgofiadwy a chynhyrfus i mi.

O'r cychwyn cyntaf, mi gymerais ddiddordeb mawr yn ochr dechnegol y gwaith; roeddwn i eisiau gwybod popeth am gamerâu, siots, sain, goleuo a'r *mixers*, i'r fath raddau nes i Christine Pritchard ddweud wrth fy ngweld yn astudio sut roedd y set wedi'i goleuo ryw dro: "Dan ni'n mynd i golli Gareth Lewis cyn bo hir, m'arna i ofn!' Ddigwyddodd hynny ddim, wrth gwrs, ond faswn i ddim wedi meindio gwneud y math yna o waith tasa'r cyfle wedi dod.

Y dyn fyddai'n rheoli'r llawr ac yn cadw trefn ar bawb a phopeth oedd Wynne Jones, ac un da oedd o am wneud hynny – roedd ganddo lais ac osgo awdurdodol, ond dim ond pan oedd galw am hynny. Un o Fangor oedd o, ac roedd yntau wedi bod yn Ysgol Friars. Wn i ddim ai hynny oedd i gyfri am y peth, ond fe ddaethom yn ffrindiau da, er i mi gael sawl stŵr ganddo o dro i dro os nad oeddwn yn llwyddo i blesio George yn y CMCR. Yr annwyl, hoffus Rachel Thomas o Lanrug oedd ysgrifenyddes ragorol George; hi fyddai'n galw'r siots i'r camerâu, yn cadw trefn ar George ac yn ddiamheuol, hi fyddai'n cadw'r sioe ar y ffordd yn ddiogel.

Byddem yn recordio'r gwaith stiwdio yn Pebble Mill, Birmingham, gan deithio i fyny yno'r noson cynt. Byddem yn aros mewn gwesty ar Hagley Road ac ynghlwm wrth y gwesty roedd tŷ bwyta Eidalaidd. Donato oedd enw'r perchennog, ac fe alwai o Guto Roberts (oedd yn foel, wrth gwrs), yn Curly. Yno y profais i *duck à l'orange* am y tro cyntaf a ches i 'run hwyaden well yn unman arall.

Erbyn recordio *Deg i Dragwyddoldeb* roeddwn i'n 26 oed – ac yn chwarae rhan hogyn 16 neu 17 oed – patrwm a barhaodd bron trwy gydol fy ngyrfa. Mi roedd hyd yn oed Meic Pierce saith mlynedd yn iau na mi, mae'n debyg.

Cymerais at fyw yng Nghaerdydd yn syth bin – a dweud y gwir, roeddwn i wedi gwirioni ar y ddinas pan ddois i yma am y tro cyntaf yn 1960. Dydi hi ddim yn rhy fawr nac yn rhy fach ac mae'r bywyd Cymreig a Chymraeg yn gryfach nag erioed yma. Mae hi'n ddinas sy'n llawn deilyngu'r teitl 'prifddinas' yn fy marn i. Oherwydd y dociau a'r brifysgol, mae hi'n ddinas gosmopolitaidd iawn, a dydi hi ddim yn anarferol o gwbl clywed plant o wahanol gefndiroedd ieithyddol yn siarad Cymraeg.

Ar y dechrau un, aros yng ngwesty bychan Emrys Cleaver a'i wraig oeddwn i, lle rhagorol i aros a chroeso twymgalon bob amser. Yna, mi soniodd Stewart Jones wrtha i am y garafán yr oedd o a Charles Williams yn ei rhannu yn Llysfaen. Ardal braf iawn ydi honno, gyda thai mawr, crand a drud ac mi es i'n eiddgar i'w gweld hi efo fo.

Roedd y garafán ym mhen draw rhyw gae y tu allan i Lysfaen mewn lle diarffordd dros ben. Roedd hi wedi gweld dyddiau gwell a doedd dim trydan yno na dŵr yn rhedeg. 'Wel, mi fydd yn rhatach iti nag aros efo Cleaver,' oedd geiriau Stewart, ac felly y bu. Gan nad oedd Charles i lawr, mi symudis i i mewn ac yno y bues i am fis neu ddau.

Fel dywedes i, doedd dim golau, dim ond canhwyllau ac roedd gofyn bod yn ofalus iawn efo'r rheiny. Doedd dim gwerth o ddŵr poeth, chwaith – dim ond yr hyn fedrech chi ei ferwi mewn tecell bychan ar y stof nwy. Ben bore, roedd yn rhaid mynd lawr i waelod y cae i nôl dŵr o ryw dap, a phob nos wrth ddod adref o ble bynnag roedd rhywun wedi bod, roedd yn rhaid mynd i mewn i'r garafán yn y tywyllwch dudew, heb wybod yn union beth na phwy i'w ddisgwyl.

Erbyn hyn roedd hi'n oeri'n arw at y gyda'r nosau, ac erbyn y bore byddai'r garafán yn rhewi o oer. Os oeddech chi'n teimlo'n ddiog, molchi mewn mymryn o ddŵr oer fydde'n rhaid a doedd hynny ddim yn brofiad pleserus o gwbl. Yr adeg honno doedd dim ffonau symudol chwaith, heb sôn am ffordd i'w wefrio yn y garafán. Roedd yn rhaid ffonio fy ngwraig o giosg yn Llysfaen a threfnu amser penodol iddi hithau fynd i giosg yng Nghaernarfon. Tipyn o strach!

Mae'n rhaid i mi ddatgan fy niolchgarwch am garedigrwydd Stewart yr adeg honno; mi aeth i'r drafferth o fynd â fi o amgylch Caerdydd a phwyntio allan ambell i *landmark* fel na fyddwn byth yn mynd ar goll yma. Heddwch i dy lwch, Stiw.

Gyda'r nos, byddai llawer yn mynychu Clwb y BBC yn Newport Road, ac er mai anaml yr awn i yno, ryw noson mi ges fy nghyflwyno i'r gantores ddel a thalentog o Gaerdydd, Iris Williams. Ei geiriau syfrdanol ac annisgwyl wrtha i oedd: 'Well, you *are* a pretty one, aren't you?' Mi es adre'n fuan wedyn a 'mhen yn troi, nid oherwydd y mymryn cwrw roeddwn i wedi'i yfed ond oherwydd 'mod i wedi mopio ar y compliment. Am ryw reswm od nad ydw i'n ei ddeall o gwbl wnaeth neb arall erioed fy ngalw i'n *pretty* wedyn.

Drwy lythyrau y cawn gynnig gwaith bryd hynny gan nad oedd ganddon ni ffôn, ac roedd hynny'n niwsans. Er hynny, fe ddaeth y gwaith yn gyson – rhaglenni radio i ysgolion oedden nhw yn bennaf – ac mi wnes ddefnydd mawr o'r hyn ddysges i gan Charles flynyddoedd ynghynt. Mi roeddwn i i weld yn plesio pob cynhyrchydd yr oeddwn i'n gweithio iddo neu iddi, a ches i erioed drafferth i ddod o hyd i waith, drwy lwc.

Ces gyfle i weithio yn Gymraeg ac yn Saesneg – i Margaret Bird a Berian Davies gan amlaf yn y Gymraeg, ac i ŵr bonheddig o'r enw John Vodden yn Saesneg. Cyfarfyddais â John Darran hefyd; darlledwr a dramodydd enwog dros ben ar y pryd. Fo fyddai'n darllen y newyddion ar deledu BBC Wales a fo oedd awdur y gyfres antur radio *Counterspy* y byddwn i'n gwrando mor astud arni yn blentyn bob nos Iau ers talwm. Cyfreithiwr oedd o wrth ei waith, ac roedd yn ŵr bonheddig. Fo fu'n gyfrifol am y gwaith cyfreithiol pan brynais i dŷ yng Nghaerdydd ymhen blwyddyn neu ddwy.

Cyn iddi ddod yn aeaf llwyr arna i yn y garafán, mi benderfynodd fy ngwraig a minnau symud i lawr i Gaerdydd i fyw. Doedd o ddim yn benderfyniad hawdd o bell ffordd gan fod fy mam yn dal yn yr ysbyty yng Nghaernarfon. Y cwestiwn oedd, beth fyddai orau i Mam – dod i lawr i rhyw gartref yng Nghaerdydd (lle na fyddai'n nabod neb ond ni'n dau) neu aros lle'r oedd hi (a chael gweld Nanw, Hannah a'i chyfnitherod o Sir Fôn yn weddol reolaidd)? Yr ail opsiwn a orfu yn y diwedd, a daethom o hyd i fflat ar y llawr isaf yn ardal Parc y Rhath (ddim yn bell o dŷ Meredydd Evans fel mae'n digwydd). Mr a Mrs Locke oedd y perchnogion a ches gyfweliad efo nhw. Dyn bychan go dew oedd o a hithau'n dal ac yn denau, ac roedd hi'n amlwg fod ganddynt dipyn o arian. 'Hugo, darling' fyddai hi'n ei alw bob amser. Wn i ddim p'run ai'r ffaith mod i'n gweithio i'r BBC oedd i gyfri am y peth, ond mae'n amlwg 'mod i wedi gwneud rhywfaint o argraff arnyn nhw, ac mi gawsom ni'r denantiaeth. Byddai gofyn i mi fynd â'r rhent mewn arian parod i'w tŷ yn rheolaidd bob mis, ac felly y bu.

I fyny'r grisiau, mewn fflat arall, roedd Mr a Mrs Jones – cyn weinidog yr efengyl oedd o ac roedd y ddau'n siarad Cymraeg – ac uwch eu pennau hwy mewn fflat ddwy ystafell, Miss Maguire, dynes mewn dipyn o oed. Roedd Miss Maguire yn dechrau colli ei chof ac yn eithaf ecsentrig. Fel rhan o fy nyletswyddau fel y tenant ar y llawr gwaelod, roedd yn rhaid i mi fynd i'w fflat i wagio'r mityr trydan neu nwy (dwi ddim yn cofio p'run). Byddai honno'n dipyn o dasg, yn dibynnu ar sut dymer oedd ar Miss Maguire. Mi ddysges i mai digon o bwyll ac amynedd oedd eu hangen arna i. Byddai wastad yn dweud y drefn am fysiau Caerdydd – roedd yn iawn i *coaches* fod bob lliw dan haul, yn ôl Miss Maguire, ond nid bysiau Caerdydd. Rhyw flwyddyn neu ddwy yn ddiweddarach, mi sylwais fod gan Miss Maguire lwmpyn go fawr ar ei stumog ac mi soniais i am y peth wrth Mrs Locke. Mi drefnodd honno fod y doctor yn galw a chafodd Miss Maguire ei hebrwng i'r ysbyty. O fewn y mis, roedd hi wedi marw o ganser, druan fach.

Yr unig fai (os bai hefyd) ar Mr Jones oedd ei fod yn chwibanu drwy'r amser wrth fynd o amgylch y fflat. Oedd, wrth gwrs, roedd ganddo berffaith hawl i wneud hynny, ond gan fod y grisiau rhwng eu fflat nhw a'n fflat ni'n rhai agored, roedd y sŵn yn cario. Âi hyn ar nerfau fy ngwraig ac fe fynnodd fy mod i'n cael gair efo Mr Jones. Mi wnes, yn garedig ddigon yn fy marn i, ond i ddim diben – a dweud y gwir, chwibanai Mr Jones yn amlach ac yn uwch o lawer ar ôl y sgwrs.

Fel dywedes i, heb fod mwy na hanner canllath i ffwrdd trigai Merêd a'i wraig Phyllis, ac ymunais â chriw o bobl oedd yn cynnal darlleniadau barddoniaeth a rhyddiaith Gymraeg yn eu gwahanol dai. Roedd yn gyfnod buddiol, ac mi roedd hi'n werth gwrando ar Merêd yn traethu bob amser. Bu Guto Roberts yn ymweld â ni yn y fflat hefyd – ond un tro, mi eisteddodd braidd yn drwm ar ein soffa ni – a brifo asgwrn ei ben-ôl ar y pren oedd yn y canol; ac mi roedd o *yn* brifo, dwi'n siŵr. Teimlwn yn hollol *embarrassed* ond ddywedodd Guto ddim gair – wrthom ni, beth bynnag.

Dwi'n cofio cael sgwrs efo Guto a Merêd rhyw noson yn nhŷ Merêd. Pwysai'r ddau am ffurfio undeb ar wahân i actorion Cymraeg, ond dadleuwn i nad oedd digon ohonom i ffurfio'r fath undeb (gan 'mod i'n aelod brŵd o Equity erbyn hynny a bod enghreifftiau o actorion oedd wedi dioddef o ran cael gwaith oherwydd eu safiad yn erbyn y BBC eisoes). Mi boethodd pethau braidd, a ches i ddim gwahoddiad wedyn. Dwi wastad wedi teimlo'n euog am fy haerllugrwydd ac un diwrnod, mi ffonis i Merêd a'i atgoffa o'r sgwrs. Oedd, roedd o'n cofio'r achlysur yn glir, meddai, a na, doedd o ddim yn dal unrhyw ddig, chwarae teg iddo. Ac mi ges gyfle i ddweud wrtho gymaint o arwr oedd o i mi, a chymaint oedd fy nyled iddo am roi cychwyn i fy ngyrfa. Ac erbyn hyn, dwi'n hynod falch 'mod i wedi siarad ag o, achos mi fu Merêd farw ddim yn hir wedi hynny.

Ac yna, tua diwedd 1973, mi gawsom ni newyddion da – rhywbeth yr oedd ambell un wedi'i ragweld a'n rhagrybuddio fyddai'n digwydd yn sgil y newid lleoliad o Gaernarfon i Gaerdydd; roedd fy ngwraig yn disgwyl.

Geni Trystan, colli fy mam a *Pobol y Cwm*

ROEDD Y CYFNOD HWN yn 1974 yn un prysur. Roeddwn i ar ganol recordio *Pen ei Dennyn* gyda Charles Williams a Marged Esli – drama gyfres am blant ysgol (chweched dosbarth yn fy achos i). Roeddwn i'n gorfod actio efo pobl ifanc oedd, yn wir, *yn* blant, o Ysgol Botwnnog. Erbyn hyn, roeddwn i'n 28 oed ac yn actio rhywun 18. Yr hyn gofia i am y gyfres oedd i Marged a finnau gael yr hwyl ryfeddaf wrth gymryd rhan ynddi – roedd yn bleser pur ym mhob ffordd. Yng nghanol tywydd godidog, buom yn ffilmio (a chwerthin am yn ail) ym Mhwllheli, Botwnnog, Pistyll ac wedyn yn Pebble Mill, Birmingham.

Roedd y cymeriad roedd Marged yn ei chwarae (sef fy chwaer) yn berchen ar geffyl, ac roedd marchogaeth yn rhan eithaf pwysig o fewn y stori. Er ein bod ein dau wedi cadarnhau ein bod yn farchogion profiadol (oedd yn lled gamarweiniol yn achos Marged ac yn gelwydd noeth ar fy rhan i), perswadwyd ni gan George Owen, y cynhyrchydd, y dyliem ein dau gael ychydig o wersi cyn dechrau ffilmio, ac felly y bu.

Ar fferm y tu allan i Gaerdydd, i gyfeiriad Casnewydd, y cawsom y gwersi ac, er syndod i mi, o fewn rhyw dair neu bedair gwers, roeddem wedi dod yn ein blaenau'n eithaf da. Cymaint oedd ein cred yn ein gallu ein hunain, mi benderfynon ni orffen un wers drwy fynd am galop ar hyd tir y fferm, rhywbeth na wnaeth yr un ohonon ni o'r blaen. Wrth geisio dal fy ngafael ar y bwystfil, sylwais i ddim fod Marged, oedd cynt yn reidio wrth fy ochr, wedi diflannu yr ochr draw i ryw fryncyn. Pan ddaeth ei cheffyl 'nôl i'r golwg, doedd Marged ddim ar ei gefn. Llwyddais i stopio a mynd 'nôl i edrych lle'r oedd hi, a'i chanfod ar ei hyd ar lawr. 'Wyt ti'n iawn?' gofynnais. Fedrai Marged ddim ateb am gryn hanner munud, roedd hi'n chwerthin gymaint! Yn amlwg, cafodd ei thaflu oddi ar gefn ei bwystfil hi, ond, trwy ryw drugaredd, ddaru hi ddim brifo.

Ar y llaw arall, pan ddaeth hi'n amser ffilmio, roedd gweld Charles, efo'i gefndir maith ym myd amaeth, yn delio efo Bronco yn agoriad llygad, a'i ddealltwriaeth yn ein haddysgu ninnau sut i drin a thrafod ceffylau. Mae gen i lawer iawn i fod yn ddiolchgar i Charles amdano, heddwch i'w lwch. Amseroedd da nad anghofia i mohonyn nhw byth.

O sôn am y ceffyl, buom i gyd yn disgwyl yn amyneddgar am George am gryn hanner awr ryw amser cinio a wyddai neb ddim o'i hanes. Ymhen hir a hwyr fe ymddangosodd – roedd wedi bod am reid ar gefn Bronco ac wedi anghofio'n llwyr am y gwaith oedd o'n blaenau ni'r pnawn hwnnw! Un eithriadol o addfwyn oedd George, a hoffai wrando ar straeon a'u hadrodd – ac yntau'n Fonwysyn ei hun, byddai wrth ei fodd yn gwrando ar rai o straeon Charles am gymeriadau Môn, ac fe wastraffon ni lawer iawn o amser prin y BBC yn gwneud hynny – os *oedd* o'n wastraff, erbyn meddwl.

Yn y gyfres, chwaraewyd rhan y prifathro gan Ryan Davies a hwn, hyd y gwn i, oedd ei ymddangosiad olaf ar y teledu cyn ei farwolaeth ddisymwth yn yr Unol Daleithau. Sylwais ar y pryd ei fod yn dioddef yn ddrwg gydag asthma yn ystod y recordio, ond ddychmygais i erioed y byddem yn colli talent mor fawr o fewn ychydig fisoedd. Bûm yn ddigon ffodus i gydweithio â'i fab Arwyn yn *Pobol y Cwm* flynyddoedd wedyn – mae Arwyn yntau yn actor ac yn gerddor hynod dalentog.

Un arall a gollwyd yn llawer rhy gynnar oedd y cerddor o Gaerwen, Sir Fôn, Derek Boote. Bu Marged a finnau'n cydweithio efo Derek ar raglen deledu ddyfeiswyd gan un arall hynod dalentog o Gaerwen, Dyfed Glyn Jones. Y rhaglen oedd *Strim Stram Strellach*. Un o'r sgetshys gorau oedd 'Ond mae 'na DDAU ohonach chi!', lle byddai Marged yn (smalio) holi gwestai enwog – ond yn ddi-feth, byddai Derek a finnau wedi'n ffitio i mewn i un gostiwm arbennig.

Un direidus oedd o hefyd – wrth roi'r cloc ar y tâp ar ddechrau'r recordiad byddai'r rheolwr llawr yn galw 'Thirty seconds!' yn uchel. Byddai Derek yn galw ''Econds!' yn syth ar ei ôl, gan achosi i'r truan oedd yn gyfrifol am recordio'r sain (Frank Prendergast, fel arfer) gael ffit, ac yntau o dan yr argraff fod rhyw eco diarth wedi dod o rywle ym mherfeddion y system. Deuthum innau'n ddigon hyf o fewn dim i ychwanegu ''econds' arall ar ei ôl, gan ychwanegu at y dryswch. Gyda llaw, o ran direidi llwyr a heb owns o falais, cyfeiriai Derek at Frank druan fel Frank Pren-dy-glust! Tan ddiwedd fy ngyrfa, byddai Graham Ross, dyn camera o'r dyddiau cynnar hynny, yn dal i ddynwared y ffordd byddai Derek yn smalio bod yn gonsuriwr yn ystod *Strim Stram* a minnau'n gwneud yr un peth yn ôl iddo yntau – ein teyrnged fach ni i ffrind a pherfformiwr ardderchog.

Drwy gyfrwng y rhaglen hon y dois i'n gyfarwydd â rhai o dalentau cerddorol y BBC yng Nghaerdydd – y trefnydd cerdd (a thromboniwr campus) Ted Boyce, y drymiwr Mike Pinkham ac, ar un achlysur, blaenwr cerddorfa'r BBC yng Nghymru ar y pryd, Barry Haskey. Roedd o i chwarae'r *Czardas* gan Monti ond fe'i cyflwynais o, o ran direidi, fel 'Barry Haskey, sy'n mynd i chwarae Gardas ei Anti!' Doedd Dyfed Glyn, na Barry Haskey, ddim dicach!

Does dim amheuaeth nad oedd Dyfed yn dalent arbennig ac unigryw iawn – roedd ei sgriptiau, o wythnos i wythnos (a fo fyddai'n ysgrifennu'r cwbl, gan gynnwys y caneuon digri), yn gyson slic, dyfeisgar a doniol tu hwnt. Fe fu yntau farw yn rhy ifanc o lawer ac roedd colled enfawr ar ei ôl.

Dyddiau da, wrth gwrs, ond daeth y cyfan i ben yn ddisymwth gyda'r ddamwain erchyll ddigwyddodd yn stiwdios y BBC pan aeth dillad y cymeriad blewog yr oedd Derek Boote druan yn ei chwarae ar dân. Mi es i i ymweld ag o yn yr ysbyty, ond doedd dim modd ei adnabod, cymaint oedd y llosgiadau i'w wyneb a'i gorff, a'r difrod a wnaethpwyd i'w lais gan y mwg. Colled anferth i gerddoriaeth Gymraeg – roedd yn amryddawn, yn ddoniol, yn gyfeillgar a hael ei natur.

Wrth basio, mi ddyliwn grybwyll y ffaith fod sawl un o'm cyd-actorion wedi fy meirniadu o dro i dro am beidio ymddangos ar lwyfan yn ystod fy ngyrfa. Dydi hyn ddim yn gwbl wir, wrth gwrs – mi wnes i actio nifer fawr o weithiau ar sawl llwyfan, ond y rhan fwyaf ohonynt cyn i mi droi'n llawn amser broffesiynol. Eithriad oedd comedi ysgrifennodd Tom Richards rhyw dro, a gafodd ei recordio'n fyw o flaen cynulleidfa yn Theatr Felinfach i'r BBC. Neu, a bod yn gwbl fanwl gywir, gafodd ei recordio *ddwywaith* o flaen cynulleidfa arall, y tro hwn yn Theatr y Werin, Aberystwyth, gan fod y peiriannydd oedd yng ngofal y tâp wedi defnyddio'r un tâp i recordio *Dechrau Canu, Dechrau Canmol* drannoeth, a dileu recordiad cyntaf y ddrama yn llwyr. Do, mi gafodd Marged Esli, Guto Roberts a finnau (ymhlith eraill) ein talu ddwy-waith am wneud yr un gwaith.

Ydw, dwi wedi recordio sawl rhaglen deledu o flaen cynulleidfa (gan gynnwys ambell i sgetsh i HTV aeth allan yn fyw) a hap a damwain oedd hi (yn ogystal â'r ffaith fy mod i ar gytundeb i'r BBC tan yr 80au hwyr) na ches i waith llwyfan 'swyddogol'. Yn anffodus, am ugain mlynedd olaf fy ngyrfa, doedd fy ngolwg a'm balans ddim yn caniatáu i mi ymddangos mewn cynyrchiadau llwyfan, lle byddai gofyn i mi orfod symud o amgylch y llwyfan a'r *wings* pan oedd *blackout* yn digwydd. Mi fyddai'r peth wedi bod yn anodd tu hwnt, yn ogystal â bod yn beryg.

Doedd o ddim yn ffasiwn i dad fod yn bresennol ar enedigaethau yn y 70au, ac felly y bu ar eni Trystan. Mi aeth fy ngwraig i mewn i Ysbyty'r Brifysgol, Caerdydd ar 26 Mehefin 1974 ac mi es i edrych amdani'n syth ar ôl gorffen gwaith. Dyna lle roedd hi'n gorwedd yn y gwely, ac mi ofynnis i sut oedd hi. 'Iawn,' oedd yr ateb. 'Welist ti o?' Edrychais yn hurt arni. 'Dy'n nhw ddim wedi dweud wrtha ti?' gofynnodd. 'Dweud be?' medda finnau. 'Mae ganddon ni fab!' meddai. Ac felly roedd pethau. Mewn stafell gerllaw, dyna lle'r oedd Trystan yn cysgu'n braf. Ymhen sbel ces afael ynddo a dod ag o at ei gwely. Roedd popeth wedi mynd yn iawn ac roedd Tryst yn fabi cwbl iach!

Rhyw ddeg diwrnod ar ôl yr enedigaeth, aethom yn deulu bach newydd i weld fy mam yn yr ysbyty yng Nghaernarfon. Prin roedd hi'n ymwybodol o'r hyn oedd yn digwydd o'i chwmpas hi erbyn hynny, ond rhoesom Tryst i orwedd wrth ei hymyl yn y gwely. Chymerodd hi fawr o sylw tan iddo ddechrau crio nerth ei ben. Gwenodd Mam am y tro cyntaf ers misoedd lawer, ac roedd hi'n werth y trip hir i weld hynny. O fewn ychydig fisoedd, mi fyddai hi wedi marw.

Rhyw gyda'r nos daeth cnoc ar ddrws y fflat – George P. Owen oedd yno, yn cario newyddion trist. Roedd wedi cael neges yn yr Adran Ddrama – roedd 'yr hen wraig' wedi'n gadael ni, meddai. Diolchais iddo ac yn drist, es i'r ciosg ffôn ar dop Shirley Road (doedd ganddon ni ddim ffôn ar y pryd) i ffonio'r ysbyty.

'Helô, Mr. Lewis,' meddai'r nyrs atebodd. 'Wel, ma'ch mam wedi cael diwrnod go lew heddiw – wedi bwyta rhyw fymryn amser cinio a fuish i'n 'i gweld hi rŵan jest ...' Nid fy mam i oedd wedi marw ond, fel y darganfuais ar ôl ffonio Menna yn Gaerwen, fy Nain. Sut ddigwyddodd y camgymeriad nis gwn, a dydi o ddim o bwys, ond cymysg iawn oedd fy nheimladau y noson honno, rhaid cyfaddef.

Ym mis Rhagfyr 1974 mi ddaeth y newyddion hir-ddisgwyliedig, a'r tro yma doedd dim camddealltwriaeth – bu farw fy mam. Oedd, roedd o'n drugaredd ar ôl ei gwaeledd hir, hir, ond doedd y sioc i'r system yn ddim llai. Bûm yn teithio i ymweld â hi o leiaf unwaith bob pythefnos ers misoedd lawer, er i mi fethu â mynd am bron i chwe wythnos unwaith oherwydd gwaith. 'O, lle wyt ti 'di bod, Gareth?' gofynnodd Mam yn daer wedi i mi gyrraedd ar yr achlysur hwnnw ac mi dorrodd hynny fy nghalon. Ond y rhan fwyaf o'r amser fyddai hi ddim yn f'adnabod nac yn cofio 'mod i wedi bod yno i'w gweld yr wythnos gynt. Byddwn yn aml iawn yn gyrru i Gaernarfon ac yn ôl i Gaerdydd yr un diwrnod, ond, fel gyda Nhad, doeddwn i ddim yno pan oedd fwyaf f'angen i – doeddwn i ddim yno i ddal ei llaw a'i chysuro yn ei heiliadau olaf. Mae hynny'n dal i chwarae ar fy meddwl i.

Hyd heddiw, dwi'n ddiolchgar i staff caredig Ysbyty Gallt y Sil am eu gofal tyner ohoni. Cafodd angladd bychan, syml, fel y cafodd fy nhad, ym mynwent Llanfair-is-gaer. Yr unig rai oedd yno oedd y teulu agosaf a dau aelod o'r capel gan gynnwys y gweinidog. Does gen i ddim cof i ble'r aethon ni wedyn am de, os aethon ni i unrhyw le – y cyfan cofia i ydi teimlo'n gwbl ddiymadferth yn wyneb colli Nhad a Mam.

Tua'r adeg yma, fel y dywedes i, y collais innau unrhyw ffydd oedd gen i ar ôl. Os mai agnostig oeddwn i cynt, byth ers hynny, anghrediniwr llwyr ydw i, ac anghrediniwr llwyr fydda i hyd fy rhoi innau mewn bedd ym mynwent Llanfair-is-gaer. Fedrwn i ddim meddwl am edrych ar gorff marw Mam yn yr ysbyty na chyn ei chladdu, mwy na fedrwn i efo Nhad – roedd yn llawer gwell gen i eu cofio fel yr oedden nhw, gan ddiolch am eu gofal ohona i ac am eu tynerwch tuag ata i. Wnes i ddim hyd yn oed dynnu eu modrwyau priodas oddi arnynt, a'r peth anodda un oedd gorfod clirio'u dillad o'r tŷ yn y Felinheli. Byddwn yn torri 'nghalon yn llwyr wrth weld sbectol neu het fy nhad a ffrog neu frat Mam. Bu'n rhaid i fy ngwraig wneud y rhan fwya o'r gwaith clirio hwnnw.

Pan fydda i'n mynd i fynwent Llanfair-is-gaer i ymweld â'r bedd, mynd yno i siarad efo fy rhieni ydw i; am hanes y teulu, am droeon bywyd ac am fy nheimladau i tuag atyn nhw eu dau. Dwi'n siŵr nad fi ydi'r unig un sy'n gwneud hynny, a rhywsut, mae o wastad wedi rhoi rhywfaint o foddhad i mi, er 'mod i'n gwybod yn iawn nad ydyn nhw'n gallu fy nghlywed. Dwi'n mawr hyderu y daw fy mhlant innau draw yno hefyd o bryd i'w gilydd, i ddweud wrtha i beth sydd wedi bod yn digwydd yn eu bywydau hwythau.

Ar ddechrau 1975 ces ran John Eckley yn *Y Rhandir Mwyn* gan Marion Eames. Ces wig nad oedd yn fy siwtio i o gwbl, yn fy nhyb i beth bynnag, a theimlwn yn hynod hunanymwybodol wrth recordio'r gyfres yn Pebble Mill, Birmingham. Yma hefyd y ces i'r profiad o ddioddef yr oerni gwaethaf y galla i ei gofio erioed, ar lan llyn mewn dillad a sgidiau tu hwnt o denau ac anghyfforddus. Roedd y tir yn wlyb a doedd y sgidiau ddim yn dal dŵr – roeddwn i a phawb arall yn fferru ac yn gorfod diodde'r sefyllfa drwy'r dydd cyfan. Fues i erioed yn falchach o gael cyrraedd adref.

Ond ychydig iawn oedd y dioddef wnes i o'i gymharu â Myfanwy Talog druan – yn ystod recordio'r gyfres bu'n rhaid iddi hi gael ei throchi ar stôl ddowcio yn y llyn. Roedd y dŵr yn iasoer ac fe gadwyd Myfanwy o dan y dŵr am gyfnod llawer rhy hir, i drio cael yr ymateb 'cywir' ar ei hwyneb, am wn i. Dioddefodd hynny'n ddewr, ond ces arwydd cynnar o'r hyn mae ambell actor yn gorfod mynd drwyddo fo er mwyn plesio'r cyfarwyddwr.

Cymerais ran hefyd yn un arall o ddramâu Saunders Lewis, *Merch Gwernhywel*, gydag Ellen Roger Jones (yr actores ragorol o Fôn, a chwaer Hugh Griffith), Lisabeth Miles a John Ogwen. Yn yr ymarferion ces gwrdd â Saunders Lewis ei hun, oedd wedi dod yno i wrando ar y darlleniad cyntaf. Feiddies i ddim gofyn dim iddo – roedd o'n ormod o eicon i wneud hynny ac yntau wedi rhoi dechrau ar fudiad Cymdeithas yr Iaith rai blynyddoedd yn gynharach efo'i ddarlith bwerus, *Tynged yr Iaith*.

O ran 'myrraeth, siŵr o fod, yn ystod y recordiad, yn gwbl fwriadol, fe safodd John Ogwen ar fy nhroed i a'i chadw yno am sbel hir, hir. Eiliad i'w thrysori mewn drama deledu safonol na wyddai neb ond John a minnau amdani ar y pryd. Wn i ddim sut y cedwais wyneb syth.

Ond yna tua mis Ebrill 1975, a'r gyfres wedi bod yn rhedeg ers hydref y flyddyn cynt, gofynwyd i mi chwarae rhan cymeriad o'r enw Meic Pierce (neu Pearce fel roedd o ar y pryd) yn *Pobol y Cwm* ac, er na wyddwn hynny ar y pryd, fe ddaeth y rhan honno â sefydlogrwydd ariannol hir dymor i'w chanlyn.

Yn ôl pob tebyg, roedd y cynhyrchydd eisiau i rywun arall gymryd y rhan ond mi fynnodd Gwenlyn Parry mai fi ddyliai ei chael, a diolch i'r drefn am hynny. Wnes i ddim dychmygu ar y pryd y byddwn i'n dal i chwarae'r rhan yn agos i ddeugain mlynedd yn ddiweddarach.

Yn gwbl fwriadol, mae *Pobol y Cwm* wedi cynnwys cymeriadau o dde a gogledd Chymru o'r dechrau, ac mae hi wedi bod yn fodd o uno'r genedl y tu cefn iddi yn fy nhyb i, beth bynnag. Daeth y gynulleidfa'n gyfarwydd â 'phanad' a 'dishgled' ac ychydig iawn o sôn sydd yng Nghymru am ddiffyg deall acenion ein gilydd erbyn hyn.

Roedd gweithio ar y gyfres yn gyfle i adnewyddu cyfeill-garwch efo nifer fawr o actorion yr oeddwn i'n gyfarwydd iawn â nhw – Charles Williams, Dic Hughes, Islwyn Morris (y dois i i feddwl y byd ohono), Dillwyn Owen, Gaynor Morgan Rees, Lisabeth Miles, Harriet Lewis a Huw Ceredig – roeddwn i wedi gweithio efo'r rhan fwyaf ohonynt ar raglenni radio i ysgolion nifer o weithiau er 1972. Ambell i wyneb newydd hefyd – yr annwyl, dawel, addfwyn a hawddgar Rachel Thomas, a merch ifanc llawn bywyd o'r enw Gillian Elisa Thomas. Merch ddel, hynod dalentog ym myd canu, dawnsio ac actio oedd hon – a fi oedd i chwarae rhan ei chariad hi. Yn anffodus i mi, ddaru'r garwriaeth ddim para'n hir, gan i Meic orfod mynd i'r jêl am ddwyn arian o Swyddfa Bost Cwmderi, ond nid cyn i Sabrina daflu gwydraid o win am ei ben am wneud peth mor ofnadwy.

Fe weithion ni'n hapus a llwyddiannus efo'n gilydd ar sawl cyfres o *Pili Pala* (un o raglenni plant y dyfeisgar Dyfed Glyn Jones) hefyd – helpai Gill fi efo'r canu a helpwn i hithau efo'i threigliadau. Dwi'n hynod falch o'i llwyddiant yn *Billy Elliot* yn y West End – haeddiannol iawn.

Rhyw fynd a dod oedd Meic yn y gyfres ar y dechrau un a chafodd o ddim ymsefydlu nes iddo ddod yn ôl ac achub Magi Post o grafangau rhyw ddihiryn a thrwy hynny, achub ei gam. Bu'n gweithio yn y caffi am flwyddyn neu ddwy cyn cymryd y lle drosodd gan Mrs Leyshon (yr actores ragorol Margaret John). Roeddwn i'n hoff iawn o Maggie – cymeriad addfwyn arall, ond un nad oedd yn sicr iawn o'i Chymraeg, mwya'r piti. Fe adawodd Maggie ac mi ddaeth Meic yn berchennog y Caffi, ac yno y buodd o (a finnau) am yn agos i 20 mlynedd.

Mi ges i lawer iawn o storïau a phartneriaid. Yn eu plith roedd Edgar Sutton (y diweddar Gari Williams). Byddai'n mynd yn ddadle ffyrnig rhwng Edgar a Meic am bob math o resymau (merched yn bennaf) ond ddim rhwng Gari a mi. Yn wir, chwerthin fydden ni'n ei wneud ar ddiwedd pob golygfa, bron, a hynny er gwaetha'r ffordd y byddai llygaid Gari'n fflachio a thanio mewn dicter yn ystod yr holl beth. Cymaint oedd y dealltwriaeth rhyngom nes y deuai elfen o adlibio i mewn i olygfa'n reit aml, a achosodd i Helen Rees Pritchard, y llun-dorrwr oedd yn ceisio dilyn y sgript yn fanwl er mwyn torri'r siots yn gywir, ebychu mewn anobaith llwyr: 'Le ff*c ma'n nhw rŵan?'

Yn aml iawn, âi Gari a finnau allan i ginio i ganol y dre pan oeddem yn ymarfer yn Charles Street a diléit mawr Gari oedd edrych yn ffenestri siopau *jewellers*. Tynnwn ei goes, gan ddweud 'Nefi, ti fatha pioden, 'chan – ma' *rhwbath* sy'n sgleinio'n tynnu dy sylw di, dydi?' Gwenu wnâi Gari. Gwenu hefyd pan gamddarllenodd linell am ryw foi roedd Edgar yn ei nabod oedd â 'thatŵs' anferth ar ei freichiau, pan mai 'tatŵs' ddyliai o fod wedi'i ddweud! 'Meddwl bod gynno fo fysls fatha tatws o'n i, 'de?' oedd ei ymateb smala, a chwarae teg iddo, roedd o'n gamgymeriad hawdd ei wneud, gan nad oedd to bach uwchben yr 'w' yn y sgript.

Roedd gan Gaynor Morgan Rees gar Jaguar gwerth chweil a ches fynd ynddo fo ganddi unwaith neu ddwy – ond ddim ei ddreifio. Roedd hi'n amlwg fod Gari'n eiddigeddus braidd ac o fewn dim roedd yntau wedi prynu un, ond un ail-law. Yn llawn balchder, aeth â fi i weld y car a mynd â fi am dro ynddo fo, ac yn wir mi roedd o'n sleifar o gar. Yn anffodus, chymerodd hi fawr o dro i Gari sylweddoli bod y Jaguar yn llowcio petrol ac yn costio ffortiwn iddo deithio 'nôl a blaen o'r Gogledd i'r De. O fewn rhyw fis neu ddau mi ddiflannodd y Jag a chlywyd byth sôn amdano wedyn!

Fel ei frawd, Elwyn (yr oeddwn i'n hoff iawn ohono), un caredig a pharod iawn ei gymwynas oedd Gari – doedd dim yn ormod o drafferth ganddo – daeth i fy nôl o Langefni rhyw dro pan oedd raid i mi fynd â'r car i'r garej yno, mynd â fi 'nôl i Fae Colwyn, mynd â fi am bryd, cael aros yn ei gartref a 'nreifio fi 'nôl i Gaerdydd drannoeth. Dro arall, pan o'n i yn yr ysbyty ar ôl triniaeth ddigon cas ar fy nghefn, mi ddaeth â *chicken tikka massala* yno i mi – a drewi'r lle allan yn y broses! Roedd ei golli mor ofnadwy o ifanc yn golled anferthol i Hafwen a'r teulu bach ac i Gymru fel ei gilydd.

Ac, o sôn am Gaynor (Nerys Cadwaladr), mae'n rhaid i mi ddatgan iddi fod yn gyfeilles driw iawn i mi, yn enwedig mewn cyfnod digon anodd i mi yng nghanol yr 80au. Ces sawl sgwrs dawel a chefnogol gyda hi a dwi'n ddiolchgar tu hwnt iddi am hynny.

Daeth Nansi Furlong hefyd i boeni Meic ac i greu rhwyg rhwng Edgar ac yntau – roedd Marged Esli yn ardderchog fel Nansi (cyn-wraig Meic) ac roeddwn i'n hynod falch i ni gael dwy neu dair o olygfeydd teimladwy dros ben cyn i Meic, yn y diwedd, adael y Cwm. Dwi'n ffrindia mawr efo Marged – mae hi'n annwyl, yn ddoniol ac yn actores ragorol.

Yn eu tro daeth Siân Owen (Agnes Spotelli), Toni Carrol (Olwen) a Sara McGaughey (Meira) i fywyd Meic, ond pharodd yr un o'r carwriaethau hynny'n hir iawn. Yn haeddiannol, cafodd Meic (a finnau i'w ganlyn) wydriad *arall* o win am ei ben – y tro hwn gan Meira.

Ges i bartneriaid eraill, yn ddynion hefyd – Gwyn Elfyn (Denzil) a Hywel Emrys (Derek); buom yn gweithio efo'n gilydd (a chwarae pêl-droed i dîm Cwmderi) yn hapus iawn am flynyddoedd lawer a daethom yn ffrindiau da a thriw i'n gilydd. Roedd Ieuan Rhys (Sarjant James) yn ffrind hefyd. Byddwn yn tynnu ei goes drwy ad-libio fymryn weithiau, a chynnig brechdan *ham* iddo yn lle'r frechdan gaws oedd yn y sgript. Gŵyr pob actor beth yw ystyr *ham*!

Bu Huw Ceredig (Reg Harries) a fi'n ffrindiau da hefyd. Roedd Huw yn gymeriad a hanner, a byddai'n chwarae rhan bwysig yn fy mywyd yn nes ymlaen. Roedd y teulu Harries yn ganolog i'r gyfres, y fam, Buddug Williams – ie, yr un Buddug Williams fu'n chwarae rhan Anti Marian flynyddoedd wedyn – a'r tad, Haydn Edwards. Glöwr – a chreithiau i brofi hynny tae angen – oedd Haydn, ac roeddwn i'n hoff iawn ohono. Smociai Woodbine yn ddiddiwedd, ac ysgrifennais gwpled bychan iddo rai blynyddoedd yn ddiweddarach:

> Glöwr creithiog a bachan ffein,
> Ei ddiléit oedd smocio Woodbine.

Un arall ddaeth yn aelod o'r cast ac y dois i'n hoff dros ben ohono oedd Ernest Evans, gŵr tawel (nes iddo gael peint neu ddau!) ac addfwyn – a gwên ar ei wyneb bob amser. Roedd ganddo'r mymryn lleiaf o atal dweud, yn enwedig os byddai'n teimlo'n nerfus neu'n anesmwyth. Roedd yn foi doniol hefyd, fyddai'n hoff o roi sioc i chi efo'i atebion. 'Sut wyt ti, Ernest?' fyddai 'nghwestiwn i pan fyddem yn cyfarfod. 'Meindia dy fusnes!' fyddai ateb swta Ernest, ond buan iawn y deuai'r wên ddireidus i'w ddilyn. Ym mhartïon Nadolig *Pobol y Cwm*, câi Ernest rhyw beint neu ddau, neu dri ac yn ddi-feth, dechreuai ganu:

Mae'r fuwch yn galapan drw'r caca,
Mae'r fuwch yn galapan drw'r caca,
Mae'r fuwch yn galapan drw'r caca,
Slip slop, slip slop, slip slop!
O! Dewch â hi 'nôl, bois!
O! Dewch â hi 'nôl, bois!
O! Dewch â hi 'nôl, bois!
I ni ga'l te!
Mae'r fuwch yn galapan drw'r caca,
Mae'r fuwch yn galapan drw'r caca,
Mae'r fuwch yn galapan drw'r caca,
Slip slop, slip slop, slip slop!

Roedd ganddo lais bâs-bariton rhagorol ac mae colled fawr ar ei
ôl yntau. Rhai prin yw'r bobl addfwyn ac annwyl yma, a dwi'n
trysori'r ffaith 'mod i wedi cael nabod sawl un.

Mae'n rhaid i mi adrodd hanes am Ernest sydd yn amlygu'i
atal dweud a'i gonsyrn amdana i'r un pryd. Mi ddigwyddodd
yn ystod y cyfnod anodd pan wahanodd fy ngwraig a finnau.
Arfer Ernest oedd holi am y teulu a'r ardd ac ati, ac er ei fod yn
gwybod am ein sefyllfa, yn amlwg, roedd ei gwestiynau wedi
dod yn *routine*. Rhywbeth tebyg i hyn aeth y sgwrs un bore:

'A shwt ma'r teulu, Gareth?'

'Wel, 'dan ni wedi gwahanu, os ti'n cofio, Ernest.'

'O, d-d-damo, ie, ie … A sh-sh-wt ma'r ardd 'da ti?'

'Wel, 'sgin i ddim gardd bellach Ernest.'

'O, d-d-damo, damo! Ie, ie … A sh-sh-sh … shwt ma'r car yn
mynd 'da ti, 'te?' Gwyddai ei fod ar dir cymharol saff o'r diwedd!
Ie, un da a doniol oedd Ernest.

Ond roedd ambell un allai godi ofn ar yr actorion ifanc
hefyd. Un felly oedd Dilys Davies, oedd yn chwarae rhan y

fetron wreiddiol yng nghartref hen bobl Cwmderi, Brynawelon. Smociai'n ddibaid, gallai edrych yn ffyrnig dros ben a siaradai'n gyflym a siarp, yn Saesneg yn amlach na heb, yn yn yr ystafell gefn yng nghapel Charles Street lle roedd yr actorion yn ymgasglu pan oeddem yn rhydd o ymarferion. Ond fel y deuech i'w hadnabod ychydig yn well, mi sylweddolech pa mor hawddgar a chyfeillgar y gallai hi fod; oedd, roedd Dilys yn actores benigamp ac yn ddynes ffein iawn.

Gallai Charles fod yn hynod ddoniol hefyd. Roedd ffôn yn y coridor y tu allan i'r Ystafell Werdd yn Charles Street. Os mai Charles oedd agosaf pan ganai'r ffôn, dyma ddywedai wrth ei ateb: 'Charles Street – Charles speaking.' Ond un drwg oedd o hefyd, ambell dro. Pan ddeuai actor newydd i'r gyfres byddai Charles yn aros ar gyrion yr olygfa, ac os nad oedd yr actor yn ynganu'n glir, dywedai Charles, yn ddigon uchel i'r creadur glywed: 'Be mae o'n *ddeud*, dwch? Y? Dallt dim *gair*, ar f'enaid i.'

Ar wahân i Charles Williams, y tri y byddwn i'n ymwneud fwya â nhw yn y dyddiau cynnar oedd Dic Hughes, Dillwyn Owen ac Islwyn Morris. Un direidus oedd Islwyn – byddai wastad yn barod i ollwng ambell i air (fel 'treth incwm', er enghraifft) i'r sgwrs gan wybod o'r gore y byddai Dillwyn yn siŵr o ffrwydro ar faterion o'r fath. Un arall fyddai'n ymuno yn yr hwyl fyddai Brinley Jenkins, ac roedd yntau'n un da am gorddi'r dyfroedd. Mi alla i weld y direidi yn llygaid y ddau y funud 'ma – mae colled ar eu hôl. Ges i'r fraint o siarad yn angladdau Dillwyn ac Islwyn a thalu teyrnged i'r ddau; roedd gen i feddwl y byd ohonynt.

Roedd Dillwyn wedi bod yn ddisgybl yn Ysgol Friars nifer o flynyddoedd o 'mlaen i a rhywsut, fe ddaeth hynny â ni yn nes at ein gilydd. Roedd yntau, fel Charles, yn hen law ar actio, yn enwedig ar y radio. Mi ddysges i lawer am y dechneg drwy wylio a gwrando ar Dillwyn. Synnwn at ei allu i droi o un acen i'r llall yn gwbl ddiymdrech ac i greu cymeriadau credadwy efo lleisiau amrywiol mewn rhaglenni dirifedi i ysgolion. Dwi'n credu mai drwy astudio techneg Dillwyn yn y cyfnod cynnar hwnnw y mentrais innau ar wneud rhywbeth tebyg pan ges i'r cyfle, er enghraifft, i wneud holl leisiau *Sam Tân* flynyddoedd yn ddiweddarach. Na, doedd gen i ddim ond y parch mwyaf tuag ato.

Stori neu ddwy am Dill. Parciodd ei gar rhyw ddiwrnod y tu allan i stiwdios Broadway, Caerdydd ac ar ddiwedd recordio cychwynnodd am adre. Yn anffodus, fe rifyrsiodd i goeden anferth ar ochr y stryd. Taerodd Dillwyn nad oedd y goeden yno'r bore hwnnw pan barciodd o.

Dro arall, a ninnau'n ffilmio *Hawkmoor* ar ben rhyw fynydd heb fod ymhell o Dregaron, dros ginio, mi fwytodd Dillwyn yr unig ddau afal oedd ar gael – yr union ddau afal oedd i fod i gael eu defnyddio yn ystod ffilmio'r p'nawn.

Daeth Marged Esli i mewn i'r Ystafell Werdd rhyw ddiwrnod a dweud: 'Ma' Dillwyn newydd 'y ngalw fi'n hen fag!' Ei gyfarchiad iddi, mae'n debyg, oedd: 'Sut wyt ti, 'rhen Fag?'!

Wrth i bawb orffen diwrnod hir o ffilmio yng Nghastell Caerffili gogyfer â rhyw raglen neu'i gilydd a hithau wedi tywyllu'n arw, clywyd llais egwan yn galw 'Help! Help!' Oedd, roedd Dillwyn wedi syrthio i'r ffos yn y tywyllwch ac yn methu'n lân a dod oddi yno. Mae gen i bob cydymdeimlad ag o – mae fy ngolwg a fy malans innau, fel yntau, yn ddigon bregus erbyn hyn. Un da oedd Dillwyn.

Roedd Harriet Lewis yn dipyn o gymeriad hefyd. Ddaru hi erioed fy ngalw i'n Gareth – Meic bob tro! Yn aml, ysgrifennai ambell air oedd yn creu trafferth gyda'r cof iddi ar fagiau papur a nwyddau fel siwgr ac yn y blaen yn y siop. Cadwai lygad barcud ar Gillian Elisa rhag i honno fynd dros ben llestri, a phan gawn i drafferth cofio 'ngeiriau, dywedai Harriet: 'Pacha becso! Gwedwch rywbeth – ateba i 'run peth.'

Mi gododd Harriet gywilydd mawr ar nifer o actorion a staff y gyfres unwaith. Mi fethodd sawl un ohonom oedd yn byw yng Nghaerdydd ddod i mewn i ymarfer yn ystod eira trwm yn yr 80au cynnar, ond mi lwyddodd hi i godi am bedwar y bore, cael lifft mewn cert laeth o Drebanos a dal y trên i'r brifddinas er mwyn cyrraedd Charles Street yn brydlon. Dyna beth ydi proffesiynoldeb.

'Nôl at fywyd go iawn. Pan oedd Nhad yn berchen ar Arvon Garage, ychydig iawn o rent gâi o amdani, ac a ges innau wedi ei farwolaeth (wythbunt y mis). Roedd gan y person oedd yn ei rhentu ddiddordeb i'w phrynu ac mi es i weld Pritchard Jones, y twrna, yng Nghaernarfon i ofyn ei gyngor. 'Gwerthwch hi, Mr Lewis,' meddai 'Mae'r ffordd osgoi'n mynd i fynd syth drwyddi a chewch chi fawr o bris amdani gan y Cyngor.' Yn ôl pob golwg, doedd gen i ddim dewis ond gwerthu, a hynny am £12,000.

Fel y digwyddodd pethau, mi aeth y ffordd osgoi heibio pen uchaf y pentref, nid drwy'r garej, ac oherwydd godidowgrwydd yr olygfa dros y Fenai o'r safle, mi werthwyd y garej gan y perchennog newydd rai blynyddoedd yn ôl – am £500,000. Fel byddai Meic wedi'i ddweud: 'Nefi wen!'

MS, Equity, Ann,
Torri Gwynt a *Sam Tân*

Ond, o leiaf mi oedd gwerthu'r garej yn golygu y gallwn i ystyried prynu tŷ yng Nghaerdydd ac felly y bu. Mi brynais dŷ ar y Philog, yr Eglwys Newydd – tŷ pâr oedd o, a chryn dipyn o waith angen ei wneud arno, ond o leiaf roedd o'n gartref parhaol i ni fel teulu bach. Mae Trystan, medde fo, yn dal i gofio chwarae pêl-droed yn ystafell fyw hollol wag yr hen fflat, jest cyn i ni adael!

Roedd yn bleser croesawu'r ddau deulu pan fyddent yn dod i aros yno, ac yn raddol mi ddaeth pethau i drefn yn y tŷ ac yn yr ardd gefn dros y blynyddoedd oedd i ddilyn.

Tuag at ddiwedd un o gyfresi cynnar *Pobol y Cwm*, mi ddychwelodd yr aflwydd efo'r llygaid – mi gofiwch i mi sôn i mi golli 'ngolwg yn y ddau lygad tua'r un pryd. Roedd hynny'n dipyn o sioc, ac mi fynnais gael *second opinion*. Gyrrwyd fi am brofion i ysbyty yn Llundain – The Maida Vale Hospital for Nervous Diseases – ac yn rhyfedd iawn, yn y Brain Ward yr oeddwn i (wedi'i henwi ar ôl rhywun o'r enw Brain, wrth gwrs). Bûm yno am wythnos, a chael profion bob yn ail ddiwrnod. Ar y dydd Iau, gofynnais gawn i fynd am dro gan nad oedd profion y diwrnod hwnnw a ches ganiatâd. Cerddais rhyw filltir i ardal Paddington a gweld siop lyfrau. Yno, yn yr adran llyfrau meddygol, darllenais: 'Optic Neuritis is a symptom of

Multiple Sclerosis …'. Gellwch ddychmygu'r gwewyr roeddwn i ynddo.

Mi es i 'nôl i'r sbyty a gofyn am weld fy arbenigwr. Gofynnais yn blwmp ac yn blaen iddo ai MS oedd gen i a chael yr ateb mai'r hyn maen nhw'n ei alw'n *probable* MS oedd o, hynny ydi, doedden nhw ddim yn hollol siŵr, felly dyna oedd y diagnosis. Roedd o'n newyddion syfrdanol i mi a ches drafferth i gadw rheolaeth ar fy nagrau. Es adre a thorri'r newyddion i fy ngwraig

Cyngor yr arbenigwr oedd na ddyliwn i fynd i chwilio am symptomau MS ond i geisio anghofio am y peth a gobeithio'r gore, a dyna a wnes i, i bob pwrpas, tan i mi gael diagnosis dipyn yn wahanol ymhen 30 mlynedd.

Yn 1978 roedd yr Eisteddfod Genedlaethol yng Nghaerdydd, ac er nad ydw i erioed wedi bod yn greadur cystadleuol o gwbl, mi aeth un o'r testunau â 'mryd. Ysgrifennu drama gyfres deledu i blant oedd y dasg, a'r wobr oedd iddi gael ei darlledu. Mi es ati i geisio creu rhyw fath o stori arswyd, gyda digwyddiadau cynhyrfus ac ymweliad gan fodau o blaned arall tuag at y diwedd. Y teitl oedd *Dirgelwch Llyn Llonydd*, ac mi ymlafniais i am ryw ddeufis drosti, a gorffen jest mewn pryd. Un bennod gyflawn oedd ei hangen ac amlinelliad o'r pum pennod arall. Doedd gen i ddim teipiadur ac mewn llawysgrifen y cyflwynwyd y cyfan.

O fewn ychydig ddyddiau i'r Steddfod, daeth Eirlys Britton ata i a gofyn o'n i am fynd i gael y canlyniad – mi fyddai'n 'werth i ti fynd', meddai, ac felly mi es. George P. Owen oedd yn dyfarnu ac mi eisteddais yno, yn credu falle y cawn ail neu drydydd – ond fel y traethai George, mi ddaeth yn eglur 'mod i'n agos iawn i'r brig – yn wir, roeddwn i wedi ennill.

Fuo neb balchach na fi yn sefyll ar fy nhraed pan ofynnwyd pwy oedd 'Melinydd' (y cysylltiad â'r Felinheli oedd y rheswm am ddewis y ffugenw). Roedd y newyddion yn dipyn o sioc i bawb, yn cynnwys George ei hunan – doedd o, na neb arall, ddim wedi clywed amdana i fel ysgrifennwr cyn hynny.

Na, chafodd y gyfres mo'i darlledu yn y pen draw – doedd gan y BBC ddim o'r arian i'w chynhyrchu ar y pryd – fe ges i 'wobr gysur' o £75. Ond mi ges rywbeth llawer mwy gwerthfawr – yr hyder i fentro ysgrifennu, hyder a fu'n ddefnyddiol iawn rai blynyddoedd yn ddiweddarach pan ddechreuais i weithio i HTV.

Cymerais ran yn *Hawkmoor* yn 1978 hefyd – cyfres am Twm Siôn Cati, a John Ogwen yn chwarae'r brif ran. Buom yn ffilmio yn y gors uwchben Tregaron am wythnosau yn ystod yr haf. Bu'n rhaid i Philip Madoc gael ei drochi'n llwyr mewn pydew o ddŵr digon budur ac oer, gan gymryd arno ei fod yn suddo'n raddol i un o'r nifer fawr o sugndyllau oedd yn aros unrhyw drafeiliwr esgeulus yno. Fel rhan o'r *action* bu'n rhaid i mi, fel un o griw Twm, ddysgu 'ticlo' pysgodyn er mwyn ei ddal, ac mewn un olgyfa, ces andros o slap ar draws fy wyneb gan Godfrey James, a chwaraeai ran Shanco, am i 'nghymeriad wneud neu ddweud rhywbeth dwl fyddai'n peryglu diogelwch y criw. Nid slap smal mohoni chwaith – bu nghlust i'n diasbedain a'm boch yn fflamgoch am oriau.

Yn fuan iawn wedi i mi droi'n actor proffesiynol llawn amser, mi ymunais i ag undeb Equity. Ddaru Nhad erioed grybwyll dim oll wrtha i am undebaeth, a does wybod yn y byd o ble daeth y gred, ond roedd tegwch i weithwyr wastad wedi bod yn bwysig iawn i mi am ryw reswm. Teimlwn fod actorion, oherwydd natur eu gwaith neu, yn aml iawn, oherwydd prinder y gwaith, yn gallu bod yn griw hawdd iawn i gyflogwyr gymryd mantais ohonyn nhw. Roeddwn i am weld rhywun, neu ryw gyfundrefn, fyddai'n brwydro dros eu hawliau ac yn ceisio sicrhau'r ddêl orau bosib iddynt mewn unrhyw drafodaeth, a'r unig gyfundrefn a allai wneud hynny â rhyw fath o hygrededd oedd Equity.

Bwriais iddi ac ymuno â Phwyllgor Cenedlaethol Cymru. Llundain oedd yn rheoli, ond roedd elfen o annibyniaeth yn perthyn i'r pwyllgor yng Nghymru, elfen a dyfodd o flwyddyn i flwyddyn nes i ni, rai blynyddoedd yn ddiweddarach, ar ôl brwydrau rif y gwlith, sicrhau swyddfa a swyddogion parhaol yng Nghaerdydd a chael Llywydd Anrhydeddus hefyd, sef yr actor Meredith Edwards. Dwi'n falch mai fi oedd y Cadeirydd, fwy neu lai ar hyd y frwydr, ac mi roeddwn i'n falch iawn o ddycnwch y gwahanol bwyllgorau. Ymhlith y rhai cyson gefnogol roedd Christine Pritchard, Olwen Rees, Lisabeth Miles, Michael Cunningham, Michael Kelligan a Roger Nott. Mi barheais i ar y pwyllgor, fwy neu lai yn ddi-dor, tan tua 2006 ac mi rydyn ni'n ffodus, erbyn hyn, i gael Trefnydd (Simon Curtis, a olynodd Christopher Ryde) a chynorthwy-ydd hir dymor (yr annwyl, fyrlymus Mair James).

Un o'r prif safiadau wnaeth y pwyllgor oedd ar fater sefydlu S4C. Bu Chris Ryde, ein trefnydd, yn ddygn iawn yn cefnogi'r ymgyrch ond fe aeth pethau o chwith ychydig cyn lansiad y sianel. Dadl Owen Edwards, Prif Weithredwr y sianel, oedd y dylai amaturiaid gael yr un hawliau ag actorion proffesiynol, tra oedd Equity'n dadlau bod hwn yn gyfle i broffesiynoli'r busnes yng Nghymru ac y dylid rhoi'r flaenoriaeth i bobl oedd eisoes *yn* broffesiynol. Daeth y cyfan i benllanw yn yr Eisteddfod pan aeth hi'n ddadl eithaf ffyrnig mewn cyfarfod cyhoeddus. Yn anffodus, cafodd yr annwyl Trebor Edwards ei ddal yn y canol. Dadleuai Owen dros ei hawl i ymddangos ar y teledu, dadleuodd Merêd mai ffermwr oedd Trebor wrth ei waith. Mi godais ar fy nhraed i gefnogi Merêd ac i ddweud nad oedd neb wedi dweud erioed NA ddylai Trebor gael cyfres, cyn belled â bod aelodau Equity *hefyd* yn cael yr un cyfle. Gostegodd y storm ac fe ddaeth elfen o gymedroldeb i'r mater.

Ond cyn hyn i gyd, daeth digwyddiad arall gafodd effaith fawr iawn arna i. Tra oeddwn i'n gweithio ar *Pobol y Cwm* yn 1978 mi gyfarfyddais i â merch ifanc, ddel â gwallt melyn hir – Ann Tudur Owen. Roedd Ann wedi cael swydd fel AFM (*Assistant Floor Manager*) yn y BBC fwy neu lai yn syth o'r Coleg Cerdd a Drama, a waeth i mi heb â gwastraffu geiriau, mi syrthiais mewn cariad dwfn â hi. Yn ystod ymarferion rhyw ddiwrnod, yn ddigon haerllug, gofynnais iddi am gusan ac fe ges un fechan ar fy moch; roedd y gusan honno'n ddechrau ar affêr barhaodd am flwyddyn gyfan.

Doedd hi ddim yn hawdd twyllo, ond doedd hi ddim yn anodd chwaith o ystyried y teimladau oedd gen i tuag at Annie a hithau tuag ata innau. A dyna'r unig gyfiawnhad sydd gen i dros y twyllo – doeddwn i ddim wedi disgyn 'allan' o gariad efo fy ngwraig ac roedd Annie, hithau, yn canlyn rhywun arall ar y pryd (er nad oedd pethau'n dda rhyngddynt) – ond peth felly ydi bywyd, am wn i.

Yn gynnar yn ein perthynas mi aethon i ryw lan y môr, ac wrth gerdded ar hyd y traeth carregog mi fethais â chadw fy nghydbwysedd yn llwyr. Oni bai fod Annie yno i afael ynof, buaswn wedi syrthio. Doedd dim pwrpas ceisio cuddio'r peth, bu'n rhaid i mi gyfadde wrthi fod gen i *probable* MS a bod diffyg balans yn un o symptomau'r afiechyd. Roedd ei hymateb yn gefnogol a phositif ac yn hytrach na chreu rhwyg rhyngom, daeth â ni'n llawer nes at ein gilydd.

Yn ddistaw bach, aethom i weld y rasys TT ar Ynys Manaw, gan aros noson yn Lerpwl (yr ardal lle cafodd ei magu). Cyraeddasom yn ôl i Gaerdydd a dyna'r gwahanu mwyaf trist posib – roeddwn wedi gwirioni'n lân arni a doeddwn i ddim eisiau ei gadael. Ystrydeb neu beidio, roeddwn i wirioneddol dros fy mhen a 'nghlustiau mewn cariad efo hi.

Tuag at ddiwedd ein blwyddyn, rhywsut neu'i gilydd daeth fy ngwraig i wybod am yr hyn oedd yn mynd ymlaen. Bu'n rhaid i mi gyfaddef y gwir, a fel y byddech yn ei ddisgwyl, fe deimlais lach y ferch glwyfedig. Doedd o'n ddim llai nag oeddwn i'n ei haeddu – roedd hi wedi'i brifo i'r byw. Rhoddodd ddewis i mi – gorffen efo Annie neu orffen efo hi a Trystan.

Does dim rhaid dweud faint o wewyr meddwl y bues i drwyddo bryd hynny, ond dan fygythiad colli Trystan o fy mywyd, ac yntau'n ddim ond pump oed, mi ddewisais i, gyda'r gofid mwyaf, golli Annie. Bu hynny'n dorcalon llwyr i mi, ac mi gymerodd sbel hir i ddechrau dod dros yr holl beth. Fel oedd yn rhaid iddi, mi symudodd Annie ymlaen efo'i bywyd hithau ac ymhen dim, roedd wedi cael swydd yn y BBC yn Llundain. Weles i mohoni am flynyddoedd ac yn raddol, diolch i aml sesiwn yn Relate, daeth pethau i well trefn gyda fy ngwraig.

Rai blynyddoedd yn ddiweddarach, daeth Annie'n ôl i weithio ar *Pobol y Cwm* am ysbaid, a rhyw ddiwrnod daeth ata i ar lawr yr ystafell ymarfer gan ddweud yn dawel ei bod yn disgwyl babi ac yn mynd i briodi'r tad (oedd hefyd yn gweithio i'r BBC). Wyddwn i ddim yn y byd hwn be i'w ddweud ond dwi'n credu i mi yngan gair o longyfarch a dymuno pob lwc iddi. A dyna fyddech chi'n ddychmygu fyddai diwedd ar unrhyw berthynas gydag Annie – ac am wn i, felly y byddai pethau wedi bod, oni bai am un cyd-ddigwyddiad pwysig rai blynyddoedd wedyn, ond mi ddown at hynny'n nes ymlaen …

Mi fues innau yn Llundain hefyd, yn recordio'r ddrama *Strife*. Roedd sawl actor o Gymru'n ymddangos ynddi – John

Ogwen a Victoria Plucknett gymerodd y prif rannau a Huw Ceredig, Mici Plwm, John Pierce Jones, Eilian Wyn a minnau efo mân rannau. Aeth pethau ddim yn dda o'r darlleniad cyntaf o flaen y cynhyrchydd enwog Cedric Messina; buom yn disgwyl yn hir, hir, cyn cyrraedd y rhan lle'r ymddangosem ni – mor hir nes i John Pierce Jones ddechrau peidio talu sylw ac edrych allan drwy'r ffenest. Yn sydyn daeth y darlleniad i stop – a phawb yn edrych ar John! Embaras, hwnna ydio (chwedl Ifas y Tryc), a bu'n rhaid i John druan ymddiheuro a cheisio ymbalfalu am ei le yn y sgript.

Doedd pethau fawr gwell yn y stiwdio. Roeddem, fel criw, wedi'n gosod yn uchel i fyny ar ben rhyw risiau ac roedd yn rhaid gweiddi'r llinellau. Fedrai'r cyfarwyddwr, James Cellan Jones, mo'n clywed ni a chollodd ei dymer. 'What on earth did they teach you at drama school?' llefodd. Edrychodd pawb ar ein gilydd – ar wahân i Eilian Wyn, doedd yr un ohonom wedi bod ar gyfyl coleg drama!

Wedi hynny, mi aeth popeth yn weddol a chawsom barti gwerth chweil yn nhŷ Jimmy (erbyn hynny) Cellan Jones y noson honno. Ces gyfle i gyfarfod actores arall o Gymru oedd yn aelod o'r cast, merch yr oeddwn wedi'i ffansïo ers iddi ymddangos yn *The Liver Birds* – Nerys Hughes. Roedd hi'n siarad rhyw gymaint o Gymraeg (o'r Rhyl yr oedd hi'n dod, wrth gwrs). Wnes i mo'i chyfarfod wedyn tan 2015 mewn seremoni wobrwyo BAFTA Cymru yma yng Nghaerdydd – ac mi anghofies i sôn dim am *Strife* wrthi – roeddwn i wedi mopio'n lân o fod wedi cael cusan ar fy moch ganddi! Yn y gwaith drannoeth, tyngais na fyddwn i'n ymolchi'r foch honno fyth eto.

Tuag at ddiwedd y parti yn Llundain, a hithau'n hen bryd i ni adael, daeth Mici Plwm o hyd i gês o win o dan liain rhyw fwrdd a dechreuodd agor potel i ni i gyd. Pan sylweddolod Jimmy beth roedden ni'n ei yfed, cawsom ein hysio am ein gwesty heb fawr o seremoni; dim ond yn ddiweddarach y gwnaethom ni ddarganfod mai *stash* o win gorau a drudfawr y cyfarwyddwr oedd o dan y bwrdd hwnnw. Chawsom ni ddim o'n gwadd yn ôl i Lundain wedyn. Wn i ddim pam.

Rhyw dro arall, mi ges ran mewn drama deledu Saesneg gan Alex Barron, wedi'i chyfarwyddo gan George P. Owen i BBC1. Roedd hi'n rhan gwerth ei chael, gan mai dim ond tri oedd yn y cast – David Garfield ac un o'm gwir arwresau ym myd drama, Rosalie Crutchley, a finnau. Roedd Rosalie wastad wedi f'atgoffa i o Mam o ran pryd a gwedd, ac efallai mai hynny oedd i gyfrif am fy edmygedd ohoni'n wreiddiol, ond wir, roedd hi'n actores ragorol a ches i mo fy siomi ynddi; roedd hi'n gyfeillgar tu hwnt ac yn gwbl broffesiynol. Stori oedd hi am ŵr a gwraig (Rosalie a David) oedd wedi colli mab (fi) ond yn methu dygymod efo'r golled, ac yn dychmygu ei fod yn dal yn y cartref. Roeddwn i'n eithaf balch o 'ngwaith ar y ddrama (hiranghofiedig) honno – p'run ai oedd hi ar y rhwydwaith neu beidio – ac roedd hi'n bleser ac yn anrhydedd cael gweithio efo Rosalie a David.

Tua 1984 mi ddechreuais i gael poenau eithaf drwg yng ngwaelod fy nghefn ac i lawr fy nghoesau. Ar awgrym rhywun yng nghast *Pobol y Cwm*, fe es i i weld Ron Durham, cyn-ffisiotherapydd tîm pêl-droed Caerdydd, a chael nifer fawr o sesiynau o fasâj a thriniaeth lamp wres, ond i ddim pwrpas – cynyddu roedd y boen nes i'r peth fynd yn annioddefol. Roedd y boen ar ei gwaethaf wrth ddreifio am ryw reswm, ac yn dawel fach, roeddwn i'n ofni mai dechreuad ar effaith yr MS oedd wrth wraidd y peth.

Un gyda'r nos gartre, bu'n rhaid i mi orwedd ar lawr i geisio lleddfu'r boen, ond buan iawn y sylweddolais na fedrwn i yn fy myw symud modfedd. Galwodd fy ngwraig y meddyg a sylweddolodd hwnnw'n syth fy mod mewn cryn drafferth ac mewn poen dybryd. Trefnodd i mi fynd i'r ysbyty yn y bore a rhoi chwistrelliad o morffin i mi. Wedi i hwnnw gael rhywfaint o effaith, llwyddais i fynd i 'ngwely a chysgu.

Fore drannoeth, roedd yn rhaid mynd i Ysbyty'r Brifysgol mewn tacsi. Erbyn hynny roedd effaith y morffin wedi diflannu ac roedd y boen yn ei hôl – fedrwn i ddim eistedd yn gyfforddus yn y tacsi o gwbl – roedd pob symudiad yn hunllefus. Gwelais sawl meddyg, a'r farn oedd fod rhyw dyfiant yn pwyso ar y brif nerf y tu mewn i'r asgwrn cefn. Trefnwyd i mi gael triniaeth lawfeddygol frys y pnawn hwnnw, ac erbyn hynny doedd dim ots gen i yn y byd hwn beth fydden nhw'n ei wneud i mi, cyn belled â'u bod yn cael gwared o'r boen.

Dwi'n cofio dim nes deffro'r bore wedyn, ac yn wir roedd y boen wedi mynd. Oedd, roedd y graith ar fy nghefn yn boenus iawn, ond doedd yn ddim o'i chymharu â'r boen gynt. Ces ar ddeall mai *neurofibroma* maint pysen oedd wedi tyfu'r tu mewn i'r asgwrn cefn gan bwyso ar linyn y cefn, a phe na bawn i wedi cael y llawdriniaeth pan wnes i, mae'n debyg na fuaswn byth wedi medru cerdded eto.

Mi gymerodd fis neu chwech wythnos i ddod dros y driniaeth, ac ar wahân i gyfnod byr pan golles i 'ngolwg yn y ddau lygad oherwydd y niwritis optig rai blynyddoedd ynghynt, dyna'r tro cyntaf i mi golli diwrnod o waith yn *Pobol y Cwm* o achos salwch.

Nid dyna oedd diwedd y stori chwaith – mi ges ddwy driniaeth lawfeddygol arall o'r fath ymhen blynyddoedd, ond erbyn hynny roeddwn i'n sylweddoli'n llawer cynt beth oedd y broblem a doedd dim rhaid cael fy rhuthro i'r ysbyty y troeon hynny.

Fel mymryn o ôl-nodyn, ces ar ddeall ar ôl dod adre o'r ysbyty fy mod wedi cael ymwelydd arbennig rhyw bnawn, ond roeddwn i wedi cael mynd adref y bore hwnnw. Yr ymwelydd oedd Annie.

Gartref, daeth pethau i drefn yn raddol. Roedd yn rhaid mynd i'r Felinheli'n weddol aml gan 'mod i'n gosod y tŷ i fyfyrwyr. Un o hoff bethau Trystan, fel llawer i blentyn arall yn y pentref, oedd sgota am grancod oddi ar y jeti yno. Roedd angen llinyn a llechen wedi'i chlymu ar y pen a thamed o gig moch fel abwyd – ac roedd angen canolbwyntio. Dyna'n union wnaeth Tryst – canolbwyntio'n llwyr ar y llinyn ac anghofio am ei falans! Syrthiodd bendramwnwgl i'r dŵr a bu'n rhaid i'w ffrind ei dynnu allan. Cyrhaeddodd y tŷ yn wlyb at ei groen.

Ond un tro, ac yntau'n naw oed, mi ges i fraw garw tra oedden ni yn y Gogledd. Roedden ni'n aros efo Nanw yn y Bontnewydd ac roedd gan Trystan annwyd go drwm oedd yn ymylu ar fod yn ffliw. Mi aeth i'w wely tua'r naw o'r gloch 'ma, ac mi es i gael golwg sut roedd o tua hanner awr wedi deg. Yr hyn weles i oedd Tryst yn gorwedd yn gwbl llonydd a'i lygaid yn llydan agored a'i freichiau'n hollol stiff ac yn pwyntio'n syth i'r awyr. Roedd ei geg yn agored ar siâp O a doedd o ddim i'w weld yn cymryd ei wynt chwaith. Roeddwn i'n wirioneddol gredu ei fod wedi marw. Doedd dim modd ei ddeffro na symud ei freichiau. Codais o oddi ar y gwely a mynd â fo trwodd at ei fam a Nanw. Cafodd y ddwy sioc o'i weld.

Mi aethon ni â fo i ddau ysbyty yng Nghaernarfon cyn darganfod un lle'r oedd meddyg ar gael, ac oherwydd yr oerni yn y car, siŵr o fod, mi ddechreuodd Tryst ddadebru. Gofynnais iddo beth oedd 'dau a dau' achos 'mod i'n ofni bod difrod i'w ymennydd ac mi atebodd yn gywir, diolch byth. Yn ôl pob golwg, roedd wedi cael ffit oherwydd ei dymheredd uchel ac er bod hynny'n eithaf anarferol mewn hogyn o'i oed, ymhen tipyn mi gawsom fynd ag o 'nôl i dŷ Nanw. Profiad hunllefus na fyddwn i *byth* eisiau mynd trwyddo fo eto.

Erbyn diwedd yr 80au, ac S4C wedi'i hen sefydlu, dois i sylweddoli mai fi oedd yr unig actor oedd ar gytundeb i'r BBC. Roedd HTV wrthi'n brysur yn creu rhaglenni, ond fedrwn i ddim cymryd rhan ynddynt oherwydd hawl y BBC drosta i. Gwnes y penderfyniad, felly, i beidio â derbyn cytundeb pellach a mentro ar fy liwt fy hun, ac o fewn dim, ces gynnig cymryd rhan yng nghyfres Dewi Pws, *Torri Gwynt*.

Roedd *Pobol y Cwm* oddi ar yr awyr yn ystod yr haf, ac felly roedd hi'n bosib i mi recordio sawl cyfres o *Torri Gwynt*, gan ddod yn ffrindiau oes gyda Dewi, William Thomas a Nia Caron. Hwn oedd y tro cyntaf i mi gyfarfod Nia, merch hyfryd, dawel, ddel a diymhongar o Dregaron. Mi gymerodd lai nag wythnos i ni i gyd sylweddoli fod mwy iddi na hynny. O fewn tridiau i'r ymarferion ddechrau, roedd Nia wedi llwyr ymgartrefu, ac roedd hi'n chwerthin yn uchel ac afreolus cystal â'r un ohonon ni. Daeth yn aelod annatod o'r tîm yn gwbl ddiymdrech. Ychydig feddyliais i ar y pryd y byddai Nia, ychydig flynyddoedd yn ddiweddarach, yn chwarae rhan Anita, cyn-gariad Meic, a mam ei fab, Darren (Huw Euron) yn *Pobol y Cwm*, yn ogystal â dod yn wraig iddo.

O bryd i'w gilydd, deuai Ieuan Rhys, Hywel Emrys ac Alun ap Brinley (mab Brinley Jenkins) i mewn i chwarae ambell ran hefyd. Un o uchafbwyntiau'r gyfres oedd '66 Chemical Gardens'. Roeddem eisiau'i alw'n '69 Chemical Gardens' ond roedd hynny'n rhy awgrymog, yn ôl Peter Elias Jones, Pennaeth yr Adran Rhaglenni Ysgafn. O ganlyniad, daethom o hyd i enwau hyd yn oed yn *fwy* awgrymog fel Offa Quinnell ond lwyddon ni ddim i guro Peter – yn y diwedd cafodd afael ar stamp rwber, a stampio 'FUCK OFF' mewn inc coch ar y sgriptiau nad oedd o'n hapus â nhw! Hyn, wrth gwrs, gan ddyn oedd hefyd yn bennaeth ar yr adran blant. Un da oedd Peter, a heddwch i'w lwch.

Y drefn efo Chemical Gardens oedd fod Ronw Protheroe a Dewi yn hel y syniadau am y stori at ei gilydd ac y byddwn innau wedyn yn eu plethu i ryw fath o sgript, yna byddai Dewi, Wil a Nia yn cyfrannu ac yn ailwampio. Yna, 'nôl ata i i sgrifennu'r sgriptiau terfynol. Ond, wrth gwrs, byddai llawer o ad-libio'n digwydd hefyd yn ystod y recordio – y rhan fwyaf gan Dewi. Un o fy hoff linellau yn *Torri Gwynt*, gyda llaw, oedd yr un pan oedd Tecs Hafgan (Dewi) a'i gariad Pam (Nia) yn eistedd ar awyren. 'Dew, ma'r bobl lawr fan 'na'n edrach fatha morgrug, tydyn?' meddai Tecs, yn edrych allan drwy'r ffenest. 'Morgrug *y'n* nhw, Tecs, so ni 'di cychwyn 'to!' oedd ateb Nia. Un arall dwi'n ei gofio ydi pan oedd Joblot yn rhestru'r pethau roedd o'u hangen o'r siop. Yn gwbl ddirybudd, ymddangosodd '*one cast-iron dildo*' ar y rhestr a bu'n rhaid stopio'r sgets oherwydd chwerthin afreolus pawb. Wellodd pethau ddim yn y *take* nesa chwaith – 'DIM *cast-iron dildo*' ddaeth allan yr ail dro, a bu'n rhaid stopio unwaith yn rhagor!

Yn ogystal â hiwmor unigryw Dewi, dyfeisgarwch a chreadigrwydd diderfyn Ronw Protheroe oedd yn bennaf gyfrifol am lwyddiant digamsyniol y cyfresi. Roedd yn byrlymu â syniadau ac roedd ganddo synnwyr digrifwch arbennig a gwahanol. Ei syniad o oedd cynnwys y camgymeriadau a'r chwerthin fel atodiad bychan ar ddiwedd pob rhaglen – y tro cyntaf i hynny ddigwydd ar deledu Cymraeg. Dwi'n cofio gweithio gyda Ronw pan oedd o'n gyw actor, a'i chael yn amhosib cadw wyneb syth wrth recordio. Roedd ei lygaid bywiog yn chwerthin ymhell cyn i'w wyneb wneud hynny a doedd hynny'n dda i ddim wrth actio – wel, ddim efo fi, beth bynnag. O sôn am hynny, mi ges i'r un profiad yn actio gyda Ronnie Williams – roedd direidi yn llygaid hwnnw hefyd.

Ces gyfle, nes ymlaen, i ysgrifennu i gyfres oedd yn deillio o rai o sgetshys *Torri Gwynt*, *Rhagor o Wynt*. Penodau pum munud ar hugain oedd y rhain, a fi oedd yn gyfrifol am ysgrifennu tair ohonynt. Y ddwy orau, yn fy nhyb i (a cholofnydd teledu *Y Cymro* ar y pryd) oedd 'Mewn Twll', hanes Viv (Dewi), Maureen (Nia Caron), Mans (William) a Dai Deaf (fi) yn mynd i chwarae golff, a 'Hanner Awr Hoyw', stori bywyd y 'canwr' byd-enwog Ricky Hoyw.

Dwi'n cofio darlleniad cyntaf y bennod gyntaf sgrifennes i o *Rhagor o Wynt* – roeddwn i'n eithaf nerfus wrth fynd drwy'r sgript yn yr ystafell ymarfer. Yn bresennol roedd Ronw, Cleif Harpwood (y cyfarwyddwr) a Huw Chiswell. Dim ond ambell bwff o chwerthin fu, ac ar y diwedd (ac yntau'n gwybod yn iawn am fy nerfusrwydd), dywedodd Dewi yn ei ffordd ddihafal, *deadpan* ei hun: 'Ie, wel, fe fydd e'n olreit, sbo – unweth rhown ni'r stwff doniol i mewn.' Y cythrel drwg iddo fo!

Roeddwn wedi bod yn recordio rhaglenni i ysgolion er pan o'n i'n dair ar ddeg oed, ac erbyn canol yr 80au, wedi cymryd rhan yr Iesu drosodd gan Frank Lincoln mewn rhaglenni crefyddol i'r hoffus Berian Davies. Mi wnes nifer fawr o ddarllediadau iddo, ond roedd fy anesmwythyd i'n cynyddu'n raddol. Doedd gen i ddim cred a theimlwn fy mod yn twyllo'r gynulleidfa o'r herwydd. Penderfynais gael sgwrs efo Berian am y peth; roedd o'n pitïo ond yn deall, chwarae teg iddo, ac fe ddaeth y cyfnod i ben yn weddol hapus.

Bûm yn gyflwynydd y gyfres *Hwnt ac Yma* ar y BBC hefyd, wrth ochr yr hyfryd Eirlys Britton. Rhaglenni am dipyn o bopeth oedd y rhain, a'r cynhyrchydd oedd yr hawddgar Bernard Evans. Fo, hefyd, oedd yn ysgrifennu'r sgript a chan mai deheuwr oedd o, cawn drafferth, weithiau, gyda'i eirfa a'i ffordd o ddweud. Doedd dim rhaid poeni – rhoddodd Bernard rwydd hynt i mi ailwampio fwy neu lai fel roeddwn i eisiau! Yn anffodus, roedd yn rhaid dysgu pob gair o'r sgript, ac er bod sawl tamed o ffilm yn y rhaglen, roedd hyn yn dipyn o waith. Ond roedd yn brofiad rhagorol, ac erbyn i Portaprompt ddod i fodolaeth (fel y gallai rhywun ddarllen yn hytrach na gorfod cofio), roeddwn i ac Eirlys yn gartrefol dros ben yn cyflwyno a holi gwesteion o bob maes.

Drwy Adran Blant HTV, ces gyfle i gyflwyno cwis i blant o'r enw *Helfa Drysor* a Gaynor Davies yn bartner i mi. Roeddwn i'n chwarae rhan Harri Morgan y môr-leidr, a fyddai'n gosod tasgau i gystadleuwyr ar fwrdd ei long. Paul Jones oedd yn cynhyrchu, ac mi ddywedodd wrtha i am roi llais môr-leidr ymlaen am y sgetsh agoriadol, yna troi 'nôl at fy llais naturiol fy hun yn ystod y cwis, ac yna 'nôl unwaith eto fel môr-leidr gogyfer â'r linc cloi. Dyna wnes i – a chael fy meirniadu yn *Y Cymro* am fethu cadw'r acen drwy gydol y rhaglen. Diolch, Paul!

Yn 1987 mi ges i alwad ffôn gan Pat Griffiths yn gofyn i mi fynd am glyweliad trosleisio ar gyfer cyfres o'r enw *Sam Tân*. Mi es, a chyfarfod y ddau oedd wedi animeiddio'r gyfres – John Walker ac Ian Frampton ar ran Bumper Films, dau annwyl dros ben ond oedd â syniadau pendant iawn am naws y lleisio. Rywsut, mi ddaru nhw hoffi fy llais i, a dyna ddechrau ar recordio sawl cyfres. Fy llais i oedd yr unig un drwyddi draw, gan gynnwys cath Bella Lasagne! Treuliasom y sesiwn recordio gyntaf yn perffeithio'r lleisiau ac roedd gen i ambell lais i'w gynnig – llais tebyg i un Ernest Evans i Sam, llais Meredydd Evans (gyda mymryn o gryndod) i Trefor a llais Cleif Harpwood i Cridlington – ac fe gawson eu derbyn bron yn syth. I mi, mae 'na gynhesrwydd yn perthyn i'r cyfresi Cymraeg o'u cymharu â'r rhai Saesneg (a leisiwyd gan un o'm harwyr yn y byd actio, John Alderton, nad oedd yn Gymro o gwbl). Bu i mi gyfarfod John unwaith yn y BBC yng Nghaerdydd. Mi fues i'n ddigon haerllug â mynd ato tra oedd o ar ei awr ginio ac yntau yno'n recordio drama radio, a chyflwyno fy hun fel y fersiwn Gymraeg ohono fo. Bu'n hynaws iawn, chwarae teg, a dweud ei fod wastad wedi meddwl tybed sut un oedd y Sam Cymraeg.

Yr unig gydnabyddiaeth a gawn ar y sgrin oedd 'Storïwr: Gareth Lewis' a thybiai sawl un fy mod yn cael fy nhalu am ddweud yr un frawddeg agoriadol ym mhob pennod. Doedd fawr neb yn sylweddoli mai fi oedd yn gyfrifol am leisio'r *holl* gymeriadau. Doedd hynny ddim yn ddrwg i gyd, wrth gwrs – roedd yn profi 'mod i'n medru creu gwahanol naws lleisiol i'r gwahanol gymeriadau, yn ddynion, yn ferched ac yn blant, heb sôn am sawl gwahanol acen hefyd.

Yng ngofal y recordio (a barhaodd yn achlysurol tan 1994) roedd y tawel, amyneddgar John Cross. Roeddwn i'n nabod John ers tro (roedd ei ferch Lisa yn yr ysgol efo Trystan), ac ar ôl i ni recordio'r penodau cyntaf yn unol â dymuniad y ddau animeiddiwr, cawsom ryddid i gario mlaen fel roeddem yn dymuno. Yn y bore, byddai fy llais, yn naturiol, yn fwy dwfn a byddem yn recordio lleisiau'r dynion yn gyntaf gan adael y merched (yn enwedig y Dilys Preis sgrechlyd!) a'r plant tan yn olaf.

I Nia Ceidiog roedd y diolch am y straeon ac i'r ofalus, drylwyr Pat Griffiths roedd y diolch am naws y rhaglenni terfynol, a gydiodd yn nychymyg plant ifanc Cymru ar y pryd, heb unrhyw amheuaeth. Cawsant dderbyniad rhagorol a dwi'n falchach o'r cyfresi hynny nag o bron i bopeth arall a wnes i ar hyd y blynyddoedd.

Ymhell wedi i'r cyfresi orffen, mi ffoniodd Pat i ofyn fyddwn i'n fodlon gwneud cyfres newydd o *Sam Tân* i S4C, ond erbyn hynny roedd fy ngolwg wedi dirywio gormod i fedru cyflawni tasg o'r fath a bu'n rhaid i mi wrthod, mwya'r piti. Penderfynwyd cael tri neu bedwar actor i leisio'r gyfres honno.

Roedd *Pobol y Cwm* yn mynd o nerth i nerth, ac fe gafwyd y syniad o sefydlu tîm pêl-droed er mwyn codi arian at achosion da. Syniad Phil Harries, Ieuan Rhys, Hywel Emrys, Gwyn Elfyn a Huw Ceredig oedd o a nhw oedd ar flaen y gad. Cawsom help hefyd gan ambell aelod o'r Adran Sgriptiau fel Dewi 'Chips' Williams, oedd yn bêl-droediwr tan gamp, a sawl un arall gan gynnwys y diweddar Bobby Dickie, pencampwr ym myd bocsio. Roedd o'n gymeriad a hanner – ei orchestwaith oedd adrodd 'Y Wiwer', fel arfer yn feddw, ar ben bwrdd a heb ei ddannedd gosod blaen.

O bryd i'w gilydd cawn innau fy mherswadio i gymryd rhan, ond doeddwn i ddim yn bêl-droediwr o unrhyw werth i'r tîm. Yn wir, byddwn yn rhybuddio pawb cyn mynd ar y cae i beidio â meiddio pasio'r bêl i mi. Fedrwn i ddim gweld o ble roedd hi'n dod, ac yn sicr fedrwn i ddim gweld i ble byddai hi'n mynd wedi i mi ei chicio. Sylw craff fy nghyd-actor John Biggins (Billy Unsworth) – oedd yn chwaraewr da iawn, gyda llaw – am safon fy chwarae i oedd ei fod wastad yn rhyfeddu at fy '*bewildering ineptitude in the six-yard box.*' Er hynny (ac er mawr ddiflastod i nifer o chwaraewyr 'da' y tîm) enillais wobr Gôl y Flwyddyn unwaith, gan i mi sgorio efo cic gosb ragorol i gornel ucha'r rhwyd mewn gêm yng Nghwm-ann. Rhyngoch chi a fi, cau fy llygaid a gobeithio'r gore wnes i!

Un tro, ar ddiwedd gêm yn rhywle yn y Gorllewin, daeth gŵr mewn dipyn o oed ac yn gwisgo cap stabal ata i, ysgwyd fy llaw yn gynnes a deud '*Pobol y Cwm*, yndefe?' 'Ia,' atebais. 'Chi'n feri gwd actor,' meddai. 'O, diolch,' meddwn innau gan geisio bod mor ddiymhongar â phosib. Daeth ei eiriau nesaf fel saeth drwy galon actor oedd wedi bod yn ymlafnio am flynyddoedd i geisio creu cymeriad credadwy a chofiadwy o fewn y gyfres. 'Ie, 'na fe,' meddai'r gŵr. 'Dic Deryn, yndefe?'! Diolch iddo am sicrhau fy mod i'n cadw 'nhraed yn solet ar y ddaear.

Mewn un gêm, yn erbyn All-Stars Dennis Davies, ges i ordors gan Gwyn Elfyn (y capten) i farcio 'hwnna'n fan'na – jest sefa o'i flaen o!' Yr 'hwnna', erbyn darganfod, oedd y chwedlonol Alan Curtis, gynt o Abertawe, Caerdydd a Chymru. Chafodd o erioed gêm haws.

Ailgyfarfod Annie
a gadael *Pobol y Cwm*

ROEDD GLAN DAVIES (Clem) wedi perswadio Adran Gwerthiant y BBC i adael iddo fo wneud y gwaith gwerthu i *Pobol y Cwm* ac mi wnaeth joban dda iawn ohoni, chwarae teg. Fo wnâi'r trafodaethau ynglŷn â chrysau a logos ac yn y blaen, nid yn unig i'r tîm pêl-droed ond i'r gyfres hefyd. Ond pan ddaeth hi'n fater o werthu mygiau gyda fy llun i â 'CAFFI MEIC' arnyn nhw, mi gafodd gam gwag braidd.

Daeth ata i rhyw fore yn wên o glust i glust ac yn cario bocs yn llawn mygiau, a chan sodro un o dan fy nhrwyn, dywedodd efo cryn falchder yn ei lais: 'Wel, Lewis – be ti'n feddwl? Smart, y?' Oeddan, mi roeddan nhw'n smart, mae'n rhaid cyfadde, ond roedd 'na un camgymeriad bach yn y llythrennu. Nid 'CAFFI MEIC' oedd o'n ddweud, ond 'CAFI MEIC'. Petrusais cyn dweud dim, ond doedd dim iws celu'r gwir a thynnais ei sylw at y peth. Gwelwodd Glan – wedi'r cwbl roedd y mygiau (rai cannoedd ohonynt) i gyd wedi cael *glaze* arnynt, ac roedd hi'n rhy hwyr i gywiro'r camgymeriad. Aeth Glan i'w ystafell wisgo'n ddigon trist ei olwg, ond o fewn ychydig funudau roedd yn ei ôl.

'Dim problem!' meddai, 'Alla i newid yr 'I' yn CAFI yn 'F', t'weld, ac ychwanegu 'I' i wneud 'CAFFI MEIC'. *Genius*, Lewis – dwi'n *genius*, so ti'n meddwl?' A dyna wnaeth o, gan roi un mýg i mi am ddim, i'w drysori. Rhyw fis yn ddiweddarach, a'r mýg wedi bod ar iws reit reolaidd, sylwais fod pob golchaid yn tynnu mymryn o'r paent coch newydd i ffwrdd, ac yn raddol bach dros y misoedd, 'CAFI MEIC' ddywedai'r geiriau unwaith eto. Dim ond wedi cael y cwmni i baentio'r newid *dros y glaze* wnaeth Glan, a buan iawn y treuliodd y paent hwnnw. Oedd, roedd Glan yn *genius*!

Roedd Trystan yn astudio Almaeneg yn yr ysgol ac wedi treulio wythnos yn Cochem ar lannau afon Mosel. Roedd yn lle mor braf nes iddo'n perswadio ni i fynd yno gydag o ac, yn wir, mi roedd o'n lle hynod – hen, hen adeiladau, strydoedd culion, afon hardd a gwinllannoedd ar y llethrau a chastell mawreddog yn edrych dros y cwbl. Cawsom fymryn o drafferth cyrraedd yno, er hynny – doeddem ni ddim yn siŵr oedden ni ar y trên iawn yn un peth ac, am ryw reswm, doedd y gŵr a'r wraig roedden ni'n rhannu gyda nhw ddim yn rhy gyfeillgar chwaith (falle'u bod eisiau'r compartment iddyn nhw'u hunain) ond rhywsut, yn ein Almaeneg bratiog, fe ddaethom i ddeall ein gilydd a chael gwybod ganddynt fod llifogydd garw wedi bod yn yr ardal. Roeddem yn gofidio am hyn, wrth i ni gyrraedd, gwelsom fod yr afon *wedi* gorlifo cryn dipyn. Cyraeddasom Cochem tua naw o'r gloch y nos, a cherdded i'r gwesty. Fi oedd wedi bwcio dros y ffôn gyda Herr Noss, y perchennog, mewn Almaeneg yr oedd Trystan wedi'i sgrifennu lawr i mi, ond daeth yn amlwg yn fuan iawn nad oedd sôn am ein henwau yn llyfr Frau Noss. Chwarae teg iddi, mi roddodd ystafell i ni, cawsom wyliau da yno am wythnos ac o fewn diwrnod neu ddau, roedd y llifogydd wedi cilio. Dyna oedd un o'r gwyliau gorau gawson ni fel teulu.

Dro arall, aethom ar wyliau yn y car i ogledd Ffrainc gan ddilyn afon Loire. Roeddem i aros mewn gwesty bychan dros y ffordd i ryw fynachlog ac fe aethom ni draw i gael golwg ar y lle yn hwyr y prynhawn. Ces ar ddeall fod y lle'n enwog am ei salmdonau Gregoraidd (*Gregorian chants*) – ffurf ar ganu unsain yn Lladin yr oeddwn i wastad wedi bod yn hoff iawn ohoni – ac y byddai modd i mi eu clywed drannoeth – am chwech y bore! Doedd Trystan na'i fam ddim eisiau'r profiad hwnnw ac felly mi godais yn blygeiniol a mynd ar fy mhen fy hun. Roedd yn werth y drafferth – eisteddais yng nghefn yr eglwys fechan a gwylio'r rhes o fynachod yn dod i mewn yn eu gynau brown tywyll gan sylwi pa mor welw yr oeddent i gyd. Dechreuodd y gwasanaeth a ches glywed y salmdonau – profiad gwefreiddiol, hyd yn oed i anffyddiwr fel fi. Codai'r lleisiau unsain i entrychion yr eglwys gan greu eco a âi ymlaen ac ymlaen am yn hir wedi iddynt orffen canu. Solesmes oedd enw'r fynachlog a'r mynachod glywais i oedd yn gyfrifol am adnewyddu'r diddordeb mewn canu o'r fath yn y 70au. Mi brynais CD i gofio am yr achlysur.

Tua'r cyfnod hwn, mi ddigwyddais weld hysbyseb am swyddi yn yr Adran Gyflwyno yn y BBC. Roedd o'n golygu darlledu'n fyw ar y radio, darllen y newyddion a chynnal rhwng rhaglenni. Mi yrrais dâp i mewn, cael cyfweliad efo Menna Gwyn (Pennaeth yr Adran), a chael y swydd. Dechreuais ar flynyddoedd o weithio i'r adran ar bnawniau Sadwrn a Sul, ambell gyda'r nos a chyflenwi pan fyddai'r cyhoeddwyr staff parhaol ar eu gwyliau. Fi, siŵr o fod, oedd y dyn mwya amhoblogaidd yn yr Eglwys Newydd (os nad yng Nghymru) pan gytunais i i weithio pnawn a gyda'r nos rhyw Ddolig.

Roedd y shifft neu ddwy gyntaf yn rhai nerfus iawn ond roedd yr adrenalin yn llifo. O fewn dim, doeddwn i ddim eisiau i'r shifft ddod i ben o gwbl, a byddwn wedi cario mlaen yn hapus am oriau petai'n rhaid. Ces bob help a chefnogaeth gan Frank Lincoln, Geraint Jones, Wyndham Richards, Nia Wyn a'r ddiweddar Menna Gwyn ei hun, a dwi'n ddiolchgar am hynny.

Ces gyfle i wylio'r cyhoeddwyr swyddogol yn gwneud gwaith

continuity teledu hefyd – gwaith oedd wrth fy modd unwaith eto. Yn eu plith roedd Iwan Thomas efo'i lais urddasol, BBC-aidd. Pan gyrhaeddais i gyntaf, roedd gen i ychydig o'i ofn a dweud y gwir, ond os cefais i fy siomi ar yr ochr orau yn unrhyw un erioed, yn Iwan oedd hynny – roedd o'r cleniaf ohonyn nhw i gyd. Ar shifftiau gyda'r nos, byddai'r BBC yn trefnu i'r cyhoeddwr a'i gynorthwyydd gael pryd o fwyd wedi'i baratoi yn un o westai Caerdydd. Er gwaethaf pob protest gen i, *mynnai* Iwan rannu ei fwyd gyda fi bob tro. Gŵr bonheddig, annwyl dros ben.

Roedd o'n waith yr oeddwn i'n wirioneddol wrth fy modd yn ei wneud, gyda'r sialens ychwanegol o orfod gweithio'r ddesg, efo'i thri chwaraeydd recordiau, dau beiriant chwarae tâp a sawl meicroffon, a'r cwbl, wrth gwrs, yn fyw.

Dim ond un peth ddaeth â'r cyfan i ben ymhen y rhawg – fy ngolwg. Rhyw bnawn Sul, roeddwn i i ddechrau darlledu am bedwar a gweithio tan chwech, yna o wyth tan hanner nos. Erbyn hanner awr wedi pump, gyda darlleniad o'r newyddion am bum munud i chwech, sylweddolais fod fy ngolwg yn dirywio a hynny'n gyflym iawn – roeddwn i'n dioddef ymosodiad o'r niwritis optig bondigrybwyll unwaith eto. Llwyddais, rywsut, i orffen am chwech, ond bu'n rhaid i mi ffonio Frank Lincoln i ymddiheuro, a dweud wrtho na fedrwn i gario mlaen â'r shifft nos.

Do, mi wellodd fy ngolwg o fewn ychydig wythnosau, ond roedd y gwaith yma'n dibynnu ar fedru gweld yn dda ac ar ddarllen glân. Doedd dim modd i mi wneud hynny bellach (yn enwedig efo llawysgrifen traed brain ambell olygydd), ac ymhen rhyw fis neu ddau bu'n rhaid rhoi'r gore iddi.

Ers rhyw flwyddyn neu ddwy, roeddwn i wedi bod yn cyfrannu ambell sgetsh i *Y Cleciwr*, rhaglen ddychan HTV, ac wedi gweithio yn olygydd sgriptiau arni hefyd. Un diwrnod, daeth neges gan Peter Elias yn fy ngwahodd i fod yn gynhyrchydd ar y gyfres nesaf. Roedd o'n gyfle rhagorol ac mi wnes ymroi iddi yng nghwmni Wil Roberts y golygydd sgriptiau, Cleif Harpwood y cyfarwyddwr a'r ardderchog Gwerfyl Jones yng ngofal bron i bopeth arall. Yr actorion oedd Sara Harries Davies, Siân Naiomi, Dewi Rhys a Dyfan Roberts. Er i mi gyfaddef yn y cyfarfod technegol agoriadol mai dyma'r tro cyntaf i mi gynhyrchu rhaglen deledu erioed, ches i ddim ond y cymorth mwyaf gan y tîm yn HTV. Mi gofiaf hyd heddiw garedigrwydd di-ben-draw y cynllunydd talentog Gareth Hamber a'i griw. Mi fu'n gyfres lwyddiannus iawn, yn un a blesiodd Peter yn fawr, ond er hynny, at gwmni Elidir y trodd S4C am gyfres debyg y flwyddyn ganlynol.

Ar ôl derbyn sgriptiau ar ddydd Llun a dydd Mawrth, roeddem yn recordio ar ddydd Mercher a dydd Iau, yn golygu'r tâp rhwng 6.00 a 7.30 yr hwyr ac yna'n rhuthro i S4C â chopi o'r tâp mewn dau gar (rhag ofn i un dorri i lawr) er mwyn i'r rhaglen gael ei darlledu am 8.00! Ddaru ni rioed fethu â chyrraedd, er y bu'n agos fwy nag unwaith.

Prin iawn oedd y cyfleon i gael trip yn *Pobol y Cwm*, yn enwedig trip tramor, ond fe ddaeth cyfle yn yr 80au hwyr drwy stori gefeillio Cwmderi â thref ddychmygol yn Llydaw. Mi gychwynnodd y daith yn wael – cawsom ein deffro yn ddisymwth am bump y bore yn y gwesty yn Portsmouth, gan orchymyn i godi'r funud honno gan y byddai'r bws yn gadael am y llong ymhen hanner awr! Doedd dim amser i gael brecwast na dim – roedd Dic Williams, y rheolwr llawr trylwyr a chydwybodol wedi camgymryd yr amser yr oedd y llong yn hwylio, a chael a chael fuodd hi i ni gyrraedd mewn pryd.

Lawer gwaith y tynnais ei goes am y peth, hyd syrffed i Dic

druan, ddwedwn i, ond y gwir amdani oedd, os oedd angen sylw brys i unrhyw broblem (fel dail gwlyb yr hydref ar y stepiau lawr i'r ystafell ymarfer yn Charles Street oedd yn eu gwneud yn beryg bywyd, yn enwedig i aelodau hŷn y cast), at Dic byddai rhywun yn troi. Byddai pobl eraill wedi gwastraffu amser yn chwilio am rywun arall i wneud y gwaith, ond byddai Dic yn cydio mewn brwsh ac yn gwneud yr hyn roedd angen ei wneud mewn chwinciad, chwarae teg iddo. Gweld y peryg, a gweithredu – dyna reolwr llawr oedd yn cymryd ei waith a'i gyfrifoldeb o ddifrif.

At bwrpas y stori, daeth yr annwyl Ronnie Williams i mewn i chwarae rhan Maer y dref Lydewig. Roedd hi'n eithriadol o anodd cadw wyneb syth wrth i Ronnie gymryd arno fod 'ch' gref iawn gan y Maer, ac yn aml byddai rhai ohonom yn smalio ei fod wedi poeri yn ein llygaid wrth iddo siarad. Cawsom hwyl di-ben-draw yn ei gwmni – roedd o'n actor, yn ysgrifennwr ac yn berfformiwr gwych iawn, yn ogystal â bod yn ddyn arbennig o hynaws.

Ymunodd Nolwenn Korbell, y gantores Lydewig amlieithog, â ni fel rhan o'r stori hefyd – merch hynod ddeniadol â gwallt melyn cyrliog a thrwchus (o, dyma ni eto, medda chitha). Mewn parti rhyw gyda'r nos, fe ganodd gân werin o Lydaw yn ddigyfeiliant – roedd ei llais yn wefreiddiol ac mi syrthiodd sawl un ohonom mewn cariad efo hi yn y fan a'r lle. Na, wrth gwrs, ddigwyddodd dim byd rhyngom ni; roedd Nolwenn yn canlyn Twm Morus ar y pryd ac mi roedd o yno efo hi, mi roeddwn i o leiaf ddwywaith ei hoed hi, ac yn dal yn briod. Ac, erbyn hyn, roedd gen i broblem arall go ddyrys ar fy nwylo – mi ddown at hynny yn y man.

Drwy lwc, roedd Gwyn Elfyn a minnau wedi ffilmio'r rhan fwyaf o'n golygfeydd ni ar y llong ar y ffordd draw, felly fe gawsom ddigon o amser rhydd. Treuliasom beth amser ar y traeth, yn cyfansoddi penillion doniol gogyfer â'r parti ffarwél ar ddiwedd yr wythnos. Roeddem yn chwerthin cymaint wrth eu cyfansoddi, mi symudodd un teulu oedd yn eistedd wrth ein hymyl i ffwrdd i gael mymryn o dawelwch.

Roedd fy Ffrangeg i'n weddol, ond nid felly Ffrangeg Gwyn, er iddo drio'i orau glas. Gofynnodd i ryw ddyn roeddem wedi gwneud ffrindiau efo fo sut oedd ei fam (gan ei bod hi'n wael), nid drwy ofyn: 'Comment va ta mère?' ond 'Comment va ta maîtresse?' ('Sut mae dy feistres?') Tynnais goes yr hen Gwyn gan ddweud mai matras oedd maîtresse a'i fod wedi gofyn iddo sut oedd ei fatras.

Erbyn diwedd yr 80au, roedd Trystan yn 15 oed ac wedi datblygu i fod yn gerddor lled dda dan law Alun Guy yn Ysgol Glantaf. Roedd yn chwarae piano a ffidil i safon uchel iawn hefyd, ac wedi cael gwersi preifat gan Mair Jones a Mrs Popperwell ar y piano ac Elin Edwards a Maureen Doig (y ddwy yng Ngherddorfa Symffoni Genedlaethol y BBC) ar y ffidil. Ond fe ddaeth digwyddiad yn hwyr yn 1988 fyddai'n bygwth holl ddyfodol y teulu ac yn newid cwrs fy mywyd i am byth.

Fues i erioed yn un garw am bartis, ond roedd partïon *Pobol y Cwm* yn rhai go lew. Ceredig fyddai Meistr y Seremonïau fel arfer a chawsom lawer o hwyl dan ei arweiniad. Byddai parti Nadolig a pharti gorffen a chychwyn cyfres. Felly y bu hi yn 1988 hefyd. Roeddwn i'n gadael y dafarn lle cynhaliwyd y parti'n weddol gynnar – tua'r un ar ddeg 'ma – a doeddwn i ddim wedi yfed braidd dim. Wrth i mi gerdded tuag at y car daeth llais cyfarwydd yn galw f'enw i o gyfeiriad car arall – llais Annie.

Taswn i wedi gadael funud yn gynt neu petai hi wedi cyrraedd funud yn hwyrach, fydden ni ddim wedi cyfarfod y noson honno a phwy a wŷr beth fyddai canlyniad hynny? Ond cyfarfod wnaethon ni, a byddai'r canlyniad yn achosi llawer o boen meddwl a llawer o hapusrwydd hefyd.

Aethom i eistedd yn fy nghar i ac yno y buom yn siarad am awr neu fwy. Roedd Siôn, ei fab, yn ddyflwydd oed erbyn hyn, ac roedd hi'n disgwyl ei hail blentyn ymhen rhyw chwe mis. Buom yn trafod ein gwahanol sefyllfaoedd a darganfod, er bod popeth yn ymddangos yn iawn gartre i ni'n dau, nad oedd ein teimladau tuag at ein gilydd wedi newid fawr ddim. Rhoddodd ei rhif ffôn i mi a dyna a fu. Es adre â'm meddwl yn ddryslyd a bûm yn hir iawn yn mynd i gysgu'r noson honno.

Mentrais ei ffonio rhyw ddiwrnod neu ddau'n ddiweddarach a threfnu ei chyfarfod eto. A dyna fu dechrau ailgynnau'r garwriaeth rhwng Annie a finnau. Roeddwn wedi ei cholli unwaith – doeddwn i ddim yn mynd i'w cholli am yr eildro. Buom yn gweld ein gilydd yn gyson a ches wybod drwy ei ffrind, Rhiannon, ym mis Mai 1989 ei bod wedi rhoi genedigaeth i ferch fach o'r enw Ffion. Roedd gan Annie ddau o blant a gŵr, a finnau un plentyn a gwraig ond rhywsut, mi ddalion ni ymlaen i weld ein gilydd yn gyson. Doedd yr un ohonom ni eisiau creu poen i'n partneriaid nac i'n plant, ond roedd y pwysau arnom yn cynyddu a 'nymuniad i i fod efo Annie yn goresgyn pob peth arall.

Aeth Trystan, ei fam a minnau ar wyliau i Fuschl yn Awstria – lle tawel, uchel yn y mynyddoedd gyda golygfeydd hyfryd ac wedyn i Vienna. Roedd yn wyliau braf ac mi driodd fy ngwraig, a finnau i raddau, ein gorau glas i achub y briodas ond, mewn difrif, roedd hi'n rhy hwyr i wneud hynny– roedd pethau wedi mynd yn rhy bell.

Dwi ddim am frifo teimladau neb, felly af i ddim i fanylu – digon yw dweud i bethau ddod i benllanw yn 1990 ac fe adewais i gartref. Fe es i ffwrdd am ryw wythnos ar fy mhen fy hun, i

Menton, de Ffrainc i ddwys ystyried fy sefyllfa, i drio clirio fy mhen. Pan hedfanais i 'nôl i Heathrow a mynd am y bws roeddwn i wedi'i fwcio, pwy ddaeth i gwrdd â fi ond Annie – roedd wedi gyrru yno yn unswydd i fy nôl. Roedd y penderfyniad wedi'i wneud yn ystod yr wythnos, ond dyna'r eiliad y sylweddolais i fod y penderfyniad yn un cywir.

Oedd, roedd yr hiraeth am y teulu'n affwysol, ond er i fy ngwraig a minnau fynd i ddwsinau o sesiynau cymodi yn Relate, doedd dim troi 'nôl, ac, yn raddol, mi ddaeth hithau i sylweddoli hynny. Dwi ddim yn credu iddi erioed dderbyn y peth ond, o hynny ymlaen, doedd hi ddim eisiau dim i'w wneud â fi. Ac er gwell neu er gwaeth, felly mae pethau wedi para.

Roedd Trystan yn 16 mlwydd oed, yn gerddor dawnus a'i arholiadau TGAU o'i flaen. Mi dries i wneud yn siŵr nad oedd o'n dioddef yn ariannol o leiaf, a cheisio cadw mewn cysylltiad cymaint ag oedd bosib. Gwnes yr un peth efo fy ngwraig hyd y gallwn i, gan setlo'r ysgariad mor ffafriol ag oedd modd iddi hi. Dydw i ddim yn ceisio lleihau'r gofid achosais i, na'r pryder – mi wn fod y cwbl wedi bod yn straen garw ar y ddau.

Dyma pryd y bu Huw Ceredig yn hynod garedig wrtha i. Mynnodd 'mod i'n symud i mewn i'r fflat roedd o'n ei rhentu gan Iestyn Garlick yng nghanol y dre am gyfnod, a bûm yno am rai misoedd nes i mi rentu tŷ yn Danescourt. Mi fu Huw yn gefnogol tu hwnt (fel sawl aelod agos o'r cast) a fo awgrymodd y twrnai ddyliwn i ei ddefnyddio gogyfer â'r ysgariad. Bu Margaret, gwraig Huw, hefyd yn gefnogol iawn, a mawr ydi fy niolch iddi hithau.

Roedd Nadolig 1990 ar y trothwy – y Dolig cyntaf i mi fod ar fy mhen fy hun erioed. Mi ges i un ymwelydd yn ystod y bore – daeth Ieuan Rhys heibio ag anrheg o record Monty Python, i godi 'nghalon i, medde fo. Chwarae teg iddo am feddwl amdana i; mi fu'n ffrind da a thriw ar hyd y blynyddoedd, ond wedi iddo adael, fe ddois i'n ymwybodol iawn o fy unigrwydd llwyr.

Roedd Ceredig wedi trefnu i mi gael twrci gan ei fwtsiar ym Mhen-y-bont ac roedd Margaret wedi coginio sôs neis iawn i fynd efo fo. Ond wir, pan es i i nôl y twrci y diwrnod cyn y Dolig darganfyddais ei fod o'n dwrci anferthol, digon i bedwar o leiaf, ac y byddai gwaith bwyta arno am sbel hir iawn. Doeddwn i erioed wedi coginio fawr o ddim i mi fy hun o'r blaen, heb sôn am dwrci a'r holl lysiau i fynd efo fo, ond rywsut, rhwng sawl gwydraid o win coch, mi ddois i i ben â hi ac, erbyn tua'r pedwar 'ma, mwynheais bryd go lew. Ond, am y tro cyntaf erioed, fel dywedes i, roeddwn i ar ben fy hun ar ddiwrnod Nadolig. Roedd yr unigrwydd yn llethol a'r hiraeth yn affwysol – tan i Annie ddod i 'ngweld i at y gyda'r nos, ac mi gododd y cymylau duon.

Doedd pethau fawr yn haws i Annie chwaith, yn enwedig a hithau efo dau o blant bach, nac i'w gŵr. Cymerodd amser hir iddi benderfynu gadael ac ymuno efo fi yn fy nghartre newydd yn y Tyllgoed. Roedd o'n gwybod popeth erbyn hynny ac roedd penderfyniad anodd o'i blaen hithau. Yn y diwedd, yn gynnar ym mis Awst, heb yn wybod i neb, mi drefnais i Annie, Siôn, Ffion a minnau fynd i Disneyland, Florida efo'n gilydd ('Mi ddyliwn i fod wedi sylweddoli bryd hynny un mor benderfynol oeddat ti,' fydd Annie'n ei ddweud yn aml). Yn ôl i'r Tyllgoed ata i y daethon nhw ar derfyn y gwyliau hwnnw. Ac yno yr ydan ni byth.

Roedd o'n gyfnod hunllefus i bawb, gan gynnwys rhieni Annie, Beryl a Tudor Owen, yn enwedig gan mai gweinidog yr efengyl yn Birmingham oedd o. Ddwywaith yn unig gyfarfyddais i â Tudor cyn iddo farw o ganser yn ddim ond 62 oed. Buont eu dau'n ddeallus a chefnogol, rhaid dweud, ac mae Beryl, a symudodd i Gaerdydd wedi iddi golli Tudor, yn ymwelydd cyson â ni ac wedi gwneud llawer dros y plant ar hyd y blynyddoedd.

I drio codi fy nghalon rhywfaint, penderfynais newid y car. Bu gen i ddau gar Montego Turbo cyflym iawn ac roeddwn i wedi hoffi Toyota Celica gwyn blwydd oed, ond yn ansicr a ddyliwn ei brynu – roedd o'n ddrutach o gryn dipyn na fy hen geir. Helpodd Annie fi i wneud y penderfyniad drwy fod yn hollol gefnogol, ac felly y bu – mi brynais i'r Celica ac mi fu'r car gen i am bedair blynedd ar ddeg tan i mi orfod rhoi'r gore i yrru oherwydd fy ngolwg.

Yn 1992 aeth Trystan i Goleg King's yn Llundain i astudio Cerdd ac Almaeneg, ac mi wnes fy ngore i fod yn gefn iddo, er 'mod i'n ymwybodol o beth tyndra rhyngom ni o hyd. Rhoddodd bleser mawr i mi ei weld yn arwain cerddorfa'r coleg yn perfformio 'Fingal's Cave' Mendelssohn un flwyddyn, a fedrwn i ddim peidio â meddwl pa mor falch fyddai fy nhad wedi bod ohono fo'r noson honno.

Yna, yn 1994, mi es i ag o i weld un o ffefrynnau mawr fy nhad, y pianydd enwog Sviatoslav Richter, yn chwarae rhai o weithiau Beethoven yn y South Bank. Yn ystod yr egwyl, torrais y newyddion yr oeddwn i wedi poeni sut i'w dorri iddo ers sbel – roedd Annie'n disgwyl ein plentyn cyntaf. Dwi'n credu mai'r hyn ddywedes i oedd: 'Wel, be fydda ti'n lecio, Tryst – brawd neu chwaer?' Trwsgwl, mi wn, ond yn gam neu'n gymwys, dyna ddaeth allan. Mi gymerodd y newyddion yn weddol, ond doedd o ddim eisiau clywed dim rhagor am y peth, felly wnes innau ddim sôn chwaneg amdano'r noson honno. Roeddwn i'n ymwybodol fod y newydd yn rhoi sêl ar ddiwedd perthynas ei fam a minnau ac nad oedd hynny'n hawdd iddo'i dderbyn.

Cafodd Huw Tudur Lewis ei eni ar fore 9 Mai 1994, ddiwrnod cyn pen-blwydd ei nain, Beryl, ac ar ei ddiwrnod cyntaf yn y byd costiodd £30 o ddirwy i mi am barcio'r car yn Ysbyty'r Brifysgol. Cyraeddasom yr ysbyty yn y car ac mi barciais heb fod ymhell o'r drws, lle'r oedd perffaith hawl i barcio – ond dim ond am gyfnod cymharol fyr. Roedd Annie wedi'i gadael hi'n ben set (chwedl fy nhad) i fynd i'r ysbyty, ac felly roedd cryn frys – roedd hi mewn dipyn o boen. Cafodd Huw ei eni o fewn rhyw awr a hanner, a ches i ddim cyfle i fynd i symud y car. Pan ddois i allan i wneud hynny, roedd tocyn ar y ffenest flaen. Apeliais yn erbyn y ddirwy gan adrodd stori'r enedigaeth ond i ddim pwrpas – roedd yn rhaid talu. Enwyd Huw, gyda llaw, ar ôl brawd fy nhad a thad Annie.

Cofiwch, dim ond dechre ar gostau oedd hynny – pan oedd o'n fach, mi fflyshiodd Huw oriawr yr o'n i wedi'i phrynu i'w fam i lawr y lle chwech, nid unwaith ond dwywaith. Dwy oriawr i lawr y pan o fewn ychydig fisoedd i'w gilydd. Nefi wen, Huw!

Yn 1994 hefyd, mi ges wahoddiad i fynd i weld Peter Elias yn HTV. Roedd o eisiau i'r cwmni gynnig tendr am gyfres i bobl ifanc ar S4C. Gofynnodd i mi fod yn gyfrifol am olygu'r amlinelliad ac ysgrifennu'r bennod gyntaf. Cawsai'r syniad o osod y gyfres ar safle Parc Hamdden Oakwood yn ne-orllewin Cymru, ac roedd wedi trefnu i ni fynd yno i weld y lle ac i gael cyfarfod gyda'r perchnogion.

Cawsom fynd o amgylch y parc a mynd ar sawl reid (am ddim!), ac yna setlo lawr mewn swyddfa i drafod. Roedd y perchnogion yn gefnogol tu hwnt i'r syniad (byddai'n sicr yn codi ymwybyddiaeth o'r lle), ac roedd HTV eisiau sefydlu 'pentref' dros dro wrth law i'r actorion gael aros yno. Teitl y gyfres fyddai *Sparcs!*

Yn y cyfarfod hefyd, roedd gŵr ifanc hynod fyrlymus a llawn syniadau amrywiol a phellgyrhaeddol. Gwnaeth argraff arna i'n syth, cymaint oedd ei huodledd a'i frwdfrydedd – ei enw oedd Russell T. Davies, a ddaeth yn enwog flynyddoedd wedyn am ei waith arloesol ar gyfresi megis *Queer as Folk*, *Bob and Rose* ac wrth gwrs, yn brif awdur a chynhyrchydd *Doctor Who* ar ei newydd wedd.

Roedd o'n syniad da a chyffrous a gweithiais yn ddiwyd arno – roedd cyfuno holl syniadau Russell yn dipyn o dasg, ond rhywsut mi lwyddais i gael trefn ar bopeth ac roedd Peter a Russell wedi'u plesio. Aethpwyd ati i gastio a ffilmio'r bennod gyntaf, a Meredydd Owen yn cyfarwyddo, ac yn fy marn i, doedd hi ddim yn edrych yn ddrwg o gwbl. Na, doedd rhai o'r actorion roeddwn i wedi'u dychmygu ac eisiau eu gweld yn cymryd rhai o'r rhannau ddim ar gael; ac oedd, roedd diffyg adnoddau, a do, fe benderfynodd Peter fynd ar ôl edrychiad rhai o'r plant yn hytrach na'u gallu actio; ond wedi dweud hynny i gyd, roeddwn i yn eithaf ffyddiog.

Nid HTV enillodd, serch hynny (er i ni ddod yn agos iawn ati, mae'n debyg) ond cwmni Nant, gyda *Rownd a Rownd*. Mae'r gyfres boblogaidd yn dal i fynd, ac mi ges i weithio arni am gyfnod, wrth gwrs, ond roedd hi'n biti na chawson ni gyfle i wireddu holl syniadau Russell, a manteisio ar ei allu anhygoel i greu cymeriadau a straeon difyr a chyffrous.

Aeth Annie, Siôn, Ffion, Huw a minnau ar wyliau i ogledd Ffrainc rhyw haf ac ymweld â Mont St. Michel. Mae'r eglwys (a'r dre oddi tani) yn drawiadol o hardd ac wedi hir ymlwybro ar hyd y strydoedd culion a throellog oedd yn arwain tuag ati, cyraeddasom y brig. O'n blaenau roedd golygfeydd godidog i bob cyfeiriad a chyda Huw yn fy mreichiau (babi ychydig fisoedd oed oedd o), mi gerddais i gyfeiriad wal lle gallwn weld yn well. '*M'sieur!*' galwodd rhywun tu cefn i mi. Arhosais a lleddroi tuag at y llais. Pwyntiodd a dweud rhywbeth yn Ffrangeg. Trois yn ôl i edrych. Droedfedd o fy mlaen roedd dyfnjiwn o ryw bum troedfedd i ryw lefel is. Doedd dim i'm rhybuddio o'r peryg a chan mod i'n cario Huw, doeddwn i ddim wedi sylweddoli bod y peryg yno. Es yn chwys oer drosta i i gyd – oni bai am y *Monsieur* hwnnw, byddwn i a Huw wedi syrthio ar ein pennau dros y dibyn ac yn sicr, mi fyddem wedi brifo'n arw.

Y tu cefn i rialtwch yr ysgrifennu, y teulu newydd, y chwarae pêl-droed a'r hwyl yn y gwaith, roedd anesmwythyd yn cyniwair ynddo i. Wn i ddim pam; ro'n i jest wedi cael digon ar *Pobol y Cwm.* Oeddwn, ro'n i wrth fy modd yn rhannu ystafell wisgo efo Huw Ceredig a chellwair efo 'nghyd-actorion ond roedd 'na rywbeth o'i le, ac yn raddol dois i benderfyniad y byddai'n rhaid i mi adael. Ac yn 1995, dyna ddigwyddodd.

Mi es at y cynhyrchydd, Glenda Jones, a dweud wrthi. Roedd yn dipyn o sioc iddi ar y cychwyn, dwi'n credu, ond mi sylweddolodd fy mod i o ddifrif a chytuno. Newidiwyd y stori oedd ganddyn nhw mewn golwg i Meic fel bod ei gariad Olwen (Toni Caroll), yn hytrach na'i briodi fel oedd y bwriad, yn mynd 'nôl at ei chyn-ŵr yn Sbaen, gan adael Meic druan yn torri'i galon ac yn penderfynu mynd 'adref' i Sir Fôn. A dyna, ar ôl 20 mlynedd, oedd diwedd rhan gyntaf fy ngyrfa yn *Pobol y Cwm.*

Ysgrifennu, gwaith yn y parc a galwad ffôn

MI FYDDAI'N FWY MANWL GYWIR i ddweud diwedd rhan gyntaf fy ngyrfa *fel actor* yn *Pobol y Cwm* oherwydd, ar ôl cynnig fy hun a gorfod ysgrifennu sgript brawf i Dewi 'Chips' Williams, mi ges gyfnod hir o ysgrifennu i'r gyfres. Mi barhaodd y cyswllt, felly, a chawn hi'n gymharol hawdd ysgrifennu'r sgriptiau gan 'mod i'n nabod y cymeriadau mor dda. Wn i ddim be ar y ddaear roedd y cast yn ei feddwl ohonynt, wnes i erioed ofyn, ond roedd yr Adran Sgriptiau i weld yn berffaith fodlon efo nhw.

Wedi dweud hynny, mi ges dipyn o ffrae efo'r adran am un sgript arbennig – roedd Glan (Cadfan Roberts) yn marw o ganser ac roedd y bennod bron i gyd yn ymwneud â'i briodas i Mrs Mac (Iola Gregory). Ces nodyn efo 'Diar mi, diar mi!' wedi'i sgrifennu arno gan un o'r is-olygyddion – roedd hi wedi amseru'r bennod a'i chael yn fyr – 16 munud yn lle'r 19'30" arferol. Hwyrach ei bod hi *fymryn* yn fyr ond nid gymaint â hynny. Ysgrifennais yn ôl at Dewi Chips a dweud 'Cofia fod Glan yn marw a bod popeth yn strach iddo, y siarad a'r gwisgo ac yn y blaen – marathon ydi hon i Glan druan, nid ras ganllath.' Wn i ddim sut aeth hynny i lawr, ond rhyw ddwy funud fuo raid i mi ychwanegu yn y diwedd. Haerllug ar fy rhan, falle wir, ond roeddwn wedi nghythruddo gan y 'Diar mi, diar mi'. Ddyliwn i ddim fod wedi bod mor sensitif, mae'n siŵr.

Roedd natur actio ac ysgrifennu'n bur wahanol – y naill yn waith cymdeithasol iawn, lle'r oeddech yn ymwneud â'ch cyd-actorion yn gyson, a'r llall yn waith unig iawn, ac mi gymerodd sbel i mi ddod i arfer â hynny. Ond mi roedd o'n newid i mi ac roedd o'n talu'n reit dda hefyd.

Y fantais o ysgrifennu ar gyfer *Pobol y Cwm* oedd y ffaith fod amlinelliad llawn o'r stori a strwythr pob pennod eisoes wedi'u darparu, ond wedi dweud hynny, mae angen cryn dipyn o hunanhyder wrth wynebu sgrin wag y cyfrifiadur a dechrau ysgrifennu'r bennod. Y gamp ydi cynhyrchu sgript sy'n gwneud i'r geiriau sydd ar y papur swnio fel taen nhw'n dod yn uniongyrchol a naturiol o enau pob cymeriad pan gân nhw'u dweud, a'u bod yn siwtio pob un ohonyn nhw, eu gwahanol acenion a'u ffordd o ddweud pethau. Ac, wrth reswm, roedd yn fantais fawr fy mod wedi treulio 20 mlynedd yn dod i'w hadnabod yn o dda cyn mentro ysgrifennu'r un gair.

Y peth rhyfedd ydi nad oeddwn i'n colli'r gwaith actio o gwbl. Pan fyddwn i'n gyrru heibio adeilad y BBC yn Llandaf, roedd hi fel taswn i erioed wedi bod yno. Yr holl waith roeddwn i wedi'i wneud ar hyd y blynyddoedd, doedd o'n golygu dim. Roedd hynny'n beth od iawn o ystyried bod gen i gymaint o ffrindiau da yn dal i weithio yno, ond felly'n union yr oeddwn i'n teimlo.

Ar ddiwrnod olaf mis Mawrth 1996 cafodd Harri Emrys ei eni – Harri ar ôl brawd Nanw, ac Emrys ar ôl fy nhad. Tra oedd y geni'n digwydd yn yr ysbyty, roedd Huw yn cysgu'n drwm ar gwshin anferth yng nghornel y stafell. Doedd y dasg o dorri'r newydd i Trystan ddim mor boenus y tro hwn, a derbyniodd y newyddion yn bur dda. Mae'n braf gallu dweud bod perthynas Siôn, Ffion, Huw a Harri efo Trystan wedi bod yn un dda, agos a naturiol ers blynyddoedd maith a dwi'n credu, na, dwi'n gwybod, eu bod nhw'n meddwl y byd o'i gilydd.

Roedd y tŷ'n lle prysur – Siôn a Ffion yn cael gwersi nofio a ffidil a phiano, Huw a Harri'n fychan ac angen sylw cyson; sut roedd Annie'n llwyddo i wneud popeth drostyn nhw, wn i ddim. Mae hi'n ddynes a hanner, ydi'n wir.

Rhyw ddeufis cyn ei phen-blwydd yn 40, mi ofynnais i Annie fy mhriodi i, ac mi gytunodd, er nad oedd hi'n gweld bod angen i ni wneud y fath beth. Felly, ar ddiwrnod y pen-blwydd, sef 16 Gorffennaf 1997, dyna wnaethon ni. Seremoni syml yn Gymraeg yn swyddfa'r Cofrestrydd yng Nghaerdydd gawson ni, a dim ond Beryl a dwy ffrind o gymdogion, gyda Huw a Harri yn dystion. Roedd Siôn a Ffion i ffwrdd ar y pryd.

Yn dilyn y seremoni, aeth Annie a finnau i Gasnewydd am sesiwn o go-cartio. Mi curis i hi'n rhacs, wrth gwrs, ond dim ond wedyn y ces i wybod bod cur pen drwg ganddi ar y pryd. Neu dyna mae hi'n *ddweud*, beth bynnag! Gyda'r nos, aethom am bryd o fwyd hyfryd yn y Walnut Tree y tu draw i'r Fenni. Ac er nad ydi hi'n cytuno'n llwyr, dwi'n dal allan mai fy mhriodi i oedd y presant pen-blwydd gore gafodd Annie erioed!

Mi fyddwn i hefyd yn ysgrifennu ambell sgript i *Rownd a Rownd* ac yn mwynhau hynny'n fawr. Roedd hon yn dasg fymryn yn wahanol ac ychydig yn anos – roeddwn i'n gorfod sgrifennu i gymeriadau nad o'n i'n eu hadnabod ac yn gorfod cadw oedran ifanc y gynulleidfa mewn golwg. Er hynny, dwi'n credu i'r sgriptiau sgrifennes i gael derbyniad digon ffafriol gan y cynhyrchwyr, ac fe ges ragor o waith ganddyn nhw yn ystod y misoedd oedd yn dilyn. Yna, ar ôl i mi sgrifennu dwsin neu fwy o sgriptiau, mi ges gynnig ymddangos yn y gyfres (fel cariad i gymeriad Olwen Rees). Mi dderbyniais y rhan a chael croeso gan bawb yn y Borth ond mi darfodd hynny ar y gwaith

Fy nrama deledu
gyntaf, 1965 –
Chwalfa

Criw *Strim Stram
Strellach* – fi, Derek
Boote a Marged Esli
(a'r mwnci)

George P. Owen,
Charles Williams a finna –

Gyda Ryan, *Pen ei Dennyn*

Ar gefn Bronco – *Pen ei Dennyn*

Dillwyn Owen (Jacob Ellis) yn *Pobol y Cwm*

Charles (Harri Parri) a Dillwyn (Jacob Ellis)

Gari Williams (Edgar) a finnau

Yn y Deri – *Pobol y Cwm*

© John Waldron

Gwyn Elfyn (Denzil) a finnau a'r fan byrgyrs wedi ei throi drosodd gan fandaliaid

Gyda Huw Ceredig ac Emyr Wyn

Ieuan Rhys, Gwyn Elfyn, fi a Hywel Emrys

'Hanner Awr Hoyw' – Nia, Wil, fi a Dewi

'Mewn Twll' – Dai Deaf, Viv, Maureeen a Mans

Parti cydadrodd Ysgol y Bonc Fawr

Y Fetron – 'Tecs Hafgan, Dic Preifat'

Rhych ac Elsan – '66 Chemical Gardens'

Gyda Nia Caron

Gydag Elizabeth
Fernandez yn
Pobol y Cwm

Y merched ym mywyd Meic yn barod i wasgaru'i lwch

Seremoni BAFTA Cymru – dathlu deugain mlynedd *Pobol y Cwm* yn 2014, gyda Hannah Raybould, Ynyr Williams a Nia Roberts

Dwi YN medru bod yn
smart, weithia

Fy llun ymddeol

Barddoni

Tra oeddwn i'n gweithio *ar Pobol y Cwm*, byddwn i'n cyfansoddi cwpledi bachog i ddathlu amryw o achlysuron fel pen-blwydd neu rywun yn gadael. Dydy hi ddim yn farddoniaeth aruchel o bell ffordd, ond mi ges i sbort yn eu cyfansoddi, ac mi gafwyd sbort yn eu darllen ar goedd mewn gwahanol nosweithiau. Mae'r deunydd am fy niweddar ffrind Huw Ceredig yma nid i'w wawdio, nac i wneud hwyl am ei ben, ond oherwydd 'mod i'n gwybod i sicrwydd ei fod wedi'u cymryd yn y ffordd iawn ar y pryd ac wedi eu mwynhau.

Charles Williams (Harri Parri)

Deudwr da ar y pethau dwl,
Sir Fôn o'i gorun i'w sowdwl.

Harriett Lewis (Maggie Post)

Brenhines ein soap opera
A'i bronnau 'nghlwm mewn clamp o fra!

Tush (Islwyn Morris)

Yn llawer rhy hwyr, fe ffeindiodd e mas
Shwd geg oedd 'da Maggie Mathias!

Jacob Ellis (Dillwyn Owen)

Cybudd crintachlyd a gwynai am bris
Popeth oedd Jacob Ellis.

Rachel Thomas (Bella Davies)

Mynnodd fod TL a'i weithredoedd da
Yn troi'r hen rebel at Fethania.

Terry Dyddgen Jones (Cynhyrchydd)

Roedd am newid popeth yn ein pentref ni
A'i alw fe'n CwmTerry!

William Jones (Wil Sir Fôn, un o storïwyr gorau Pobol y Cwm)

Peiriant di-ffael i greu straeon –
Dychymyg byw Wil Sir Fôn.

William Gwyn (golygydd sgriptiau a chyn-gynhyrchydd)

Gwŷr hanes Cwmderi, pob gaea', pob ha',
Hwn yw'r encyclopedia!

Denzil

Dan fawd ei fodryb o Sul tan Sadw'n
Does ryfedd 'n y byd fod o'n gymeriad crwn!

Yr Adran Sain

Clywant fws ac awyren, a thrên a lorri,
Ond byth, yn glir, ein lleisiau ni.

Cameras

These men and women capture us
Quite often out of focus.

Yr Adran Sgriptio

Gofalant fod sglein ar y sgriptiau i gyd –
Yn barod i bawb eu newid!

Y Ferch Goluro

Gall droi actores ddel yn hŵr
'Da dab o baent a phowdwr.

Cassie o'r siop chips (Sue Roderick)

Batro cod a batro lledan;
Nawr mae wedi batro Steffan!

Steffan (Huw Garmon)

Ar wahân i'r camdrin, y trais a'r mwrdro,
Fedrach chi'm peidio lecio'r co'!

Mrs Mac (Iola Gregory)

Dynas wyllt a chas ei golwg
Cuddiedig, fel arfer, mewn cwmwl o fwg.

Pam fu i Llew Matthews (Rhys Parry Jones) foddi?

Wel, dyn papur newydd oedd o, siŵr,
Nid blydi nofiwr tanddwr!

Diane (Victoria Plucknett)

Cynigiodd i Derek *sex* a *hi-jinks*;
Ond roedd well gynno fo yr Hillman Minx!

Newyddion da o'r cantîn

Cawn lot mwy o datws, a lot mwy o gig –
Gadawodd Huw Ceredig!

Nansi

Hen dempar cas – gwaeth na King Kong,
C'nawas 'di Nansi Furlong.

Jonathan Nefydd (Colin)

Chwerthin yn uchel, chwerthin drwy'r dydd,
Un felly 'di Joni Nefydd!

Yr anfarwol Meic Pierce

Mi ysgrifennais i'r ddwy olaf yma pan oedd fy ffrindiau Huw Ceredig a Gillian Elisa'n dathlu pen-blwydd carreg filltir:

Huw Ceredig yn 60

Byw fel Crist a aiff â chi
Mas o'r byd yn dri deg tri;

Byw yn ddrwg ar win a wisgi
Wnaiff yn siŵr y gwelwch sicsti!

Gillian Elisa yn 50

Yn un fywiog, lygadfrown y'i ganed,
Mae'n gorwynt o ferch mas o Lanbed;
Pwy gredai'r si
Fod Gillian ni
Yn dathlu 'i hanner canfed?

Mae ar radio, ar deledu, ar CD;
Gwneud stand-up (nid job hawdd, credwch fi);
A chymeriadau ffab
Yw Anti Sab
A Mrs O. T. T!

O'r doniol a'r hwyliog i'r dwysa,
Does wybod beth ddwedith hi nesa;
Mae ei thalent a'i lap
Yn byrlymu fel tap;
Penblwydd Hapus i Gillian Elisa!

Y cylch yn gyflawn. Yn y Felinheli, Mehefin 2016

ysgrifennu i *Pobol y Cwm* ac mi fu'n rhaid i mi ddewis – actio yn *Rownd a Rownd* neu ysgrifennu *i Pobol y Cwm*. Dewisais yr actio a daeth fy nghysylltiad efo *Pobol* i ben ar ôl dwy flynedd ar hugain.

Yn anffodus, pharodd y stori yn *Rownd a Rownd* ddim yn hir iawn – rhyw dri neu bedwar mis yn unig – ac a bod yn gwbl onest, doeddwn i ddim yn mwynhau bod i ffwrdd o gartre gyhyd chwaith.

Tra oeddwn i yn y Gogledd, treuliais lawer o amser gyda Brinley Jenkins – roeddem ein dau yn aros mewn gwesty bach yng Nghaernarfon. Cawsom lawer iawn o hwyl yn siarad am Dillwyn Owen, Charles Williams ac Islwyn Morris ac am yr hen ddyddiau; roedd o'n gwmni rhagorol. Buom ein dau'n chwerthin hyd ddagrau ar ôl i'r ddynes go dew (wel, tew iawn, a deud y gwir) oedd yn rhedeg y gwesty roi gwybod i ni ryw gyda'r nos ei bod hithau wedi bod *in showbiz* ers talwm hefyd – fel dawnswraig *ballet*. Sylwais ar y direidi yn llygaid Brinley wrth iddo'i holi a phrin medrwn i gadw wyneb syth!

Erbyn tua mis Mawrth 1998, felly, daeth gwaith actio ac ysgrifennu i ben ac roedd yn rhaid chwilio am rywbeth i gael dau ben llinyn ynghyd. Roedd Jeff drws nesa, cymydog ardderchog, parod ei gymwynas, yn gweithio yn Adran y Parciau i Gyngor Caerdydd, ac awgrymodd y dyliwn innau drio am swydd. Es am gyfweliad a chael cynnig bod yn *parkie* ym Mharc y Rhath. Derbyniais yn syth ac yno y treuliais i un o hafau hapusaf fy mywyd. Cyrhaeddwn y parc erbyn tua naw y bore a fyddwn i ddim yn gorffen, ran amlaf, tan naw y nos, ond roedd y gwaith yn golygu 'mod i yn yr awyr iach yng nghanol blodau a chyrtiau tenis a meysydd bowlio trwy'r dydd. Yr unig amser roeddwn i'n ei gasáu yno oedd y dyddiau glawog pan na welwn i neb o un pen i'r diwrnod i'r llall!

Yn rhinwedd fy swydd, dois i adnabod a delio gyda rhai o feddwon yr ardal hefyd! Deuai dau bron bob dydd i eistedd y tu allan i'r cwt pren oedd gen i yno, gan feddwi eu hunain yn dwll yn raddol. Roedden nhw wrth eu boddau'n rhegi ar y merched fyddai'n dod i fowlio, ac ar achlysuron felly roedd yn rhaid i mi eu rhybuddio a cheisio'u perswadio i adael. Ran amlaf, roedden nhw'n gwrando, ond ambell waith, byddai'n rhaid galw ar y *Park Rangers* i'w disodli. Aent i ffwrdd dan fy rhegi fi ac yn bygwth y fall, ond y bore wedyn roeddent fel ŵyn bach – yn enwedig Trevor, yr anwylaf o'r ddau.

Ymddangosodd ryw fore ag archoll ddofn yn ei dalcen – roedd hi'n amlwg iddo syrthio dan ddylanwad yr alcohol, a tharo'i ben yn o arw. Treuliais gryn hanner awr yn ceisio ei ddarbwyllo i fynd at y meddyg neu i'r ysbyty gerllaw, ond i ddim pwrpas – âi o ddim dros ei grogi. O fewn hanner awr arall, roedd yn feddw unwaith eto ar ryw gymysgfa a oedd ganddo mewn potel bop yr oedd o wastad yn ei chario o gwmpas efo fo mewn bag plastig.

Dro arall, wrth osod allan y marciau gogyfer â'r maes bowlio, gwelais ddwy o ferched ifainc a ddeuai i'r parc yn eithaf aml yn reidio beic ar draws y lawnt. Gwaeddais arnynt i roi'r gore iddi ar unwaith rhag iddynt wneud difrod i'r maes. Diflannodd y ddwy a welais i mohonynt weddill y dydd. Ond fe ddaeth dwy arall, y gwyddwn eu bod nhw'n ffrindiau iddynt, heibio ymhen hir a hwyr, i geisio gweld sut roedd y gwynt yn chwythu. Mynegais fy siom fod eu ffrindiau wedi bod mor haerllug a difeddwl, ac nad oedden nhw ar unrhyw gyfrif i ddod yn agos i'r parc am gyfnod hir. Mae'n amlwg fod y neges wedi'i dilifro achos pan gyrhaeddais i'r gwaith y bore wedyn, roedd nodyn ar ddrws y cwt yn ymddiheuro a'r ffrynt yn blastar o *daisy chains*. Roedden nhw wedi treulio oriau yn eu rhoi at ei gilydd, ddwedwn i, er

mwyn ceisio achub eu cam! A do, mi gawson nhw faddeuant –
sut fedrwn i beidio?

Oedd, roedd o'n waith braf, ond fe gefais ambell i brofiad
digon annymunol yno hefyd. Un diwrnod daeth dau ddyn i
chwarae bowls ac esboniais y byddai'n rhaid iddyn nhw chwarae
ar un o'r lleiniau allanol, gan fod gêm bwysig ar gychwyn ymhen
ychydig ar y lleiniau canolog. Fe dderbynion nhw'r sefyllfa
braidd yn anfoddog, ond ar ôl iddyn nhw orffen chwarae,
daethant yn eu holau. Daeth un ohonynt reit at fy nhrwyn gan
regi'n arw iawn a 'ngalw fi'n bob enw dan haul. Roedd y llain
roeddwn i wedi'i rhoi iddyn nhw'n da i ddim ac roeddwn wedi
gwneud hynny'n gwbl fwriadol, meddai. Parhaodd fel hyn am
rai munudau gan fygwth fy nharo os na fyddwn yn ymddiheuro.
Roeddwn wedi ceisio cadw mor cŵl â phosib gan geisio'i dawelu
drwy ymresymu ag o, ond yn y diwedd, dywedais wrtho am
fynd neu mi fyddwn yn galw'r heddlu, a chychwyn mynd at y
ffôn oedd yn y cwt. Rhegodd eto yn uchel, ac wrth i mi godi'r
ffôn, bygythiodd ddod 'nôl i'n setlo i nes ymlaen! Dywedais
wrtho nad oedd i ddod yn agos i'r parc byth eto a dyna fu.

A dweud y gwir, mi ddaru'r digwyddiad fy ypsetio i'n fawr, a
phan ddaeth un o chwaraewyr y tîm oedd i fod i chwarae heibio,
gan ofyn beth oedd yr holl weiddi, dywedais y stori wrtho.
Roedd o wedi sylwi ar y ddau, meddai, ac roeddan nhw'n yfed
tra oedden nhw'n chwarae – dyna oedd y broblem.

Parhaodd y gwaith dros y gaeaf hefyd, ond nid ym Mharc y
Rhath. Ces ddreifio lorri'r Adran Barciau a chyda Jeff drws nesa
yn bartner i mi, ces fy ngyrru i hel y sbwriel oedd yn anharddu
gwahanol barciau yn y ddinas! Roeddwn wrth fy modd yn
gyrru'r lorri, yn enwedig gan y cawn barcio unrhyw le leciwn i,
yn ôl Jeff beth bynnag – "Course yer can park here', meddai, yn
ei acen Gaerdydd gref. 'We're the Council, we are!'

Mi fuo'r Adran Barciau yn dda iawn wrtha i, chwarae teg iddyn nhw – dros gyfnod y gaeaf ces fy rhoi yng ngofal nifer o gaeau pêl-droed a rygbi ar hyd a lled Caerdydd, er nad oedd hynny yn brofiad cystal o bell ffordd – doedd y cyfleusterau i'r timau ddim yn dda a fi a 'nhebyg fyddai'n gorfod dioddef cynddaredd cyson y chwaraewyr! Roedd yn rhaid i mi glirio a glanhau ar eu holau (gan gynnwys y toiledau) a choeliwch chi fi, doedd hynny ddim yn waith pleserus o gwbl, yn enwedig, fel y digwyddai'n aml iawn, os nad oedd yna fylb i oleuo'r lle!

Tae hi ddim wedi gwneud dim arall, mi gadwodd y swydd fy nhraed yn solet ar y ddaear a gwneud i mi sylweddoli bod pobl yn gorfod gwneud gwaith nad ydyn nhw, o anghenraid, yn ei fwynhau, a'ch bod yn ffodus iawn o fedru gwneud gwaith sy'n rhoi boddhad i chi. Yn wir, mi wnaeth i mi sylweddoli beth roeddwn i wedi'i daflu i ffwrdd – yn rhy hawdd, efallai.

Ac yna, yn gwbl ddirybudd, rhywdro yn 1999, daeth galwad ffôn gan Terry Dyddgen Jones, cynhyrchydd newydd *Pobol y Cwm*. Gofynnodd a fyddai gen i ddiddordeb mewn dod yn fy ôl i'r gyfres fel Meic Pierce unwaith eto.

Pobol y Cwm unwaith eto, Patagonia ac ymddeol

D OEDD AILYMUNO Â CHAST *Pobol y Cwm* ddim yn benderfyniad anodd – ychydig oedd y cyflog yn y parc o'i gymharu â'r hyn fedrwn ei ennill yn gweithio i'r BBC – ac, wedi siarad efo Annie, 'Ie, iawn' oedd yr ateb.

Efo Hywel Emrys recordis i fy ngolygfa gyntaf ar ôl dychwelyd – ac roedd hi'n teimlo fel taswn i 'rioed wedi bod i ffwrdd. Yn y stori, roedd car Meic wedi torri i lawr heb fod ymhell o Gwmderi ac roedd wedi galw'r garej am help. Y prentis, Darren (Huw Euron), atebodd, ond trwy ryw anffawd cadwodd Meic i aros am sbel hir cyn gwneud dim ynglŷn â'r peth. Pan drodd Derek i fyny, cafodd ram-dam go iawn gan Meic!

A dyna fi 'nôl yn y tresi. Darganfu Meic fod Darren yn fab iddo a bod mam Darren, Anita (Nia Caron), yn byw yn y pentre erbyn hynny – a dyna ddechrau ar stori garu hir a diddorol efo Nia. Fedra i ddim ei chanmol ddigon – roedd hi'n broffesiynol bob amser ac yn tu hwnt o ystyriol, caredig a chyfeillgar tuag ata i – ac yn oddefgar hefyd o un fyddai'n aml yn newid ambell i air neu lein ar yr eiliad olaf. Yn aml, byddem yn hel atgofion am hanesion doniol o'r cyfresi wnaethon ni efo Dewi a William Huw, a daethom yn ffrindiau mynwesol. Byddai Nia, chwarae teg iddi, yn fy atgoffa i yn gyson bod angen 'bola i mewn!' jest cyn mynd am gynnig.

Roedd Huw Euron hefyd yn annwyl tu hwnt a darganfûm fod ei dad, Ieuan Henri Jones, yn yr un dosbarth â fi yn ysgol Friars a bod ei fam a'i dad yn yr un flwyddyn â fi yn y coleg hefyd. Roedd o fel taen ni'n deulu clòs yn barod ac felly'r arhosodd pethau tan y diwedd, er gwaethaf helyntion y daith sebonllyd.

Ac o sôn am daith, mi roedd y daith i'r BBC yn dod yn fwy a mwy o broblem. Roedd fy ngolwg wedi gwaethygu cryn dipyn, a chawn hi'n anodd gweld i mewn i gysgodion; roedd o fel gyrru mewn i ddüwch llwyr os byddai coeden yn taflu'i chysgod dros y ffordd, er enghraifft. Daeth y cwbl i benllanw rhyw fore wrth i mi agosáu at y BBC. Yn weddol araf, diolch i'r drefn, gyrrais tuag at gysgod o'r fath a sylwi, yn rhy hwyr, fod ceir wedi aros mewn ciw yno. Breciais a llwyddo i ddod i stop drwy swyrfio o amgylch y car olaf yn y rhes. Roeddwn i yng nghanol y ffordd erbyn hynny, ychydig lathenni o dro eithaf cas; gwyddwn y gallai bws neu lorri ddod rownd y gornel unrhyw eiliad, a phwy a ŵyr beth fyddai canlyniad hynny.

Drwy drugaredd, mi symudodd y traffig yn ei flaen a llwyddais i ddod yn ôl i fy ochr i o'r ffordd cyn i ddim arall ddigwydd, ond roeddwn wedi cael braw o sylweddoli pa mor lwcus fues i a pha mor agos fues i at achosi damwain ddrwg. Y foment honno, penderfynais na fyddwn i byth yn gyrru car eto a dyna ddigwyddodd. Oni bai ei bod hi'n glawio (pan gawn i lifft gan Annie neu dacsi os nad oedd hi ar gael) cerdded i'r gwaith fyddwn i – ugain munud yno, chwarter awr adre, gan fod gallt eithaf serth rhwng y Tyllgoed a'r BBC yn Llandaf. Do, mi gedwais fy leisans fel y gallwn yrru rhyw fymryn ar *Pobol y Cwm*, ond ychydig lathenni yn unig oedd hynny. Erbyn y diwedd, doeddwn i'n dreifio dim – rhywun arall fyddai'n gwneud, gan gymryd benthyg fy nghôt a smalio bod yn fi.

I ychwanegu at y 'teulu', daeth Kevin (y caredig, gymwynasgar Iwan Roberts – Iwcs – ddaru roi pás adre i mi gannoedd o weithiau, chwarae teg iddo) yn ei ôl i'r pentref gan achosi tyndra (a hwyl) ychwanegol, a hefyd Dwayne (mab Anita o berthynas arall, a chwareid yn gampus gan Paul Morgans). Yn ddiweddarach daeth Lauren Phillips i ymuno â'r cast, ac roeddwn wastad yn edmygwr mawr o'i gallu hi i bortreadu cymeriad Kelly. Gyda llaw, mae o wastad wedi fy synnu i gymaint o enwau Seisnig sydd gan gymeriadau'r Cwm – Reg, Wayne, Sabrina, Darren, Dwayne, Debbie, Mark, Diane, Denzil, Derek, Anita, Kevin, Angela, Gemma, Britt, Gary a Sheryl i enwi dim ond rhai. Mae'n rhyfeddol, hefyd, faint sydd â'u henwau'n dechre efo 'D'. Cymaint ohonyn nhw, yn wir, fel bod Buddug Williams (Anti Marian) wastad yn cael trafferth garw eu cofio. Ysgrifennais gwpled bychan i grynhoi'r ffaith:

Dwayne, Dai, Denzil, Darren, Derek, Diane –
Time-bombs i Anti Marian!

Ond y tro hwn, roedd newid wedi bod yng nghymeriad Meic – oedd, roedd o'n dal i hoffi cael hwyl, ac roedd hynny'n golygu llawer iddo, ond roedd 'na fwy o ddyfnder i'r cymeriad rywsut, ac yn raddol mi ddaeth yn un o hoelion wyth y gymdeithas. Roedd chwarae cymeriad felly yn llawer mwy diddorol, ac mi wnes i fwynhau pob munud o bob stori ddyfeiswyd ar fy nghyfer i.

Ymhlith y straeon tristaf oedd yr un am golli ein merch, Eira, yn fabi bach – golygfeydd dirdynnol na wna i na Nia mo'u hanghofio byth. Gyda llaw, yr enw roedd *Pobol y Cwm* eisiau ei roi i'r eneth fach oedd Caryl, ond mi lwyddais i, efo cefnogaeth Nia, i'w perswadio nhw i'w newid i Eira, gan gofio iddi gael ei geni ym mis Ionawr ag eira'n drwch hyd y lle ym mhob man. I mi, roedd o'n enw oedd yn golygu mwy, yn enwedig o gofio y bu i'r fechan farw o fewn dim i'w genedigaeth ac yn arwydd o'i phurdeb a'i diniweidrwydd. Mater bach, ond i mi, roedd o'n bwysig.

Yn fwy ysgafn, dwi'n cofio bod mewn golygfa efo Meleri Bryn (gwraig Darren ar y pryd), Lisa Victoria, Sera Cracroft a Gwyn Elfyn rhyw dro yn gynnar wedi i mi ailymuno â'r cast. Y testun dan sylw oedd fod cystadleuaeth wedi codi rhwng dau gwmni tacsis yng Nghwmderi – cwmni Meic a chwmni yr oedd y merched yn bwriadu'i ffurfio i gludo merched yn unig. Yn yr olygfa roedd gan Meleri un llinell: 'Mae galw mawr am ffyrm tacsis merched!' Foment yn unig cyn recordio, mi sibrydes i wrthi: 'Gofala beidio dweud "merched tacsis *firm*", 'de,' gan wybod yn iawn y byddai hynny'n rhoi sbanar yn y wyrcs! Ac mi wnaeth. Wn i ddim sawl *take* fuo raid i ni wneud, ond roeddan ni i gyd (ar wahân i Meleri druan) yn rowlio chwerthin reit drwyddi. Oeddwn, roeddwn i *yn* medru bod yn hogyn direidus os nad drwg weithia. Ymddiheuriadau, Meleri.

Wrth basio, dyna fi wedi sôn am ddwy o actoresau mwyaf talentog a hirhoedlog y gyfres, Sera a Lisa. Fedrech chi ddim cael dwy lai ymffrostgar, dwy fyddai'n cario mlaen efo'u gwaith yn ddi-gŵyn a didrafferth bob amser, dwy fyddai wedi dysgu'u leins yn drwyadl ac yn medru eu cofio yn ddi-feth, bron; sy'n fwy na fedrech chi ei ddweud amdana i. Mae nifer fawr o actorion rhagorol wedi ymddangos yn *Pobol y Cwm* ar hyd y blynyddoedd, actorion teilwng ac ymroddgar, ac mi roedd hi'n fraint i mi gael cydweithio efo nhw.

Ond roedd straeon eraill mwy negyddol yn digwydd hefyd. Cafwyd stori oedd yn golygu bod cymeriad Huw Ceredig, un o gonglfeini'r gyfres o'r cychwyn cyntaf, yn marw. Roeddwn i'n rhannu ystafell wisgo efo Huw pan gafodd y newyddion, a does dim amheuaeth na theimlodd o'r peth i'r byw. Ia, sebon ydi sebon, ond does bosib nad oedd raid i hynny ddigwydd yn 2004. Mewn bywyd go iawn, roedd colli Huw yn 69 oed yn 2011 hefyd yn golled fawr. Fedres i ddim mynd i'r angladd gan ein bod i ffwrdd ar wyliau yn Ibiza, ond fe aeth Huw (ni) i'r angladd ar fy rhan.

Yn anffodus, cafwyd stori arall oedd yn golygu bod Hywel Emrys (Derek) yn gadael y Cwm. Dyna natur sebon, wrth gwrs, ac mae'n rhaid derbyn hynny, ond dydi gweld y newidiadau yma'n digwydd o'ch cwmpas chi ddim yn yn beth hawdd dygymod efo fo. Collais ffrind da pan adawodd Hywel.

Stori drist arall oedd yr un am golli Denzil (Gwyn Elfyn), a fedra i ddim llai na meddwl i'r cymeriad gael tipyn o gam, oherwydd wedi wyth mlynedd ar hugain yn y gyfres, bu farw'n ddiangen o ddisymwth a dirybudd ar stryd Cwmderi. I mi, roedd y cymeriad (a Gwyn yn enwedig) yn haeddu gwell – llawer gwell.

Ar y llaw arall, cawsom storïau ysgafnach – genedigaeth ŵyr cyntaf Meic ar lawr y Deri, er enghraifft. Lawer gwaith yn ystod y blynyddoedd, byddwn yn pwyntio at yr union fan a dweud wrth Lisa Victoria (Sheryl): 'Fan 'na, yng ngŵydd pawb, y rhoist ti enedigaeth i Wil, 'de?' Cawn bwniad hegar yn fy asennau ganddi am fy nhrafferth! Un annwyl ac actores dan gamp ydi Lisa, fel dywedes i, a rhywsut tyfodd cyfeillgarwch clòs rhyngom ni'n dau, fel cymeriadau ac mewn bywyd go iawn. Mae gen i feddwl y byd ohoni hithau.

Ond, wrth gwrs, ar lawr yr 'hen' Dderi ddigwyddodd hynny – bu'n rhaid i Anita a Meic fynd drwy uffern arall, sef colli'r Deri (yr oedden nhw'n berchen arni ers peth amser) mewn tân difrifol rhyw noson. Wna i fyth anghofio'r olwg oedd ar y set ar ôl y tân, a doedd dagrau Anita ddim yn rhai ffals – roedd Nia'n wironeddol wedi teimlo'r golled yn bersonol y diwrnod hwnnw. Ond doedd dim rhaid iddi boeni – o fewn ychydig fisoedd, roedd Anita a Meic tu cefn i far y Deri newydd unwaith eto.

Doeddwn i ddim yn or-hoff o stori'r affêr gafodd hi efo Colin (Jonathan Nefydd) chwaith. I mi, roedd o'n arwydd fod yr ysgrifenwyr wedi laru ar y berthynas (roedd ganddyn nhw berffaith hawl, wrth gwrs), ac yn dechrau meddwl 'y tu allan i'r bocs'. Fe ddilynodd cyfnod hir o ffraeo cyson rhwng y ddau a Meic, yntau, yn cael perthynas newydd efo Debbie (Maria Pride). Pleser o'r mwyaf oedd cydweithio efo actores cystal â Maria, yn naturiol, ond roedd 'na elfen o golli gafael ar realaeth ar ran y storïwyr yn perthyn i'r cwbl, yn fy marn i beth bynnag. Doeddwn i ddim yn hapus efo'r ffordd y cafodd Kevin ei garcharu am dreisio Sheryl chwaith – roedd hi'n stori nad oedd yn dal dŵr rhywsut.

Pan symudon ni i Fae Caerdydd, roedd mynd i'r gwaith yn golygu dwy siwrnai fws i lawr yno a dwy ar fy ffordd adref, a gallai hynny gymryd dros awr bob ffordd weithiau – roedd dyddiau gwaith yn gallu bod yn hir iawn. Mi welwch, felly, nad oeddwn i'n hapus ar sawl lefel.

Ac yna digwyddodd rhywbeth wnaeth i mi feddwl yn ddwysach am weithio mlaen yn *Pobol y Cwm*. Mi ddigwyddodd, dwi'n bur sicr, mewn parti Gŵyl Dewi mewn tŷ bwyta o'r enw Patagonia yng Nghaerdydd. Mi roddodd Annie bàs i mi yno, yn ôl ein harfer, ac fe es i i fyny'r grisiau ac ymuno â Jeremi Cockram ac un neu ddau arall. Roedd popeth yn iawn am sbel, ond fel yr âi'r noson yn ei blaen, sylweddolais 'mod i'n gwneud camgymeriadau anesboniadwy wrth sgwrsio efo gwahanol bobl. Er enghraifft, mi ddwedais wrth Annes Wyn fod Huw yn America, nid yn Awstralia, ac mi gymerodd sbel i mi fedru

meddwl am yr enw Awstralia i gywiro fy hun. Gadewais yn
weddol gynnar gan feddwl falle mai wedi gorflino yr oeddwn i.

Ond ar y penwythnos, roedd Annie a minnau'n cychwyn i
Prâg am ychydig ddyddiau. Ar y daith yno, sylweddolodd Annie
nad oeddwn i'n siarad rhyw lawer efo hi. '*Deud* rhwbath, Gareth!'
meddai, 'i 'nghadw fi'n effro!' Ond cyfaddefais na fedrwn i
feddwl am ddim *i'w* ddweud. Mi deimlodd Annie braidd, ac
wrth i'r gwyliau fynd yn ei flaen a minnau'n dal yn dawedog,
mi ddaeth y cwbl i ben pan dorrodd Annie i lawr i grio, gan
feddwl ei bod hi wedi gwneud rhywbeth o'i le. Gwadais hynny,
gan ddweud unwaith eto nad oeddwn i'n medru meddwl am
ddim i'w ddweud.

Pan ddois i 'nôl i weithio, dwy olygfa oedd gen i i'w recordio
a dim ond rhyw bedair brawddeg – digon hawdd, fyddech chi'n
dychmygu, ond fe ges i drafferth mawr eu cofio; dim ond gyda
help Nia, Victoria ac Emyr Wyn y dois i drwyddi.

Mynnodd Annie 'mod i'n gwneud apwyntiad efo'r meddyg
ac fe drefnodd hwnnw i mi weld yr arbenigwr oedd wedi bod
yn cadw llygad arna i ers tro. Ces ymchwiliad manwl ond doedd
dim o'i le, meddai. Pwysodd Annie, a oedd wedi dod i mewn efo
fi, arno i wneud profion pellach. Roedd yn gyndyn, ond yn y pen
draw, ac yntau'n dechre dangos arwyddion o anniddigrwydd efo
hi, mi gytunodd i 'ngyrru fi am sgan o'r ymennydd. Pan ddaeth
y canlyniadau 'nôl, mi gyfaddefodd ei gamgymeriad – roedd y
sgan yn dangos mod i wedi cael TIA neu strôc fechan.

Mi sobrodd y newyddion fi'n arw – oeddwn innau'n mynd i
ddioddef yr un dynged â fy mam? Oeddwn innau wedi derbyn y
rhybudd mai cyfres o strôcs oedd o 'mlaen innau?

Lleddfwyd rhywfaint ar fy ofnau gan fy meddyg teulu a ches
chwech o dabledi i'w cymryd bob dydd. Dwi'n dal i wneud.
Doedd y feddyginiaeth yma ddim ar gael pan oedd fy mam yn

wael (a phwy a ŵyr sut bydde pethe wedi troi allan iddi petaen nhw?), ond dwi'n ddiolchgar iawn fod tabledi o'r fath ar gael erbyn hyn.

Doedd dim rhyfedd, felly, i mi benderfynu fy mod am roi'r gorau i *Pobol y Cwm* yn gynnar yn 2014, a rhoi'r gore i actio am byth y tro hwn. Roeddwn i wedi gweithio i'r BBC ers pan o'n i'n 13 oed a theimlwn fy mod wedi gwneud digon, gan y byddwn i'n tynnu at 69 erbyn gorffen. Mi es at Ynyr Williams, y cynhyrchydd, a dweud fy mod eisiau gadael rywdro yn gynnar yn 2015 a chwarae teg iddo, fe dderbyniodd hynny.

O fewn ychydig fisoedd, yn rhyfygus braidd unwaith eto, ysgrifennais stori fyddai'n mynd â Meic o'r pentref i Batagonia gan fod ei ferch (nad oedd o'n gwybod dim am ei bodolaeth) wedi dod i chwilio amdano. Y sbardun i'r stori oedd fy mod i, yn bersonol, newydd fod ym Mhatagonia a bod dathlu 150 mlynedd y Wladfa'n digwydd yn 2015. Mae'r stori am sut a pham yn un ddigon diddorol.

Rhyw ddiwrnod roedd Annie a fi mewn siop sgidiau yng Nghaerdydd ac yn trin a thrafod pa esgid i'w phrynu. Daeth llais o'r tu cefn i mi yn gofyn, 'Pa faint dach chi isio?' Roedd acen y ferch yn ddiarth, yn Sbaenaidd, a gofynnais iddi o ble roedd hi'n dod. 'O Batagonia,' oedd yr ateb, a darganfuais mai un o'r Gaiman oedd Elizabeth Fernandez Navarta. Doedd hi ddim o dras Gymreig, ond roedd hi wedi dysgu'r iaith p'run bynnag ac wedi ymroi iddi ers pan oedd yn 15 oed. Esboniais fod gen i ddiddordeb ym Mhatagonia ers i mi ymddangos ym mhasiant dathlu'r canmlwyddiant yn 1965 a 'mod i wastad wedi bod eisiau ymweld â'r Wladfa. Buom yn sgwrsio am sbel ac mi rois fy nghyfeiriad e-bost iddi, a dyna a fu.

Buom yn cysylltu â'n gilydd am sbel nes i Elizabeth fynd adref i'r Gaiman. Doedd gan Annie fawr o ddiddordeb ym

Mhatagonia, ond roedd yr awydd i ymweld â'r Wladfa yn cryfhau ynof i. Mi benderfynais ofyn i Elizabeth a fyddai hi'n fodlon fy nhywys o amgylch rhywfaint o'r dalaith ac fe gytunodd ar unwaith. Mi ddaru ni gyfarfod ym maes awyr Buenos Aires, a chwarae teg iddi, mi edrychodd ar fy ôl i yn rhagorol. Gwyddai nad oedd fy ngolwg yn dda a 'mod i'n cael trafferth gyda fy malans, ac mi gymerodd hi hynny i ystyriaeth wrth fy hebrwng yn ddiogel bob cam o'r daith. Mi bwyntiodd allan bob gris a thwll mewn pafin o Buenos Aires i'r Gaiman ac yn ôl.

Ces gyfle i weld rhywfaint ar ddinas Buenos Aires a chael cyfle i weld sioe *tango* ragorol yno (duwcs, mae hi'n ddawns hudolus, ac felly hefyd y gerddoriaeth), yna hedfan efo'n gilydd i Drelew ac oddi yno i'r Gaiman. Ces gyfarfod ei rhieni, Teresa a Raul, a buont hwythau'n hynod garedig, a'm dreifio hwnt ac yma i weld sawl lle fyddai o ddiddordeb i mi. Ces gyfarfod hefyd â sawl un o Gymry'r ardal, gan gynnwys yr hynod annwyl a diymhongar (a'r ddiweddar, mwya'r piti) Tegai Roberts a'i chwaer, yr ardderchog Luned Roberts de González – y ddwy yn ddisgynyddion i Michael D. Jones a Lewis Jones, dau o brif sefydlwyr y dalaith.

Yn ystod y daith, hefyd, ces fy nghyflwyno i Eileen James a'i gŵr Dewi Mefyn Jones, a chael bod Eileen yn un o'r fintai o bobl ifanc o Batagonia (dan arweinyddiaeth Elvey McDonald) ddaeth drosodd yn 1965 ac ymddangos yn y Pasiant efo mi! Roedd 47 mlynedd ers i ni 'gyfarfod' ddwetha. Ces wahoddiad i swper hyfryd efo Billy Hughes a'i deulu, ac ymweld â stiwdio recordio ragorol Hector McDonald, dau o aelodau grŵp Hogia'r Wilber ac, erbyn hyn, yn ffrindiau da i mi. A gwneud y cwbl yn eu Cymraeg rywiog, naturiol a byw ag ambell awgrym o'r acen Sbaenaidd yn perthyn iddi. Mi roeddwn i eisiau crio bob tro y clywn y Gymraeg draw yna, yn syml iawn oherwydd i'r iaith oroesi, ac mae'n galondid meddwl bod gwaith da'n cael ei wneud ym Mhatagonia ers rhai blynyddoedd i geisio sicrhau dyfodol y Gymraeg ymhlith y trigolion, waeth beth fo'u tras.

Yn anffodus, er i mi chwarae rhan un o'r criw fentrodd ar draws y wlad ym mhasiant Patagonia, *Drws Gobaith*, yn 1965, doedd dim amser i groesi'r paith i ymweld â'r Andes ar y daith hon, ond pwy a ŵyr, efallai y daw cyfle eto rhyw dro. Mae fy nyled i'n fawr i Elizabeth am ei chyfeillgarwch a'i chynhorthwy, ac roeddwn i'n falch o fedru cynnig lle iddi aros yma yng Nghaerdydd pan ymwelodd hi â Chymru eto. Bu gyda ni am ryw ddeng mis i gyd, ac fe ddaeth y ferch hynod hon yn aelod o'r teulu o fewn dim.

Dyna oedd y stori sgrifennais i, felly – Meic yn cyfarfod ei ferch ac yn dymuno ymweld â Phatagonia a chyfarfod ei gyn-gariad, oedd newydd golli'i gŵr, syrthio mewn cariad efo hi am yr eildro a phenderfynu aros ym Mhatagonia am byth. Byddai'n golygu rhyw wythnos neu ddeg diwrnod o ffilmio ym Mhatagonia, ond teimlwn fod hynny'n gyfle rhagorol i ddathlu'r 150. Cynigiais y syniad, ond er bod Ynyr yn ei hoffi, doedd yr arian ddim ar gael i wireddu'r stori. Rydw i'n pitïo am hynny'n fawr, ac yn teimlo bod y BBC wedi colli cyfle ardderchog i ddathlu'r can mlynedd a hanner ar raglen fwyaf poblogaidd y sianel. Ond dyna fo – arian sy'n rheoli popeth.

Mi ddaru'r BBC dderbyn y stori yn rhannol, ond gan ychwanegu un elfen nad oeddwn i wedi'i rhagweld nac ychwaith yn ei hoffi o gwbl – roedd Meic yn mynd i farw o ganser, a theithio i Batagonia fyddai'r peth olaf fyddai'n ei wneud. Fy nheimlad i oedd ei bod yn stori front, yn enwedig tuag at Anita, oedd eisiau ailbriodi efo Meic. Ond dyna oedd dymuniad y penaethiaid, ac roedd yn rhaid i mi gydymffurfio, lecio neu beidio. Daeth un peth positif o'r holl stori – mi gafodd Elizabeth (oedd wedi cael hyfforddiant yn actores ac wedi bod ar lwyfan yn Buenos Aires) ran fy merch, Gabriela, yn *Pobol y Cwm*.

Mi wnes i hefyd drio perswadio'r BBC i 'roi' *Pobol y Cwm* am ddim i Batagonia fel rhan o'r dathlu, a chwarae teg i'r actorion ac i Equity, fe gytunon nhw i hepgor unrhyw daliadau am y 'gwerthiant', ond unwaith eto, ddaeth dim o'r peth ac fe gollwyd y cyfle. Does dim un rhaglen Gymraeg ar deledu Patagonia o gwbl, a byddai cael *Pobol y Cwm* yno wedi bod yn gam pendant a sylweddol ymlaen ac wedi bod yn anrheg 150 mlynedd ardderchog iddyn nhw draw yna. Biti garw na fu'n bosib dod i drefniant.

Mae'n rhaid i mi ddweud bod recordio'r golygfeydd olaf yn y maes awyr efo Nia a Victoria'n gymysgfa o fod yn anodd a bod yn hawdd. Anodd, yn naturiol, gan 'mod i'n gwybod i sicrwydd mai dyna fyddai'r tro olaf i mi actio efo neb, heb sôn am fod y tro diwethaf y byddwn i'n actio gyda'r ddwy; roedd Vicky a minnau wedi bod yn ffrindiau da ers y dyddiau cynnar pan gawsom gytundeb yr un gan y BBC yn 1972, a Nia a minnau wedi bod yn glòs ers yn agos i bum mlynedd ar hugain. Hawdd oherwydd bod y wybodaeth honno'n siwtio stori'r gadael i'r dim. Roedd ein dagrau ni'n dau, Nia a minnau, yn rhai go iawn – doedd dim angen unrhyw ddagrau smal gan yr Adran Goluro'r diwrnod hwnnw.

Cyn belled ac yr oedd gweithgareddau Equity o fewn y cast yn y cwestiwn, gadewais y cwbl yn nwylo medrus Jeremi Cockram, efo Lisa Victoria, Bethan Ellis Owen a Simon Watts yn gefn iddo. Dwi'n falch iawn o'r ffordd maen nhw wedi ymroi i'r gwaith.

Mi fu *Pobol y Cwm* (yn enwedig Llŷr Morus, y cynhyrchydd erbyn hynny) yn hynod feddylgar a charedig tuag ata i yn ystod y misoedd olaf, ac ar achlysur fy ymddeoliad, trefnwyd parti i mi yng Nghlwb y BBC yn Llandaf. Roedd y cast wedi mynd i gryn drafferth i wneud yn siŵr fy mod i'n cael noson i'w chofio. Ces nifer o anrhegion, gan gynnwys gwaith celf gan Mared, merch Nia, a ches inna'r cyfle i ddiolch i bawb am eu caredigrwydd ac am eu cyfeillgarwch. Mi ddaeth Annie, Siôn, Ffion, Huw, Harri a Trystan hefyd, ac roeddwn i'n falch iawn o hynny.

Dwi'n hynod ddiolchgar i *Pobol y Cwm* (a'r BBC) am gael bod yn rhan o'r fenter o'r dechrau, bron. Mae hi wedi bod yn fenter werth chweil gydol y blynyddoedd, ac mae nifer fawr iawn o Gymry Cymraeg a di-Gymraeg o bob oedran wedi cael mwyniant o'i gwylio. Mae'n wir fod newidiadau enfawr wedi digwydd yn ystod y cyfresi – bu'r profiad o recordio a darlledu ar yr un dydd yn un diddorol a sialensgar – y tro cyntaf i opera sebon wneud y fath beth – lle byddai cymeriad yn darllen yr un papur newydd yn union â'r un oedd yn llaw'r gwyliwr y noson honno. Byddai cymeriad yn gallu sôn am ryw eitem newyddion (y *topical inject*, chwedl yr Adran Sgriptiau). Y peryg oedd, wrth gwrs, y byddai rhywun yn mynd yn sâl ar y funud olaf, a phan ddigwyddai hynny, roedd hi'n draed moch braidd. Roedd y cyfnod pan benderfynodd S4C newid amser darlledu'r gyfres bron bob nos hefyd yn un anodd – doedd neb, gan gynnwys y gynulleidfa yn hoffi hynny, a buan y cafodd *Pobol* ei slot rheolaidd yn ôl.

Roedd pob cynhyrchydd newydd yn ei dro, yn naturiol am wn i, eisiau gosod ei farc ar y gyfres; siarsiai un fod y sgriptiau'n sacrosanct ac nad oedd neb i newid yr un gair, roedd un arall yn dal allan nad y stafell ymarfer ydi'r lle i fod yn 'greadigol' – ond buan iawn y daeth y syniadaethau hynny i ben. Ar un cyfnod, oherwydd diffyg adnoddau yn y BBC, bu'n rhaid gwneud defnydd o un o stiwdios HTV, ond doedd fiw i ni ddefnyddio enw HTV ar unrhyw gyfri; yn hytrach, cyfeirwyd at y lle fel stiwdios Omni. Roedd yn rhaid trefnu bws i fynd ag actorion yn ôl a blaen yno, a sbardunodd beth oedd Rhys Bidder yn ei alw'n '*classic* Gareth Lewis jôc' – mewn cyfarfod o'r cast, gofynnais yn ddireidus i'r cynhyrchydd a fyddem yn galw'r bws hwnnw'n 'Omni-bus'! Mi chwarddodd, chwarae teg iddo, fel pawb arall yn yr ystafell.

Mi ges i lawer o hwyl yng nghwmni Gwyn Elfyn, Hywel Emrys a Huw Ceredig wrth rannu ystafelloedd gwisgo efo nhw. Eiliadau dwys o bryd i'w gilydd, ac ambell ddadl weddol ffyrnig pan oedd hi'n fater o drin a thrafod amodau gwaith a thâl. Ces fwyniant mawr yng nghwmni Emyr Wyn hefyd wrth rannu gydag o ym Mhorth y Rhath, a dwi'n gwerthfawrogi ei gyfeillgarwch a'i gyngor doeth yn sgil ei flynyddoedd lawer o brofiad yn y busnes.

Diweddglo

Wel, dyna fo, dyna hanes fy mywyd hyd yma. Yn 2016, mi gyrhaeddais garreg filltir troi'n 70 oed. Mae'n anodd gen i gredu bod yr holl amser wedi mynd heibio mor eithriadol o gyflym. Dydi hi ddim ond fel ddoe pan ges i fwrdd ac îsl yn anrheg rhyw Ddolig; pan ges i ddillad a sgidia pêl-droed rhyw Ddolig arall; pan ges i *Llyfr Mawr y Plant* am y tro cyntaf; pan o'n i'n edrych allan drwy ffenest ffrynt y cartref ar Mr Pennington yn trio gyrru'r car i fyny Penceunant yng nghanol yr eira ac yn methu; pan oeddwn i'n mynd efo Nhad i'r gwaith a'r chwarelwyr ar y bws yn tynnu 'nghoes i a dweud mai 'dyn drwg' oedd Dad … ond mae'r digwyddiadau hynny dros 60 mlynedd yn ôl. Wn i ddim lle'r aeth yr amser, na wn i wir.

Dwi'n bendant iawn nad oes 'na fyd arall y bydda i'n mynd iddo, felly dwi'n gredwr cryf y dyliem ni i gyd wneud yn fawr o bob cyfle rydyn ni'n ei gael yn yr hen fyd yma. Mae 'na nifer fawr o 'nghyfoedion o'r Felinheli wedi'n gadael ni – Gwyn Edwards, Jennifer Cunnah, Wil Lloyd, Rita Pennington, Jean Jones, Nerys Pritchard, Mary Jones ac ambell un arall – pobl na chafodd y cyfle i wneud y gorau o'u bywydau. Hap a damwain ydi'r cwbl, mi wn, ond mae o'n hynod, hynod drist. Dwi'n gobeithio, wir, 'mod i wedi llwyddo i wneud cymaint ag y galla i o 'mywyd – yn anffodus wnes i ddim llwyddo heb frifo ambell un annwyl a diniwed yn ystod y daith. Dwi'n ymddiheuro am hynny ac yn gofyn maddeuant.

Mi ges i'r fraint o gael magwrfa dda gan fy rhieni, a'r pleser o weld fy nheulu fy hun yn tyfu a dod yn bobl ifanc gwerth eu nabod. Maen nhw i gyd yn wahanol, ond yr un mor werthfawr. Mae Trystan bellach yn dad i ddwy o genod, Mirain Lois a Leusa Non, ac yn hapus iawn gyda'i gariad Dona yma yng Nghaerdydd. Mae Siôn yn fachgen annwyl dros ben, ac yn gerddor ac yn gyfansoddwr dawnus iawn. Mae Ffion yn ferch ddel fel ei mam, yn hynod annwyl, yn gynorthwyydd i athrawon Ysgol y Wern, Caerdydd, yn artist gwerth chweil, ac iddi hi mae'r diolch am fy nghyflwyno i wefr y *rollercoasters* anferthol yr ydw i mor hoff o fynd arnyn nhw erbyn hyn. Mae Huw yn fachgen hawddgar, dymunol a chyfeillgar, yn rheolwr ym mwyty Bill's yng Nghaerfaddon, ac yn datŵs (na, nid tatws!) dros ei freichiau i gyd; ac mae'r addfwyn-dawel Harri ym Mhrifysgol Caerdydd ac eisiau mynd yn athro, medda fo. Mae'n fachgen hynod gryf – mae'n codi pwysau na alla i mo'u symud, a hynny fel tase nhw'n ddim. Mae'n cadw'n ffit (fel y mae Huw), ond hyd yma, dydi o ddim wedi llwyddo i 'mherswadio fi i fentro i unrhyw *gym*. A go brin y gwnaiff o! Rydan ni i gyd yn un teulu mawr a phawb yn cadw'n glòs at y nyth – ar hyn o bryd beth bynnag – ac a dweud y gwir, dwi'n eithaf balch o'r ffaith honno; hir y parhaed.

Bu Trystan yn byw yn Perth, Awstralia, am ryw chwe blynedd, a buom yn ymweld ag o a'i gariad ar y pryd a chael croeso mawr. Ond wrth ei adael o, yn enwedig wrth i'r awyren godi ac i minnau edrych lawr ar ardal Freemantle, lle'r oeddwn yn gwybod ei fod yn gweithio yr eiliad honno, mi dorrais i lawr yn llwyr a methu stopio crio am yn agos i ddwyawr, yn wir, nes i ni lanio yn Hong Kong! Drwy lwc, mi ddaeth adref am byth (hyd y gwn i), wedi i'w berthynas gyda'r cariad ddod i ben.

Ces yr un profiad pan fentrodd Huw hedfan, ar ei ben ei hun bach, heb nabod neb, i Sydney – am o leiaf blwyddyn, medda fo. Mae o wastad wedi bod yn fachgen sy'n meddu digon o hunanhyder. Fel y deuai'r amser iddo gychwyn yn nes, bob tro y meddyliwn am y peth, mi fyddwn yn methu cuddio'r dagrau. Y diwrnod y gadawodd o, mi lwyddais i ddal yn weddol tan yr amser iddo ffarwelio â fi. Wrth i gar ei fam droi ei drwyn allan i'r stryd i gychwyn am Heathrow, gan fy ngadael i ar fy mhen fy hun yn y tŷ, mi dorrais i lawr yn llwyr eto fyth, a bûm yn beichio crio am oriau. Dim ots gen i beth ddwedith neb, dwi *yn* greadur eithriadol o galonfeddal. Dwi'n crio rŵan, wrth sgrifennu hwn! Be sy'n bod arna i, d'wch?

Rhyw gyda'r nos, chwe mis yn ddiweddarach, mi ddois i adref o'r gwaith tua'r saith 'ma gan alw 'Helô!' wrth ddod mewn. 'Helô, Dad!' meddai llais o'r gegin gefn. 'Sut wyt ti, Harri?' meddwn inna, yn ôl fy arfer. Ond nid Harri oedd yna, ond Huw. Roedd o wedi dod adref (eto, am byth!) heb ddweud yr un gair wrtha i na Beryl, ei nain. Roedd Annie wedi ei nôl o o Heathrow y bore hwnnw wedi i mi gychwyn i'r gwaith. Waeth i mi heb â chelu'r gwir eto fyth – mi wnes i grio o waelod calon o'i weld o adre'n saff.

Gyda llaw, ar y ffordd adref o Awstralia mi ges i wireddu breuddwyd (a eginwyd pan fûm i'n perfformio yn *Y Plât Glas* flynyddoedd ynghynt) drwy ymweld â Tsieina. Wedi trafferth fawr i Annie, oedd wedi blino'n lân ac yn gorfod llenwi tuag un ar bymtheg o ffurflenni ym maes awyr Guilin (droston ni'n pedwar, gan nad o'n i'n gallu gweld), gorfod cadw llygad ar y plant, a oedd braidd yn anystywallt ac afreolus oherwydd yr hediad hir *a* phoeni am y gwarchodwyr arfog a blin yr olwg, gellwch ddychmygu nad oedd fawr o hwyliau arni'r noson honno.

Roeddem i fod i gyfarfod dyn o'r enw Frank, ond yno yn ein haros roedd merch ifanc o'r enw Lily – neu i roi ei henw iawn iddi, Xie Lifang. Bu'n hynod garedig ac amyneddgar efo ni a'r plant tra oedden ni yn Tsieina. Aeth a ni i ben Bryn Fubo yn Guilin ac roedd gofyn bod yn weddol ffit – roedd 326 o stepiau i ben y bryn rhyfeddol hwnnw. Mi aeth â ni ar daith mewn cwch gyda'r golygfeydd mwyaf godidog weles i erioed i lawr afon Li i Yangshuo. Mi wnes i (a'r bechgyn!) yfed gwin neidr – potel o win gwyn â neidr (farw – wel, mi fasa, basa?) i mewn yn y botel. Gwrthod wnaeth Annie.

Tra oedden ni yn Yangshuo, aeth Lifang â ni i weld sioe oedd yn digwydd ar lyn anferth a rhyw 600 o bobl leol yn cymryd rhan ynddi – bythgofiadwy. Er nad ydi cerddoriaeth Tsieina'n hyfryd iawn i'n clustiau ni yn y gorllewin, mi ddois i'n hoff iawn ohoni, ac mi alla i wrando arni am gyfnodau hir.

Rydw i'n dal mewn cysylltiad eithaf rheolaidd efo Lifang drwy e-bost – mae hi wedi bod yn athrawes ac yn awr mae'n drefnydd addysg, mae'n briod ac mae ganddi ferch fach o'r enw Lingling. Rai blynyddoedd yn ôl, prynodd Annie ychydig o wersi Tsieinïeg i mi gyda Huayun Zhuang-Jackson (oedd yn briod â Vaughan, gŵr o Rosneigr, Sir Fôn – tydi'r byd 'ma'n fach, d'wch?) yma yng Nghaerdydd – ac rydw i wedi dilyn 30 awr o wersi efo hi tan yn ddiweddar. Na, dydw i ddim yn rhugl o bell ffordd, ond rydw i yn medru cyfathrebu rhyw ychydig efo Lifang yn ei hiaith ei hun.

Wn i ddim ai'r diddordeb yma mewn pethau Tsieineaidd sydd i gyfri am y peth, ond dwi'n hynod hoff o wylio a gwrando ar y pianydd rhyfeddol o Beijing, Yuja Wang, hefyd. Mae ei chwarae yn fy hudo i ryw fyd arall yn ddi-ffael, i ryw wynfyd rhithiol, ac mae ei phryd a'i gwedd yn ddigon hudolus hefyd, a bod yn onest.

Ac yn wir, fy mhrif bleser i y dyddiau hyn, nawr bod gen i amser, ydi gwrando ar gerddoriaeth ar-lein – Beethoven, ie'n sicr, Mozart a Mendelssohn, wrth gwrs, ond yn ddiweddar, gwaith Franz Schubert sy'n mynd â 'mryd. Mae ei gerddoriaeth bron i gyd yn mynd yn syth i 'nghalon i, yn enwedig y pedair Impromptu D935 (y gyntaf ohonyn nhw yn arbennig felly); dan ddwylo medrus a chelfydd y pianydd Alfred Brendel canol oed. Mae 'na rhyw dristwch rhyfeddol yn y darn sydd, am ryw reswm, yn fy nghyffwrdd i yn ddwfn, ddwfn.

Hefyd, ces gyfle i ail-greu a chadw mewn cysylltiad efo 'nheulu yn yr Unol Daleithiau. Mi fyddai Nhad wastad yn eithaf balch o'r cysylltiad teuluol hwn – roedd sawl brawd ac un chwaer i'w fam wedi mynd allan yno rhwng 1860 ac 1880 ac wedi setlo ar arfordir dwyreiniol y wlad. Y cyntaf i fynd yno oedd Richard Hughes, yna Owen (fu farw heb blant), Eliza (Leusa) a'r ieuengaf, John. Ond pan fu Nhad farw, collwyd y cysylltiad a fedrwn i yn fy myw ddod o hyd i'w lyfr cyfeiriadau.

Felly y bu pethau am ryw ugain mlynedd neu fwy tan i mi dderbyn llythyr efo 'Gareth Lewis, Port Dinorwic' ar yr amlen – dyna i gyd. Roedd Trefor Post wedi cofio 'mod i'n gweithio i'r BBC ac wedi ei yrru ymlaen i Gaerdydd. Llythyr oedd o oddi wrth Royal A. Pritchard, cefnder i mi; ei nain oedd Leusa, chwaer fy nain, Modryb Leusa fy nhad. Rhois y gorau i beth bynnag roeddwn i'n ei wneud a sgrifennu 'nôl ato'n syth i ddweud pa mor falch yr o'n i o dderbyn ei lythyr. Mae Royal a minnau'n cyfathrebu yn gyson byth ers hynny.

Mae o wastad wedi 'nharo i pa mor drist ydi stori'r rhai aeth draw i America – roedden nhw'n gadael gan wybod i sicrwydd, fwy neu lai, na fydden nhw fyth yn dod yn ôl, nac yn gweld eu rhieni fyth eto, ac felly y bu eu hanes nhw i gyd. Do, fe ddaeth modryb Leusa Nhad 'nôl i ymweld â'i chwaer yn y 30au cynnar, ond roedd hynny ymhell wedi dyddiau ei rhieni. Wn i ddim sut roeddan nhw'n meddwl ar y pryd, a hwyrach 'mod i'n rhamanteiddio, ond mae'n torri 'nghalon i i feddwl am y peth.

Er nad oedd Royal yn cofio'i nain, un o'i gwestiynau cyntaf i mi oedd 'What does "Kai ty gek' mean?'" Dyna fyddai hi'n ddweud wrth ei dad o bryd i'w gilydd, yn ôl pob tebyg. Chymerodd hi fawr o dro i weithio allan mai 'Cau dy geg' oedd yr ystyr. Pharodd y Gymraeg ddim pellach na'i chenhedlaeth hi yno, ond mae'n dda meddwl bod o leiaf un dywediad wedi goroesi.

Yn ddiweddarach, dois o hyd i ragor o deulu gyda help Royal, gan fod ei dad wedi dechrau coeden deulu drwyadl iawn. Dois i gysylltiad efo John, gor-ŵyr y John Hughes gwreiddiol, sy'n ddarlithydd ym Mhrifysgol Vermont, a'i gyfarfod o a'i dad, Edward, oedd o'r un genhedlaeth â fi ond sydd bellach wedi'n gadael ni, a chyfarfod Harvey Haws a'i deulu yntau – mae o'n or-ŵyr i Richard Hughes. Ces gyfle i ymweld â nhw i gyd, a bu sawl un yma i ymweld â ni, gan gynnwys John a'i fab, Gareth (ie, ar f'ôl i!), Wendy a Kim, merched Harvey, a'u brawd Steven, sy'n fynach yn Mirfield, gogledd Lloegr. Roedd Barbara Shaw o Reno, Nevada, yn un arall o dylwyth helaeth Richard Hughes; bu Barbara farw'n ddisymwth ychydig yn ôl, ond nid cyn i ni ymweld â hi ac iddi hithau ymweld â ninnau yma. Ac i goroni'r cwbl, daeth Royal ei hun, ei fab Rick, ei ferch Linda a'u teuluoedd i ymweld â ni, a threuliodd Royal ei ben-blwydd yn Sir Fôn am y tro cyntaf erioed.

Y broblem, os problem hefyd, yw fod yr Americanwyr i gyd wedi cael plant yn ifanc tra oeddem ni'n llawer mwy ara deg yn mynd ati. Rydw i o'r un genhedlaeth â mam Harvey, er enghraifft, ac mi fu hi farw flynyddoedd maith yn ôl – mae Harvey ymhell dros ei 80 oed. Yr unig un sydd o'r un genhedlaeth â fi ydi Royal – mae'r cefndryd a'r cyfnitherod eraill i gyd wedi mynd.

Mae'r cysylltiad Americanaidd hefyd wedi dod â'r teulu yma ychydig yn nes at ein gilydd – bob tro y daw aelod draw o'r Unol Daleithiau, byddaf yn rhoi gwybod i Richard, Catrin a Marian ac yn trefnu i'w cyfarfod, fel eu bod hwythau'n dod yn fwy ymwybodol o'r cysylltiad. Mae Richard, fel finnau, yn frwd i gadw'r cyswllt yn fyw, a'r tro diwethaf, mi ymunodd Tim Welsh (gor-gor-ŵyr Hannah Hughes, fy nain) â ni hefyd.

Does gen i ddim lle i gwyno, felly – mae fy mywyd wedi bod yn llawn ac yn hapus dros ben ar y cyfan. Mae llawer o'r diolch am hynny i'r bobl sydd agosaf ata i ac i ffrindiau da a thriw, ond yn bennaf yn ystod y chwarter canrif diwethaf i Annie. Mae hi wedi bod yn gefn i mi drwy bopeth – yn bartner rhagorol a chariadus drwy'r cyfan, yn llawn hwyl a phositifrwydd.

Mae hi'n un dda iawn am ddynwared, yn bobl ac yn acenion, ac yn hoff iawn o anifeiliaid o bob math (bu gennym sawl anifail anwes a chŵn, gan gynnwys Miri, Cadi, Mops a Swri, a sawl ceffyl hefyd). Roedd hi wedi sôn ers tro ei bod isio ceffyl – doedd dim posib iddi gael gwersi pan oedd hi'n fach oherwydd bod gan ei thad asthma drwg – ac felly, ar gyfer ei phen-blwydd yn hanner cant, trefnais iddi gael ceffyl o'r enw Tomi. Ceffyl go fawr ond annwyl iawn oedd o – rhyw fath o *gypsy cob*, du a gwyn. Bu'n rhaid ei roi i gysgu yn ddiweddar oherwydd trafferth efo'i goes, ond nid cyn i Annie gael llawer iawn o hwyl yn edrych ar ei ôl ac yn ei farchogaeth. Erbyn hyn, mae ganddi ddwy boni Shetland (Lily a Bella) a cheffyl mawr eto fyth, Nelson.

Mae Annie'n ferch hynod dalentog, ond fe ddaeth plant a theulu'n gyntaf. Bu'n cyfarwyddo *Pobol y Cwm* (testun ambell i ffrae rhyngom gan fy mod i'n un o'r actorion roedd hi'n eu cyfarwyddo), bu'n gyfrifol am addasu ac aildorri'r gyfres gogyfer â'i darlledu ar BBC2 hefyd, dan gyfarwyddyd y diweddar Julia Smith (un o greawdwyr *EastEnders* a chynhyrchydd yn y BBC) ac wedyn yn cyfarwyddo *Dream Team*, cyfres am dîm pêl-droed i deledu annibynnol yn Lloegr. Y cwbl fedra i ei ddweud wrth Annie ydi: Diolch i ti, o waelod calon, am fod yn gariad i mi, ac am bopeth.

Mi ges i newyddion da am gyflwr fy iechyd yn ystod y flwyddyn neu ddwy ddiwethaf hefyd – mi benderfynon nhw tua'r ysbyty 'na NAD *probable* MS oedd arna i wedi'r cwbl ac nad oedd y niwritis optig yn arwydd o'i bresenoldeb – yn f'achos i, beth bynnag. Doedd y ddau sganiad olaf ges i ar yr ymennydd yn dangos dim ôl o unrhyw fath o MS. Dydyn nhw'n dal ddim yn siŵr beth sy'n bod arna i, ond yn sicr nid MS ydi o. Dwi wedi gorfod byw efo'r diagnosis gwreiddiol gydol fy ngyrfa actio broffesiynol, fwy neu lai, ac yn y diwedd wedi fy rhyddhau ohono. Na, dwi dal ddim yn gweld yn dda o gwbl (dwi wedi nghofrestru fel rhywun rhannol ddall a dwi'n defnyddio ffon wen o bryd i'w gilydd pan fo angen) ac mae 'malans i'n goblyn o sâl ond dwi'n llwyddo i fyw bywyd gweddol normal o hyd ac mae pobl yn ystyrlon.

Mi roedd y penderfyniad i ddefnyddio ffon wen yn un anodd i mi, ac mi alla i'n hawdd ddychmygu'r broblem gaiff ambell un i 'ddod allan' fel tae. Felly'n union roeddwn i'n teimlo wrth ystyried 'mynd yn gyhoeddus' am fy nhrafferth gyda'm golwg – rhywbeth preifat, personol oedd o cynt, a nawr mi fyddai pawb yn gwybod. Mi fûm i'n petruso'n hir ond yn y pen draw, doedd gen i fawr o ddewis. Ac ymhen y flwyddyn, dwi'n gobeithio cael ci i'm harwain ar hyd y lle. Mi fydd hynny'n brofiad, siŵr o fod, ond o leiaf mi fydd Ann wrth ei bodd yn cael ci arall yn y tŷ!

Mae 'na un peth yr hoffwn i ei wneud cyn marw – rhoi carreg fechan, seml ar fedd rhieni Mam, fy nhaid a nain go iawn. Yn ôl gwybodaeth a ges i'n ddiweddar, maent wedi'u claddu yn rhywle ym mynwent capel Cana, Llanddaniel, ynghyd â'u merch

Blodwen, ac oherwydd na fu gan y teulu erioed mo'r modd i dalu am garreg, maent mewn bedd heb ei farcio. Nhw ydi'r unig rai yn y teulu i ddioddef hynny, ac mae'n ddyletswydd arna i i wneud rhywbeth am y peth – ac mi wnaf.

Rydw i wedi cadw'r cartref yn y Felinheli – fedra i yn fy myw *ystyried* ei werthu – ac yn ddiweddar, mae'r awydd i droedio hen lwybrau'r ardal wedi tyfu i'r fath raddau nes i mi drefnu tair taith gerdded yno ar un penwythnos yr haf diwethaf. Drwy gyfrwng Facebook eto fyth, daeth nifer dda o hen ffrindiau at ei gilydd – rhai nad oeddwn i wedi'u gweld ers hanner can mlynedd – i deithio efo mi ac ail-fyw rhai o'n hatgofion am yr hen bentref.

'Wyt ti'n cofio hwn a hwn, neu'r peth a'r peth, neu'r lle a'r lle?' – dyna oedd y cwestiynau a holwyd amlaf, ac mi fyddai hynny'n sbarduno rhyw atgof hiranghofiedig arall. 'Be ddigwyddodd i Larry Jones, Augusta Place, tybed – ti'n 'i gofio fo? Hogyn Edwin a Teresa? Symudon nhw i Lundain – un o'r Eidal oedd hi, dwi'n credu, 'de? Dwi'n ei chofio hi'n galw ar Larry – 'Laria! Laria, com-a here-a!!'" Dyna'r math o sgwrsio fu rhyngom ni'r penwythnos hwnnw, ac mi fu'n bleser pur ac yn rhyw fath o gatharsis hefyd. Ar wahân i un achlysur byr iawn rai blynyddoedd yn ôl, fues i ddim yn nhafarnau'r Garddfon na'r Fic yn y Felin – roedd gen i ormod o barch at ddaliadau llwyrymwrthodol fy rhieni – ond o fynd yno, yfed a bwyta pryd, mi giliodd y teimlad o gywilydd ac o fradychu eu hegwyddorion yn raddol, ac mi ddechreuais i fwynhau cwmni fy nghyfeillion.

Mae agweddau ac amseroedd wedi newid a do, mi fu newidiadau mawr yn y Felin yn ystod yr hanner can mlynedd a aeth heibio, ond rywsut, fe gadwodd ei naws ac mae wedi aros yn bentref Cymreig a Chymraeg. Dwi'n hynod falch o hynny ac o ymdrechion rhai o'r pentrefwyr i gadw'r hyn a fu i'r rhai a ddêl. Drwy nawdd o'r daith gerdded, mi lwyddon ni i godi £400 tuag at gynnal a chadw'r fynwent yn Llanfair-is-gaer. Roedd hynny'n golygu llawer iawn i mi, ac a dweud y gwir, fy ngobaith i ydi y caf i, rhyw ddiwrnod, fy nghladdu yn llonyddwch tawel y fynwent arbennig honno ar lannau'r Fenai, heb fod ymhell o fedd Mam a Nhad. Fy nghladdu dwi isio, nid fy llosgi; mae llosgi'n ddiweddglo rhy dreisgar o lawer yn fy marn i. Dwi ddim isio seremoni grefyddol o unrhyw fath – teulu a fy ffrindiau agosaf i ddweud gair ar lan y bedd cyn i mi gael fy ngollwng i lonyddwch a thawelwch y pridd – dyna fydd fy nymuniad olaf i.

I'r perwyl hwnnw, felly, mi ysgrifennais y cwpled bychan syml hwn i'w roi ar fy ngharreg fedd, ac efo fo y gorffenna i'r llyfr.

Ar Derfyn Dydd

Yn ôl i'ch côl, fy rhieni,
Ar derfyn dydd, y dof i.

Diolchiadau

Hoffwn ddiolch o galon i fy ngolygydd, Luned Whelan, am ei hawgrymiadau gwerthfawr a'i pharodrwydd i fod mor hyblyg wrth drin a thrafod y deipysgrif. Diolch i Elinor Wyn Reynolds am holi a hoffwn i ysgrifennu hanes fy mywyd yn y lle cyntaf, ac i Wasg Gomer am eu gofal wrth gyhoeddi.

Hefyd, hoffwn ddiolch i Iestyn Hughes am dynnu'r lluniau ohonof sydd ar y clawr ac ar ddiwedd yr adran luniau olaf, ac i Andrew Teilo am ei gartŵnau gogleisiol i ddarlunio rhai o'r 'cerddi'.